KERSCHNER – SCHAUER

Fälle und Lösungen zum bürgerlichen Recht für Anfänger

W0297849

1. Fall

Till Eulenspiegel als Gas

Ein hungriger und mittelloser Till Eulenspiegel – zu Gast in Wien – kehrt in ein Gasthaus ein. Auf seine Bitte, umsonst essen zu können, antwortet die Wirtin: „Der Fleischer gibt mir nichts umsonst; deshalb kann man bei mir auch nur für Geld essen". Darauf Till: „Das passt mir vortrefflich, ich habe mir schon lange gewünscht, einmal für Geld zu essen, also Suppe, Braten, Nachspeise, bitte". Die Wirtin lacht auf diese Art der Bestellung, da sie Tills ernst gemeinte Antwort als Scherz versteht, und serviert. Als sie die Zeche in Höhe von Euro 15,– verlangt, verweigert Till entrüstet die Zahlung und begehrt unter Hinweis auf die Abmachung seinerseits angemessene Bezahlung; Euro 15,– seien ihm recht.

Wer kann Zahlung verlangen?

2. Fall

Die unerwünschte CD

I. A ist Mitglied der Musikplattform B. Die von A seinerzeit akzeptierte Beitrittserklärung enthält folgende Klausel: „Neben den elektronisch zur Verfügung gestellten Musikdateien werden gelegentlich auch CDs zum Reinhören zugesandt. Wenn Sie diese nicht binnen zwei Wochen an uns zurückschicken, nehmen wir an, dass Sie diese behalten wollen."

Am 31. 7. erhält A die CD „All Time Hits". Nach Öffnen der Verpackung findet A ein beigelegtes Schreiben, in dem nochmals auf die Bedeutung der Nichtrücksendung der CD hingewiesen wird. Nachdem A kurz in die CD reingehört hat, gibt er sie, wieder sorgfältig verpackt und versehen mit dem Vermerk „Zurück an den Absender", am 11. 8. bei der Post auf. Wegen urlaubsbedingten Personalmangels verzögert sich die Zustellung, sodass die CD erst am 25. 8. beim Betreiber der Musikplattform eintrifft. Dieser begehrt 3 Wochen später von A Zahlung von Euro 19,– gegen neuerliche Lieferung der CD. Mit Recht?

II. Auch C erhält die CD „All Time Hits". Als er nämlich beim Versandhaus V Kopfhörer um Euro 20,– bestellt, wird ihm zusammen mit den Kopfhörern die CD samt beiliegendem Begleitschreiben zugesandt: „Sie haben die Möglichkeit, im Rahmen einer Aktion die beiliegende CD gegen Zahlung von Euro 19,– zu erwerben. Sollte Ihnen die CD wider Erwarten nicht gefallen, dann bitten wir Sie, sie binnen zwei Wochen an uns zurückzuschicken, widrigenfalls wir annehmen, dass Sie die CD behalten wollen."

C ärgert sich über die immer aggressiver werdenden Werbemethoden. Er bezahlt daher die Kopfhörer, nicht aber die CD, die er vorerst unbeachtet und ungehört liegen lässt. Als er eine Woche später für einen Freund ein Geburtstagsgeschenk benötigt, fällt ihm die CD ein. Diese kommt ihm nun höchst gelegen, da sein Freund ein Fan großer Hits ist und ihm ohnehin nichts Besseres als Geschenk eingefallen wäre. Er schenkt die CD daher seinem Freund, der diese mit Freude annimmt. Nach Ablauf der zwei Wochen verlangt das Versandhaus Zahlung von Euro 19,–.

Mit Recht?

3. Fall

Der DVD-Player

Der 15-jährige Lehrling Langohr hat sich von seinem Monatsverdienst (Euro 400,–) in den vergangenen beiden Monaten Euro 45,– erspart; damit will er sich einen DVD-Recorder kaufen, um sich seine Lieblingssendungen im Fernsehen aufzeichnen und diese zu jeder Tages- und Nachtzeit immer wieder ansehen zu können. Im Geschäft des Händlers Hoffmann hat er ein gebrauchtes Gerät um diesen Preis entdeckt. Als er es mit seinem „Freund" Schlitzohr vom Schaufenster aus besichtigt, behauptet dieser, er wisse sicher, dass es sich um einen Recorder handle (weil er dem Langohr einen Streich spielen will). In Wahrheit ist das Gerät nur ein fast neuwertiger DVD-Player (Abspielgerät), was auch für jeden Interessierten am Preis erkennbar war.

Langohr kauft von Hoffmann das Gerät, ohne sich weiter zu erkundigen, und nimmt es mit. Nach Entdeckung seines Irrtums will Langohr vom bloßen DVD-Player nichts mehr wissen.

Wie ist die Rechtslage?

4. Fall

Erneuerung einer Althausfassade

Grundsachverhalt: Dem beklagten Hauseigentümer, wohnhaft in Wels, hat der klagende Baumeister (Unternehmen in Gmunden) nach einer Besichtigung des Objekts verbindlich zugesagt, die Fassade seines Althauses in der Zeit von Mai bis Juni 2009 zu renovieren. Die Frage des Baumeisters, ob er sich „auf die Sache verlassen" könne, da er den Einsatz seiner Leute planen müsse, hat der Hauseigentümer bejaht. Über den Preis wurde nicht gesprochen.

Variante 1: Noch vor Beginn der Arbeiten verlangt der Baumeister einen „Vorschuss" in der Höhe von Euro 2.000,–, weil verschiedenes Material und Werkzeug angeschafft werden müssten. Der Beklagte, der es sich in der Zwischenzeit anders überlegt hat, verweigert die Bezahlung aus folgenden Gründen:

Erstens sei nichts schriftlich vereinbart worden. Zweitens habe man noch gar nicht über den Preis gesprochen. Drittens werde er wegen einer Gesetzesänderung den erhofften Althaussanierungskredit nicht bekommen. Schließlich habe der Kläger noch keinerlei Leistung erbracht.

Variante 2: Mitte Juni ist die Fassade mit Ausnahme des Sockels fertig. Da der Baumeister für die Bezahlung seiner Dienstnehmer dringend Geld benötigt, verlangt er vom Hauseigentümer den aliquoten Entgeltsanteil in der Höhe von Euro 7.000,–.

Variante 3: Der Beklagte hat bereits Euro 2.000,– „Vorschuss" gezahlt. Da der Anstrich kurz nach Fertigstellung an einigen Stellen, an denen die Dienstnehmer des Klägers mit dem Härtezusatz „gespart" haben, abblättert, verweigert der Beklagte die

Restzahlung (Euro 10.000,–). Die Kosten für die Ausbesserung durch einen Dritten würden Euro 3.000,– betragen.

Variante 4: Sofort nach einwandfreier Fertigstellung (15. 6. 2009) hat der Baumeister Rechnung gelegt. Anfang Jänner 2012 behauptet er, dass die Fassadenerneuerung noch immer nicht bezahlt sei. Der Beklagte, bisher in der Meinung, seine verstorbene Frau hätte die Schuld beglichen, sucht vergeblich eine Quittung. Mit der Bemerkung, er sei momentan nicht „flüssig", ersucht er den Kläger, noch drei Monate zuzuwarten. Der Kläger stimmt zu. Der Baumeister klagt a) im Februar 2012, b) Ende Juni 2012 auf Zahlung von Euro 12.000,– sA.

Variante 5: wie Variante 4; der Beklagte findet eine Quittung noch während des Verfahrens in I. Instanz.

In den Fällen 1, 2 und 3 erhebt der Baumeister Zahlungsklage gegen den Hauseigentümer beim BG Wels, in den Fällen 4 und 5 beim LG Wels. Beurteilen Sie Zulässigkeit und Begründetheit der einzelnen Klagen.

5. Fall

Der verkaufte Stier (Hausarbeit)

Der Landwirt Leopold und sein Nachbar und Berufskollege Bruno verhandeln über den Verkauf eines Stiers des Leopold. Nach verschiedenen Vorschlägen und Gegenäußerungen einigen sich die beiden schließlich, der Preis solle „2 1/2" betragen. Bruno verspricht, zwei Tage später mit dem Kaufpreis vorbeizukommen. Er nimmt den Stier sofort mit und bringt ihn zum Fleischhauer Fritz, dem er ihn um Euro 2.300,– bar verkauft und übergibt. Als Bruno mit dem Kaufpreis wieder bei Leopold erscheint, stellt sich heraus, dass Leopold Euro 2.500,– verlangt, während Bruno nur bereit ist, Euro 2.125,–, nämlich Euro 2,50 pro Kilogramm Lebendgewicht des Stiers (850 kg) zu zahlen. Beide berufen sich auf die getroffene Abrede.

In der betreffenden Gegend ist beim Viehkauf sowohl die Vereinbarung eines Pauschal- wie eines Preises pro Kilogramm Lebendgewicht üblich. Der Verkehrswert des Stiers liegt bei etwa Euro 2.250,–.

Wie ist die Rechtslage?

6. Fall

Die verpfuschte Renovierung (Hausarbeit)

Romantikus hat sich einen langersehnten Wunsch erfüllt und im oberen Mühlviertel ein altes Bauernhäuschen erstanden, das jedoch stark renovierungsbedürftig ist. Da er bereits den Großteil seiner Ersparnisse für den Ankauf verwendet hat, überlegt er sich, wie er nun die anfallenden Renovierungsarbeiten am günstigsten finanzieren könne. Schließlich gibt er ein Inserat mit folgendem Wortlaut auf: „Suche zur Renovierung eines alten Hauses gelernten Maurer und Maler."

Auf die Anzeige hin meldet sich Wifzack, der als Maurer beim Baumeister Bauwolf beschäftigt ist und in seiner Freizeit des Öfteren Maurer-, aber auch Malerarbeiten als „private Aufträge" übernimmt. An Ort und Stelle erklärt sich Wifzack bereit, für einen Preis von Euro 7.000,– das Haus zu renovieren. Romantikus ist damit einverstanden. Er weiß natürlich, dass Wifzack keine entsprechenden Gewerbeberechtigungen besitzt und derartige Arbeiten in seiner Freizeit häufig durchführt, doch das stört ihn nicht weiter. In der Folge führt Wifzack die Arbeiten zügig durch. Nach Beendigung erhält er von Romantikus den vereinbarten Betrag.

Drei Wochen nach Fertigstellung beginnt an mehreren der renovierten Stellen der Putz abzubröckeln. Romantikus begehrt daher von Wifzack – gestützt auf Gewährleistung – primär Verbesserung der Mängel, in eventu Preisminderung und zuletzt Rückforderung des gesamten Entgelts. Die Mängelbehebung – durchgeführt von einem Unternehmer mit Gewerbeberechtigung – würde Euro 5.400,– kosten.

Wird Romantikus Erfolg haben?

Variante: Welche Rechtsbehelfe stehen Romantikus zur Verfügung, wenn er von der mangelnden Berechtigung des Wifzack nichts gewusst hat und die Arbeiten jedenfalls von einem befugten Unternehmer ausführen lassen wollte?

7. Fall

Das undichte Dachfenster (Hausarbeit)

E, Eigentümer eines unmittelbar an das Nachbargebäude des N angrenzenden Einfamilienhauses, hat mit Z, dem Inhaber eines Zimmereibetriebes, einen Vertrag über die Holzverkleidung eines Mansardenzimmers geschlossen. Während der Arbeiten klagt E dem G, einem der bei der Montage tätigen Mitarbeiter des Z, dass es durch den Mansardenausbau im übrigen Teil des Dachbodens sehr dunkel geworden sei. Daraufhin preist G dem E ein Dachfenster an, das bei seinem Chef auf Lager liege und als „Auslaufmodell“ mit Euro 145,– besonders billig sei. Es müsse freilich bar bezahlt werden.

In Wahrheit handelt es sich um ein älteres Dachfenster, das bereits etwas brüchig und auf Grund der vom Herstellerwerk gewählten Konstruktion auch kaum so zu montieren ist, dass es wirklich dicht abschließt. Z hat dem G einmal erklärt, wenn er für das Fenster einen Abnehmer mit entsprechender Verwendungsmöglichkeit finde, bei der nichts passieren könne (Schuppen oä), bekomme G es zum halben Preis und könne es weiterverkaufen.

Da E mit dem Vorschlag des G einverstanden ist, bringt dieser das Fenster, das er sich im Betrieb unter Berufung auf die Absprache mit Z hat geben lassen, am nächsten Tag mit, montiert es nach Anweisung des E in unmittelbarer Nähe zum angrenzenden Nachbargebäude und nimmt den Kaufpreis von Euro 145,– in Empfang.

Im Betrieb liefert G davon den seinerzeit mit Z vereinbarten Betrag von Euro 110,– ohne weitere Erklärung bei der Buchhaltung ab, wo er ihm für das zum „Personalpreis“ verrechnete Fenster gutgeschrieben wird.

Nach einer längeren Regenperiode treten sowohl in der Wohnung des E als auch im angrenzenden Nachbargebäude des N erhebliche Feuchtigkeitsschäden auf. Regenwasser ist durch das undichte Dachfenster eingedrungen.

E und N begehren Ersatz ihrer Feuchtigkeitsschäden von Z und G; außerdem will E, dass Z das Fenster repariert oder in eventu den Kaufpreis gegen Rückstellung des Fensters zurückgibt.

Mit Recht?

Fälle und Lösungen zum bürgerlichen Recht

für Anfänger

von

Dr. Ferdinand Kerschner
Universitätsprofessor in Linz

Dr. Martin Schauer
Universitätsprofessor in Wien

7., überarbeitete Auflage

Wien 2012
Manzsche Verlags- und Universitätsbuchhandlung

Zitiervorschlag: *Kerschner/Schauer*, Fälle und Lösungen zum bürgerlichen Recht für Anfänger[7] (2012) . . .

Alle Rechte, insbesondere das Recht der Vervielfältigung und Verbreitung sowie der Übersetzung, vorbehalten. Kein Teil des Werkes darf in irgendeiner Form (durch Fotokopie, Mikrofilm oder ein anderes Verfahren) ohne schriftliche Genehmigung des Verlages reproduziert oder unter Verwendung elektronischer Systeme gespeichert, verarbeitet, vervielfältigt oder verbreitet werden.

Sämtliche Angaben in diesem Werk erfolgen trotz sorgfältiger Bearbeitung ohne Gewähr; eine Haftung der Autoren sowie des Verlages ist ausgeschlossen.

Kopierverbot/Vervielfältigungsverbot
Die für Schulen und Hochschulen vorgesehene freie Werknutzung „Vervielfältigung zum eigenen Schulgebrauch" gilt für dieses Werk nicht, weil es seiner Beschaffenheit und Bezeichnung nach zum Unterrichtsgebrauch bestimmt ist (§ 42 Abs 6 UrhG).

ISBN 978-3-214-14795-2

© 2012 MANZ'sche Verlags- und Universitätsbuchhandlung GmbH, Wien
Telefon: (01) 531 61-0
E-Mail: verlag@MANZ.at
www.MANZ.at
Datenkonvertierung, Satzherstellung und Druck:
Ferdinand Berger & Söhne GmbH, 3580 Horn

Vorwort zur 7. Auflage

„Mit der [damaligen] Neuordnung der rechtswissenschaftlichen Ausbildung hat der Gesetzgeber die Studenten endlich zur Verfertigung schriftlicher Arbeiten verhalten und damit den untragbaren Zustand beendet, daß viele Juristen erstmals in der Berufspraxis gezwungen wurden, ihre Gedanken in dieser Form festzuhalten.“ (Aus dem Vorwort zur 1. Auflage)

Es war o.Univ.-Prof. Dr. *Peter Rummel*, der frühzeitig, schon im Jahr 1982, den Bedarf der Studierenden an einem didaktischen Lernbehelf erkannte. Anhand von bereits in der universitären Praxis erprobten Fällen entwickelte er gemeinsam mit seinem damaligen Mitarbeiter Dr. *Ferdinand Kerschner* das Konzept der „Fälle und Lösungen zum bürgerlichen Recht“, und zwar speziell konzipiert für die Anfängerübung, die damals an der Johannes Kepler Universität Linz begleitend zur Einführungsvorlesung angeboten wurde.

Den „Fällen und Lösungen zum bürgerlichen Recht für Anfänger“ hat Prof. *Rummel* über fünf Auflagen und mehr als 20 Jahre die Treue gehalten, bevor er aus Altersgründen die Autorenschaft zurückgelegt hat. Seit der 6. Auflage wird das Werk mit Univ.-Prof. Dr. *Martin Schauer* als neuem Co-Autor fortgeführt. Wir hoffen, dass es auch weiterhin die gute Aufnahme finden wird, die ihm bisher zuteil wurde. Anregungen und Verbesserungsvorschläge sind stets willkommen. Bitte richten Sie sie an ferdinand.kerschner@jku.at oder an martin.schauer@univie.ac.at.

Der Verlag *Ferdinand Kerschner* *Martin Schauer*

Inhaltsverzeichnis

KLAUSUREN

HAUSARBEITEN

ANHANG

Abkürzungsverzeichnis

aA	anderer Ansicht
aaO	am angeführten Ort
ABGB	Allgemeines bürgerliches Gesetzbuch
Abs	Absatz
allg	allgemein
aM	anderer Meinung
Anm	Anmerkung
AnwBl	Anwaltsblatt
Art	Artikel
AT	Allgemeiner Teil
bbl	Baurechtliche Blätter
Bd	Band
Bearb	Bearbeiter
bearb	bearbeitet
Bekl	Beklagter
BG	Bezirksgericht
BGB	(deutsches) Bürgerliches Gesetzbuch
BGBl	Bundesgesetzblatt
BGHZ	Entscheidungen des (deutschen) Bundesgerichtshofs in Zivilsachen
BlgHH	Beilagen zu den stenografischen Protokollen des Herrenhauses
BlgNR	Beilage zu den stenografischen Protokollen des Nationalrates
BTVG	Bauträgervertragsgesetz
bzw	beziehungsweise
dBGBl	deutsches Bundesgesetzblatt
ders	derselbe
dh	das heißt
DHG	Dienstnehmerhaftpflichtgesetz
DRdA	Das Recht der Arbeit
EheG	Ehegesetz
EKHG	Eisenbahn- und Kraftfahrzeughaftpflichtgesetz
etc	et cetera
EvBl	Evidenzblatt der Rechtsmittelentscheidungen, in Österreichische Juristen-Zeitung
f	und der (die) folgende
ff	und die folgenden
FN	Fußnote
FS	Festschrift
G	Gesetz
gem	gemäß
GewO	Gewerbeordnung
GmbH	Gesellschaft mit beschränkter Haftung

GoA	Geschäftsführung ohne Auftrag
GP	Gesetzgebungsperiode
hA	herrschende Ansicht
HaRÄG	Handelsrechts-Änderungsgesetz (BGBl I 2005/120)
HHB	Herrenhausbericht
hL	herrschende Lehre
hM	herrschende Meinung
Hrsg	Herausgeber
idR	in der Regel
ieS	im engeren Sinne
iSd	im Sinne des(r)
iSv	im Sinne von
iVm	in Verbindung mit
JAP	Juristische Ausbildung und Praxisvorbereitung
JBl	Juristische Blätter
JN	Jurisdiktionsnorm
JZ	(deutsche) Juristenzeitung
Kl	Kläger(in)
KSchG	Konsumentenschutzgesetz
LG	Landesgericht
LGZ	Landesgericht für Zivilrechtssachen
m Anm	mit Anmerkung
Mat	Materialien
MietSlg	Mietrechtliche Entscheidungen
MRG	Mietrechtsgesetz
mwN	mit weiteren Nachweisen
NJW	Neue Juristische Wochenschrift
Nr	Nummer
oä	oder ähnliche (-r, -s)
ÖBA	Österreichisches Bankarchiv
OGH	Oberster Gerichtshof
ÖJZ	Österreichische Juristen-Zeitung
PHG	Produkthaftungsgesetz
QuHGZ	Quartalshefte der Girozentrale
RDB	Rechtsdatenbank
RdW	(österreichisches) Recht der Wirtschaft
RG	Reichsgericht
RGBl	Reichsgesetzblatt
RHG	Reichshaftpflichtgesetz
RIS	Rechtsinformationssystem des Bundes
RL	Richtlinie
Rspr	Rechtsprechung (iSv Judikatur)
RV	Regierungsvorlage

Rz	Randzahl oder Randziffer
RZ	(österreichische) Richterzeitung
S	Seite
SchRAT	Schuldrecht Allgemeiner Teil
SchRBT	Schuldrecht Besonderer Teil
SchwarzArbG	(deutsches) Schwarzarbeitsbekämpfungsgesetz
sog	sogenannt, -e, -er, -es
stRspr	ständige Rechtsprechung
SZ	Entscheidungen des österreichischen Obersten Gerichtshofes in Zivil- (und Justizverwaltungs-)sachen
TN	Teilnovelle zum ABGB
ua	und andere; auch: unter anderem
UGB	Unternehmensgesetzbuch
UN-Kaufrecht	Übereinkommen der Vereinten Nationen über Verträge über den internationalen Warenkauf
uU	unter Umständen
uva	und viele andere
vgl	vergleiche
Vorbem	Vorbemerkung, -en
WBl	Wirtschaftsrechtliche Blätter (Beilage zu JBl)
Z	Ziffer
Zak	Zivilrecht aktuell
zB	zum Beispiel
ZPO	Zivilprozessordnung
zT	zum Teil
zust	zustimmend
ZVR	Zeitschrift für Verkehrsrecht

Zur Einführung

a) Der „Fall"

„Das Recht ist ohne Fälle funktionslos; aber erst das Recht macht einen Sachverhalt zum Fall." Mit diesem Satz hat *Mayer-Maly*[1]) treffend die Bedeutung des „Falles" für den Juristen umschrieben. Rechtswissenschaft ist in erster Linie eine praktische Wissenschaft[2]). Sie beschäftigt sich mit Lebenssachverhalten, „Fällen". Fast jede Entscheidung eines Rechtsproblems dient dabei der Lösung eines sozialen Konflikts, was jedenfalls im Privatrecht in aller Regel zu Lasten der einen und zu Gunsten der anderen Partei ausgeht. Das erfordert einerseits hohes Verantwortungsbewusstsein des Juristen, bildet andererseits aber gerade die Faszination unseres Berufes.

Was ist also ein „Fall"? Zunächst die Schilderung eines Sachverhalts; es wird also etwas wiedergegeben, was tatsächlich im Leben geschehen ist oder geschehen kann. Doch nicht jeder Sachverhalt wird – zum Glück – zum Fall. Den Juristen interessieren nicht die rechtlich unerheblichen Sachverhalte, also solche, für die die Rechtsordnung keine Regelung enthält. Auch heute gibt es noch solche rechtsfreien Bereiche, wenn sie auch durch die zunehmende, von manchen beklagte, doch in Wahrheit unaufhaltsame „Verrechtlichung" des Lebens (denken Sie etwa im Bereich des Schulwesens an das Schulunterrichtsgesetz oder an die überbordende Normenflut aus dem Recht der Europäischen Union) im Schwinden begriffen sind. Dazu zählen vor allem die so genannten Gefälligkeitsverhältnisse, die idR nur sittliche oder moralische Verpflichtungen auslösen[3]). Rechtlich irrelevant ist es also, wenn Sie trotz Zusage Bekannte nicht besuchen. Wenn Sie Ihre Geschwister, die in eine finanzielle Notlage geraten sind, unterstützen, so tun Sie das uU ohne rechtliche Grundlage (das Familienrecht kennt keine Unterhaltspflicht gegenüber Geschwistern). Ob Sie täglich sechs Stunden fernsehen, ist idR rechtlich weder ge- noch verboten. Mitunter kann freilich auch dieses Verhalten juristische Bedeutung erlangen: Sind Sie verheiratet und Ihr Partner hasst nichts mehr, als in die „Röhre" zu schauen, so kann Ihr

---

1) *Mayer-Maly*, Rechtswissenschaft[5] (1991) 20.

2) Ob sie überhaupt eine Wissenschaft sei, wurde und wird bezweifelt; vgl *Mayer-Maly*, Rechtswissenschaft[5] 1 ff; *F. Bydlinski*, Juristische Methodenlehre und Rechtsbegriff[2] (1991) 76 ff.

3) Selbst hier werden von manchen Autoren – auf der Grundlage eines „Vertrags ohne primäre Leistungspflichten" – besondere Sorgfaltspflichten anerkannt, deren schuldhafte Verletzung Schadenersatzpflichten auslösen soll; vgl *M. Wolf* in *Soergel*[13], Vor § 145 Rz 85 ff; dagegen aber etwa *Bork* in *Staudinger* (2010) Vor §§ 145–156 Rz 84. Zur Abgrenzung von Vertrag und Gefälligkeit für ein wichtiges Rechtsgebiet *Welser*, Die Haftung für Rat, Auskunft und Gutachten (1983) 37 ff.

Verhalten uU eine schwere Eheverfehlung und damit einen Scheidungsgrund darstellen. Umgekehrt können Sie zur gleichen Tätigkeit verpflichtet sein, wenn Sie als Journalist Fernsehkritiken verfassen sollen. Die Grenze des „rechtsfreien Raumes" zum rechtlich erheblichen Verhalten ist also fließend. Vielfach gibt es Abgrenzungsprobleme, deren Lösung schon Aufgabe des Juristen ist.

Beispiele: Sie werden von Ihrem Kollegen ersucht, während einer Vorlesungspause auf seinen Aktenkoffer zu achten. Während Sie mit Ihrem(r) Sitznachbarn(in) flirten, wird der Koffer gestohlen.

Auf der Fahrt zur Universität nehmen Sie in Ihrem Auto einen Anhalter mit, um einen Gesprächspartner zu haben. Sie rauchen mehrere von ihm angebotene Zigaretten. Der Anhalter wird bei einem Unfall, der auf ein Versagen der Bremsen zurückzuführen ist, verletzt, ohne dass man Ihnen persönlich einen Vorwurf machen könnte. Haften Sie?

Ohne nähere Kenntnis des Rechts sind diese Fälle schon nicht mehr leicht als rechtlich erheblich oder unerheblich einzuordnen.

Sachverhalte wie die zuletzt geschilderten werden aber auch dann zu keinem „Fall", wenn es in der Folge nicht zu einem tatsächlichen Interessenkonflikt der Beteiligten kommt. Ihr Kollege etwa ist über den Verlust des Aktenkoffers sogar froh, weil er sich jetzt endlich (vom Geld seiner Eltern) einen neuen kaufen kann. Der Anhalter verzichtet auf Entschädigung. Auch dann, wenn Sie freiwillig – unabhängig davon, ob eine Rechtspflicht besteht oder nicht – jeweils die Kosten (des Aktenkoffers, der Heilung etc) ersetzen, wird sich kein „Fall" ergeben, weil keine Interessengegensätze auftreten. Erst dann, wenn Sie Ihre Zahlungspflicht bestreiten, Ihr Kollege (der Anhalter) aber auf Zahlung besteht, wird der Sachverhalt zum „Fall".

Das gilt allgemein: Selbst bei zweifelsfrei rechtlich erheblichen Sachverhalten bedarf es keiner Falllösung, wenn keine Konflikte auftreten: Der Käufer bezahlt rechtzeitig den Kaufpreis, der Verkäufer liefert eine einwandfreie Kaufsache. Hier ist zwar eine rechtliche Beurteilung, Würdigung des Sachverhalts möglich, doch wird der Jurist in der Praxis damit kaum konfrontiert. Bei komplizierten Fällen, die der Laie rechtlich nicht mehr zu erfassen vermag, bzw auch bei einfachen mit für ihn schwer durchschaubarer Rechtslage (zB Wohnungsmiete) setzt die Tätigkeit des Juristen ein. Er hat zu beraten, aufzuklären und sollte dazu beitragen, Konflikte zu vermeiden.

Die am Anfang gegebene Definition des Falles kann nunmehr präzisiert werden: Unter Fall ist ein **Sachverhalt** zu verstehen, **dessen rechtliche Beurteilung zweifelhaft oder strittig** geworden **ist,** der also die Gefahr eines Konflikts in sich birgt[4]). Wann eine Rechtsfrage strittig ist, hängt letztlich freilich auch von subjektiven Ansichten (der Beteiligten, der befassten Juristen) ab und ist somit relativ. Bei Prüfungsfällen hat der Prüfling natürlich von der Konfliktträch-

[4]) Vgl *Mayer-Maly,* Rechtswissenschaft[5] 21.

tigkeit des Falles auszugehen; er darf also nicht unterstellen, die „Parteien", das sind die im Fall genannten am Konflikt Beteiligten, könnten sich einigen, und sich mit dieser Begründung der Lösung entziehen. Gerade bei Anfängern erlebt man diesen Fehler immer wieder.

Der Fall enthält ein oder mehrere Rechtsprobleme. Im Entdecken und „Lösen" dieser Rechtsprobleme liegt die Aufgabe des damit befassten „Gutachters", in der Praxis des Rechtsanwenders (Anwalts, Richters usw).

b) Bedeutung der Lösung von Fällen in Studium und Praxis

Die Lösung von Fällen bildet einen Schwerpunkt in Ausbildung und Prüfungen. Der Student wird während der gesamten Studiendauer entweder in schriftlicher (je nach Studienplan Klausuren oder auch eine Hausarbeit bei Diplomprüfungen; Klausuren und Hausarbeiten in Übungen) oder mündlicher Form (Übung, Diplomprüfung) damit konfrontiert. Das hat seinen guten Sinn. Die Tätigkeit des Juristen in der Praxis besteht nämlich überwiegend in der rechtlichen Beurteilung von bereits verwirklichten Sachverhalten. Der Rechtsanwalt muss zunächst für sich die Begründetheit des Begehrens seines Klienten überprüfen, um die Erfolgsaussichten im Prozess beurteilen zu können. Dass der entscheidende Organwalter (Richter, Verwaltungsjurist) im Urteil, Beschluss, Bescheid einen Sachverhalt auf seine Rechtsfolgen hin zu beurteilen hat, ist selbstverständlich. Auch für Notare und Wirtschaftsjuristen gehört die Fallbeurteilung zum täglichen Brot. Der Notar als Gerichtskommissär hat etwa zu überprüfen, wer einen Verstorbenen beerbt. Der Wirtschaftsjurist muss beurteilen können, ob eine Werbeaktion des Unternehmens wettbewerbsrechtlich zulässig ist oder ob allenfalls Unterlassungs- bzw Schadenersatzansprüche von Mitbewerbern drohen. Freilich macht gerade bei Wirtschaftsjuristen und Anwälten die Beurteilung von Fällen ex post (im Nachhinein) nur einen Teil ihrer Tätigkeit aus. Diesen Berufszweigen obliegt oft auch planende, zukunftsorientierte Rechtsanwendung in Form der Vertragsgestaltung. Dabei geht es nicht um die Lösung bereits entstandener, sondern um die Vermeidung zukünftiger Konflikte. Auch dafür sind Kenntnis und Beurteilung der potenziellen Konfliktsfälle unbedingte Voraussetzung.

Der Kunst der Vertragsgestaltung (Vertragstechnik; Kautelarjurisprudenz) wird, gemessen an deren praktischer Bedeutung, in der akademischen Ausbildung immer noch ein zu geringer Stellenwert beigemessen[5]), was sich – hoffent-

[5]) Vgl *Rehbinder,* Die Rolle der Vertragsgestaltung im zivilrechtlichen Lehrsystem, AcP 174, 265 ff; *Junker/Kamanabrou,* Vertragsgestaltung[3] (2010); *Langenfeld,* Grundlagen der Vertragsgestaltung[2] (2010); demnächst *Kerschner* (Hrsg), Handbuch Vertragsgestaltung – Für Praxis und Studium. Ferner gibt es zahlreiche Werke, in denen Musterurkunden für bestimmte Arten von Verträgen angeboten werden (vgl zB das im Verlag Manz erscheinende Werk „Wiener Vertragshandbuch", 4 Bände). Derartige Vertragsmuster stellen eine wertvolle Hilfe dar, wenn man sie im Sinne einer „Checkliste" verwendet, um regelungsbedürftige Inhalte zu erkennen. Ferner bieten die Muster häufig

lich – in Zukunft bessern wird. Die weit gehende Autonomie der Universitäten bei der Gestaltung der Studienpläne bietet hierfür Chancen.

c) Voraussetzungen für die Lösung von Fällen

Welche Voraussetzungen muss man erfüllen, um einen Fall richtig und – was für die Praxis ganz wesentlich ist – möglichst ökonomisch und rasch zu lösen? Grundvoraussetzung ist natürlich die **Kenntnis des Rechts;** wobei es primär um Kenntnis des Gesetzes, daneben oft um Kenntnis der Auslegung geht, die der manchmal unklare oder unvollständige Text in Rechtsprechung und Lehre gefunden hat. Zum Erwerb dieser Kenntnisse dienen vor allem die Vorlesungen über das materielle Recht. Als Hilfsmittel sind Lehrbücher heranzuziehen. Beides ist untrennbar verknüpft mit ständigem **Studium des Gesetzestextes** selbst. Regelmäßige Betonung dieser im Grunde selbstverständlichen Notwendigkeit der Arbeit mit dem Gesetzestext scheint freilich im Studienbetrieb nur wenig zu fruchten. Das könnte mit einer langen Ausbildungstradition zusammenhängen, nach der man den juristischen Unterricht eher mit allgemeineren Fragen und Zusammenhängen zu beginnen pflegt, vielleicht aber auch mit dem Umstand, dass sich Lehre und Rechtsprechung während der mehr als 200-jährigen Geltung des ABGB in manchen Fragen so weit vom Gesetzestext entfernt haben, dass die von den Gerichten angewendete und von der Wissenschaft gelehrte Rechtslage dem Text des ABGB mitunter nur noch unzureichend entnommen werden kann. Dennoch gilt: Die konkrete Arbeit muss am Gesetzestext ansetzen; dieser ist und bleibt das primäre Handwerkszeug des Juristen, der nur diesem, nicht etwa Lehrbüchern, Skripten etc verpflichtet ist.

Neben der abstrakten Rechtskenntnis ist aber weiters erforderlich, dass man das Recht zum Fall, also dem Sachverhalt, in Beziehung setzen kann. Für die Frage, wie man an einen Fall herangeht und ihn mit oder ohne zusätzliche Arbeitsbehelfe richtig, vollständig und ökonomisch löst, haben sich Richtlinien, Grundsätze entwickelt, die lehr- und lernbar sind. Solche Anleitungen werden Gegenstand dieses Buches sein. Dabei handelt es sich gleichsam um das (dem Anfängerniveau angepasste) Handwerkszeug des Juristen. Die Anleitungen zur zweckmäßigen Reihenfolge von Fragestellungen und Denkoperationen sind in eine aufeinander aufbauende Serie von „Musterlösungen" eingebaut. Insgesamt soll das gelieferte Handwerkszeug (nicht der inhaltliche Rechtsstoff!) ausreichen, um Fälle vom Schwierigkeitsgrad der Anfängerübung im bürgerlichen Recht technisch zu bewältigen.

Anregungen für die mögliche Klauselgestaltung. Gegenüber einem gedankenlosen Abschreiben der Musterverträge ist jedoch größte Vorsicht angebracht, weil es sich jeder Vertragsverfasser zur Aufgabe machen sollte, den Inhalt des von ihm vorbereiteten Rechtsgeschäfts den individuellen Interessen und Bedürfnissen der Beteiligten möglichst „maßgeschneidert" anzupassen.

Eine Binsenweisheit ist vorweg noch zu betonen: Die Methodik, insbesondere die Schematisierung der Falllösung, ist Mittel zum Zweck, nicht Selbstzweck. Sie soll dem Studenten helfen, die Sachfragen, die der Fall aufwirft, zu entdecken und zu ordnen, um sie sodann möglichst rationell, dh vollständig und ohne unnötige Umwege, lösen zu können. Das Rechtsproblem, die Suche nach der gerechten Entscheidung des sozialen Konflikts muss aber immer im Mittelpunkt bleiben[6]). Außerdem wird es immer wieder Sachverhalte geben, die sich nicht in ein Falllösungsschema pressen lassen.

Die vorliegende Anleitung folgt der Methode der Prüfung nach **Anspruchsgrundlagen** (dazu gleich unten) in Form eines Gutachtens. Diese Methode hat im österreichischen Übungs- und Prüfungsbetrieb weniger Tradition als in Deutschland, wo sie manchmal förmlich zum Kult erhoben wird. Nach Wissen der Verfasser wird sie freilich auch in Österreich seit Jahren in den Übungen aus Privatrecht an den meisten Fakultäten verwendet, wenngleich in einer gemäßigten, weniger starr auf bestimmte Formulierungen und Schemata fixierten Form. Das soll auch hier so gehalten werden. Der gegen diese Methode vorgebrachte Einwand, dass der Anspruch erst am Ende des Denkprozesses stehe[7]), ist nur zum Teil berechtigt. Natürlich kann erst nach beendeter Prüfung festgestellt werden, ob ein Anspruch besteht oder nicht. Aber jeder, auch der, der nicht „in Ansprüchen denken“ will, sucht bei der Lösung eines Falles nach rechtlichen Grundlagen seiner Entscheidung.

Die Vorteile einer an Anspruchsgrundlagen orientierten Fallbegutachtung besonders für den weniger erfahrenen Juristen sind evident. Diese Methode ermöglicht fast immer – auch bei sehr komplizierten Sachverhalten – den „Einstieg“ in den Fall. Zudem orientiert sie sich von vornherein an dem, was auch für den praktisch tätigen Juristen meist im Vordergrund steht, nämlich dem Begehren der Streitparteien. Durch den logischen Aufbau der einzelnen Subsumtionsschritte wird die Gefahr, das entscheidende Problem des Falles zu übersehen und damit gleichsam das Thema zu verfehlen, möglichst gering gehalten. Umgekehrt wird die Wahrscheinlichkeit, für den Fall Unwesentliches zu behandeln, verringert. Entsprechendes gilt für die Behandlung der Einwendungen und Einreden. Durch ihre eigenständige Prüfung (vgl vor allem den „Fassadenfall“, Nr 4) soll zusätzlich der in der Praxis besonders wichtige Blick für geeignete Verteidigungsmittel geschult werden. Das Denken in Ansprüchen und Einreden führt zugleich zu einer prozessförmigen Aufgliederung des Stoffes und dient so der Vorbereitung auf das Prozessrecht[8]), auch damit letztlich auf die Praxis. Dem möglichen Einwand, dann solle man doch gleich die Form eines Urteils (und nicht eines Gutachtens) wählen, ist leicht zu begegnen. Zum einen:

---

[6]) Zutreffend *Mayer-Maly*, Rechtswissenschaft[5] 22; vgl auch *F. Bydlinski*, Methodenlehre[2] 400ff (402 FN 13).

[7]) Vgl insbesondere *Mayer-Maly*, Rechtswissenschaft[5] 22.

[8]) Vgl *Medicus*, Anspruch und Einrede als Rückgrat einer zivilistischen Lehrmethode, AcP 174, 313ff.

Der Unterricht im bürgerlichen Recht, vor allem die Übung, soll dem Anfänger zunächst Grundregeln der Subsumtion und den Überblick über die Strukturen des Gesetzes vermitteln; er soll lernen zu prüfen, abzuwägen, ob ein gesetzliches Erfordernis (Tatbestandsmerkmal) erfüllt ist. Die Gefahr, Ergebnisse vorwegzunehmen und sich um Begründungen zu drücken, ist nicht nur ein formales Problem. Zudem können manche Urteilselemente (ohne Kenntnisse des Prozessrechts und ohne Fakten, die der Privatrechtsunterricht nicht liefern kann; man denke an Beweisprobleme) sinnvollerweise vom Studenten nicht verlangt werden. Deshalb beschränkt sich – ohne übertriebenen Formalismus – das Gutachten auf die Prüfung möglicher Ansprüche und Einreden und gibt das Ergebnis dieser Prüfung am Schluss wieder. Schließlich ist zu bedenken, dass Gutachten auch in der Praxis häufig die Grundlage für die außergerichtliche Bereinigung von Streitigkeiten oder die Entscheidung über eine Klagseinbringung bilden. Auch in der Lebenswirklichkeit wird also nur ein Teil aller Konfliktfälle durch Urteil entschieden.

Aus Gründen der Anschaulichkeit werden wir im Folgenden die Lösungstechnik nicht abstrakt darstellen, vielmehr anhand konkreter Fälle versuchen, die wesentlichen Punkte schrittweise zu erarbeiten. Dabei sind anhand des ersten Falles die Grundlagen zu erörtern, in den weiteren Fällen die einzelnen Schritte schwerpunktmäßig zu vertiefen. Zwischen jedem Fall und seiner Begutachtung finden sich allgemeine Überlegungen (**„Vorüberlegungen“**) formaler und inhaltlicher Art, die insbesondere dem Anfänger unser Gutachten verständlich machen sollen; je weiter der Student das Buch durchgearbeitet hat, umso eher sollte er auch selbst solche Gedanken vor Niederschrift eines Gutachtens (Klausur, Hausarbeit) anstellen können. **Selbstverständlich haben solche „Vorüberlegungen“ in der schriftlichen Prüfungsarbeit des Studenten nichts verloren!** Am Schluss des Buches werden die so erarbeiteten wichtigsten Grundsätze der Falllösungstechnik (im Anhang I) zusammengefasst. Dieser Anhang soll zur Wiederholung dienen, kann aber für sich allein das Studium der konkreten Falllösungen samt „Vorüberlegungen“ nicht ersetzen. Danach folgen formale (Anhang II), stilistische (Anhang III) und Literaturhinweise (Anhang IV).

Die behandelten Fälle enthalten – mit Ausnahme des siebenten – überwiegend Probleme des Allgemeinen Teils des Bürgerlichen Rechts, sind also vom **Stoff** her für Anfänger überschaubar. Manchmal ist es aber unvermeidlich, Rechtsfragen einzubeziehen, die in Neuland führen. Dadurch sollte man sich keinesfalls abschrecken lassen. Zum einen wird durch Hinweise auf Lehrbücher eine Vorbereitung auf diese Probleme ermöglicht. Zum anderen soll die in der Praxis unverzichtbare Fähigkeit geübt werden, sich auch in weniger vertrauten Rechtsmaterien zurechtzufinden. Wer noch über keinerlei Kenntnisse verfügt, sollte jedenfalls vorweg die entsprechenden Teile in den Standardlehrbüchern durcharbeiten (also vor allem in der von *Apathy* herausgegebenen Lehrbuchreihe [Verlag Österreich, früher Verlag Springer], in *Koziol/Welser*, Bürgerliches Recht [Verlag Manz] oder in dem im Verlag LexisNexis herausgegebenen Paket

Studienkonzept Zivilrecht). In jedem Fall ist es ratsam, die jeweils jüngste Auflage zu verwenden. Wegen der ansteigenden Novellierungshäufigkeit im Bereich des Bürgerlichen Rechts empfiehlt es sich aber auch bei Verwendung der aktuellen Auflage eines Lehrbuchs, stets kritisch zu prüfen, ob die darin enthaltenen Ausführungen noch dem geltenden Recht entsprechen. Ist dies nicht der Fall, so ist es angeraten, ergänzende Literatur, vor allem in Form von Aufsätzen in Zeitschriften, heranzuziehen.

Noch ein paar Hinweise für die Lektüre:

In den „Vorüberlegungen" zu jedem Fall finden sich häufig **Paragraphenhinweise,** die nicht unmittelbar fallbezogen sind, sondern zur Illustration allgemeiner Aussagen dienen. Sie sollten diese Gesetzesstellen in jedem Falle nachlesen; nur dann verstehen Sie das Gemeinte und gewinnen zugleich einen besseren Überblick über das Gesetz. **Fußnoten** in den Vorüberlegungen und in den ersten Fällen haben vor allem die Funktion, Sie darauf hinzuweisen, dass eine Aussage problematisch ist oder durch weitere Lektüre vertieft werden kann. Das wird deshalb betont, weil diese Fälle im Prinzip klausurmäßig, also ohne Auseinandersetzung mit der Literatur, gelöst werden können. Daher haben in Ihren eigenen Klausuren Fußnoten nichts verloren. In den letzten drei Fällen, die als Muster für Hausarbeiten gedacht sind, sollen hingegen die Fußnoten – wie es deren Funktion auch in Ihren Übungshausarbeiten ist – belegen, woher bestimmte Aussagen stammen.

Allgemein möchten wir Ihnen empfehlen, die Fälle nach Lektüre der jeweiligen Vorüberlegungen zunächst selbstständig zu lösen und dann Ihr Gutachten mit unserem zu vergleichen. Dabei sollten Sie sich bei den Klausurfällen (Fälle 1–4) ein Zeitlimit wie in einer Übung setzen (etwa eineinhalb Stunden); bei den restlichen dreien sollten Sie mindestens je einen Tag aufwenden und auch Literatur zu Rate ziehen. Für echte Übungshausarbeiten werden Sie natürlich schon deshalb viel mehr Zeit benötigen, weil eine sorgfältigere Ausarbeitung erforderlich ist.

Damit Sie bei der Lektüre der Vorüberlegungen den Sachverhalt stets vor Augen haben, sind die Falltexte in einem gesonderten Heft beigelegt.

1. Fall

Till Eulenspiegel als Gast[1])

Sachverhalt

Ein hungriger und mittelloser Till Eulenspiegel – zu Gast in Wien – kehrt in ein Gasthaus ein. Auf seine Bitte, umsonst essen zu können, antwortet die Wirtin: „Der Fleischer gibt mir nichts umsonst; deshalb kann man bei mir auch nur für Geld essen". Darauf Till: „Das passt mir vortrefflich, ich habe mir schon lange gewünscht, einmal für Geld zu essen, also Suppe, Braten, Nachspeise, bitte". Die Wirtin lacht auf diese Art der Bestellung, da sie Tills ernst gemeinte Antwort als Scherz versteht, und serviert. Als sie die Zeche in Höhe von Euro 15,– verlangt, verweigert Till entrüstet die Zahlung und begehrt unter Hinweis auf die Abmachung seinerseits angemessene Bezahlung; Euro 15,– seien ihm recht.

Wer kann Zahlung verlangen?

Erforderliche Kenntnisse: Vertragsschluss, Auslegung von Willenserklärungen, Grundlagen des Irrtumsrechts; dazu zB *Riedler,* ZR I, AT[5], Rz 11/1 ff; 15/1 ff; 21/1 ff; *P. Bydlinski,* BR I, AT[5], Rz 6/1 ff, 8/1 ff.

Ziel: Verstehen der Grundbegriffe der Falllösung, nämlich Sachverhalt, Fallfrage, Anspruch, Anspruchsgrundlage, Tatbestand, Subsumtion.

I. Vorüberlegungen

1. Allgemeines

Die Antwort auf die am Schluss des Falles gestellte Frage wird für fast jeden Nichtjuristen von vornherein klar sein: Till muss die Zeche bezahlen. Auf die Frage, warum das so sei, werden die Antworten vielleicht schon verschieden ausfallen. Die meisten werden den Grund darin sehen, dass Till gegessen, andere darin, dass er bestellt hat. Ist vielleicht beides entscheidend? Oder hat gar doch Till recht? Hat er sich nicht bereit erklärt, „für Geld zu essen"? Fälle der Art, dass man für Essen oder Trinken entlohnt wird, kommen vor: Denken Sie etwa an

---

[1]) Frei nach der niedersächsischen Ausgabe des Eulenspiegel. Till Eulenspiegel, geboren in Kneitlingen bei Schöppenstädt im Land Braunschweig, lebte im 14. Jahrhundert. Die hier nachempfundene Geschichte soll sich in Braunschweig zugetragen haben. Der Fall teilt mit manchen anderen in Anfängerübungen verwendeten die Eigenschaft, auf den ersten Blick als nicht besonders „lebensnah" zu erscheinen. Das darf Sie trotzdem nicht davon abhalten, sich ihm mit vollem Ernst zu widmen. Die Verwendung solcher Fälle verfolgt stets pädagogische Zwecke, vor allem den, bestimmte Probleme zu erörtern (oder auszuklammern), die in lebensnäheren Fällen mit zu vielen zusätzlichen Schwierigkeiten belastet wären.

einen berufsmäßigen Weinverkoster. Auch die Wirtin hat erklärt, man könne bei ihr „für Geld essen". Ihr Rechtsgefühl wehrt sich vermutlich gegen ein solches Ergebnis. Wenngleich das natürliche Rechtsgefühl vielfach als Kontrolle des gefundenen Ergebnisses dienen kann, darf sich der Jurist selbstverständlich damit nicht begnügen. Seine Aufgabe ist es, Fälle rechtlich zu beurteilen, zu begutachten. Der Anfänger, das gefühlsmäßige Ergebnis vor Augen, ist bei der Erstellung eines juristischen Gutachtens mit vielerlei Schwierigkeiten konfrontiert. Etwa folgende Fragen können dabei auftauchen: Wie soll man bei der Fallprüfung beginnen? Worauf ist besonders zu achten? Welche Schritte sind bei der Falllösung unbedingt einzuhalten, um der Gefahr zu entgehen, Wichtiges zu übersehen und Unwichtiges zu behandeln?

Neben diesen Aufbauproblemen stellt sich die Frage nach der Art der (mündlichen bzw schriftlichen) juristischen Darstellung. Vielleicht sind Sie im Deutschunterricht in der Mittelschule vor dem hässlichen, unverständlichen Juristendeutsch, insbesondere vor langen, unübersichtlichen Schachtelsätzen gewarnt worden. Solche Warnungen sind auch heute noch weitgehend berechtigt. Vor allem in überlieferten Vertragsformularen, aber auch in vielen Gesetzen und Erläuterungswerken finden sich derartige Stilsünden. Dieses „Amtsdeutsch" kann man nicht genug anprangern. Auch schwierige juristische Aussagen lassen sich bei einigem Bemühen in kurze, prägnante Sätze fassen. Zwar hat die Rechtswissenschaft wie jede andere Wissenschaft eine eigene Fachsprache entwickelt; dagegen kann selbstverständlich nichts eingewendet werden. Der viel geforderte verbesserte „Zugang zum Recht" und die ebenso oft verlangte „Bürgernähe" sind aber auch ein sprachliches Problem, und der Jurist soll sich daher bemühen, seine Entscheidungen verständlich zu formulieren. Gerade die schwächsten Juristen scheinen am meisten vom „Juristendeutsch" fasziniert zu sein.

2. Stufen der Falllösung

a) Zum Sachverhalt

Wie der Arzt den Körper des Patienten kennen muss, um eine richtige Diagnose zu stellen, muss der Jurist den Sachverhalt, der rechtlich zu würdigen ist, vollständig begreifen. Wer bereits beim Erfassen des Sachverhalts Fehler begeht, dem wird sein noch so ausgetüfteltes juristisches Argumentationsgebäude zusammenfallen. Wie schon in der Einleitung ausgeführt, versteht man unter Sachverhalt das, was tatsächlich passiert ist, was sich (laut dem Ihnen vorgelegten Text) im Leben tatsächlich ereignet hat. Dass Till in Wien in ein Gasthaus eingekehrt ist, dort umsonst essen wollte usw, das alles sind also Teile des Sachverhalts.

Um sich zu kontrollieren, kann man den Sachverhalt mit eigenen Worten nacherzählen, damit man sicher ist, alles Wesentliche verstanden und behalten zu haben. Versuchen Sie es auch hier einmal. Ein anschließender kritischer Vergleich mit dem vorgegebenen Text zeigt, ob Sie (wichtige) Teile nicht beachtet oder neue Teile hinzuerfunden haben. Beide Fehler sind bei Anfängern sehr häufig. Vielleicht haben Sie die Erklärung der Wirtin „verdreht" oder die des Till, etwa statt der Worte „für Geld" „um Geld" verwendet. Genau das könnte aber vielleicht entscheidend sein. Beachten Sie allgemein, dass Sie für Ihr Gutachten streng vom vorgegebenen Sachverhaltstext und nicht etwa von einer von Ihnen verfassten Nacherzählung auszugehen haben. Jedes Wort kann möglicherweise wichtig werden. Gehen Sie davon aus, dass alle Formulierungen vom Verfasser mit Bedacht gewählt sind, halten Sie nichts für unwichtig und vor allem: Fügen Sie nichts hinzu.

In mündlichen Prüfungen wird Sie der Prüfer manchmal auffordern, den Sachverhalt zu wiederholen. Im Zweifel, wenn Sie also nicht ganz sicher sind, ob Sie den Fall richtig vor Augen haben, sollten Sie auch selbst darum ersuchen. In einer schriftlichen Arbeit hat eine bloße Nacherzählung des Sachverhalts hingegen keinerlei Funktion, raubt nur – meist kostbare – Zeit. Jedoch ist es unbedingt geboten, bei der Subsumtion [dazu unten d)] auf die maßgeblichen Sachverhaltsteile ständig Bezug zu nehmen.

b) Zur Fallfrage

Wie für Sie seit der Schulzeit das Verstehen einer Schilderung von Ereignissen (Sachverhalten) nichts Neues sein wird (zB Nacherzählungen!), wird Ihnen auch die am Schluss des Textes unseres 1. Falles gestellte Frage: „Wer kann Zahlung verlangen?" in ihrer Funktion geläufig sein. Damit ist nichts anderes als das Thema der Prüfung, des Gutachtens bestimmt. Die Bedeutung der Fragestellung ist somit jedem einsichtig, der um die Folgen weiß, die es nach sich zieht, wenn ein (Aufsatz-)Thema verfehlt wird. **Was nicht gefragt ist, ist überflüssig** und damit im Rahmen der Aufgabenstellung falsch.

Wie ein Thema weit oder eng gefasst sein kann, kann auch die Fallfrage allgemeiner oder konkreter gehalten sein. In aller Regel geht es um ein tatsächliches Begehren einer oder mehrerer am Sachverhalt beteiligter Personen („Parteien"). Jemand will etwas von einem anderen. Dieses „etwas" kann sehr verschiedenartig sein: Zahlung von Geld, Bau eines Hauses, Herausgabe einer (zB gestohlenen) Sache. Das Begehren kann aber nicht nur auf ein Tun, sondern auch auf ein Unterlassen einer bestimmten Handlung abzielen. Beispiel: Den A stört es, dass Nachbarskinder Bälle auf sein Grundstück werfen; er will, dass das aufhört. Der Jurist umschreibt all diese möglichen Arten von Tun und Unterlassen mit dem Begriff **„Leistung"**. Um sicher zu sein, dass Sie Ihr Thema nicht verfehlen, sollten Sie sich am Beginn Ihrer Überlegungen stets darüber klar werden: „Wer will was von wem?". Manchmal ist freilich auch gleich eine Rechtsfrage gestellt („Ist die Ehe gültig?"; „Ist ein Vertrag zustandegekommen?"). Dann ist nur diese zu beantworten.

Die meisten Schwierigkeiten macht dem Anfänger eine sehr weit gefasste Fragestellung, vor allem das übliche **„Wie ist die Rechtslage?"**. In solchen Fällen sind die konkreten einzelnen Fragen (mögliche tatsächliche Begehren der Parteien) selbst zu erarbeiten[2]). Diese Aufgabe, die bereits zur juristischen Tätigkeit zählt, bleibt Ihnen in diesem Fall noch erspart, denn es steht fest, was die Wirtin und Till jeweils voneinander wollen: Zahlung von Euro 15,–. Alles, was mit diesen zwei (!) Begehren nichts zu tun hat, muss, ja darf nicht erörtert werden.

c) Anspruch; Anspruchsgrundlage

Ist klar, welche Leistungen die beteiligten Personen voneinander wollen (könnten), beginnt das für den Studienanfänger völlig Neue: die rechtliche Würdigung des Sachverhalts im Hinblick auf die gestellten Fragen. Wenn ein tatsächliches Begehren rechtlich begründet und somit auch zwangsweise durchsetzbar ist, sagt der Jurist, es bestehe ein Anspruch. Mit diesem Begriff, der zentrale Bedeutung für die Falllösung hat, ist nichts anderes als das Recht eines Beteiligten gegen einen anderen auf eine Leistung gemeint. Bei der Lösung privatrechtlicher Fälle ist also (in aller Regel; siehe oben) das Bestehen von Ansprüchen zwischen den im Sachverhalt genannten Personen zu prüfen.

In unserem Eulenspiegel-Fall haben wir uns nach der Fragestellung mit zwei Ansprüchen zu beschäftigen:

1. Anspruch der Wirtin gegen Till auf Zahlung von Euro 15,–.
2. Anspruch Tills gegen die Wirtin auf Zahlung von Euro 15,–.

Die entscheidende Aufgabe besteht darin zu prüfen, ob für die beiden aus Sachverhalt und Frage gewonnenen möglichen Ansprüche eine Grundlage im Gesetz besteht (Anspruchsgrundlage). **Anspruchsgrundlage ist also diejenige konkrete Norm** (manchmal: Normengruppe), **aus der sich ein Recht auf Leistung als Rechtsfolge ergibt.**

Offensichtlich ist, dass nicht jede Bewirtung eine Pflicht zur Gegenleistung auslöst. Eine Einladung zum Mittagessen bei Verwandten und Bekannten etwa begründet zwar vielleicht eine sittliche Pflicht zur Gegeneinladung, aber keine Rechtspflicht. Worin liegt nun allenfalls der maßgebliche Unterschied zu unserem Fall? Auch darauf ist die Antwort noch recht einfach: Till könnte mit der Wirtin einen Vertrag mit dem Inhalt geschlossen haben, dass er ihr für das Essen Euro 15,– bezahlt. In Betracht kommt ein Kaufvertrag[3]). In § 859[4]) (nachlesen!) wird allgemein das Rechtsgeschäft und somit auch der Vertrag[5]) als Grundlage für einen Anspruch auf die versprochene Leistung anerkannt. Ein Kaufvertrag kann daher eine – mögliche – Anspruchsgrundlage sein. Für die Zahlungspflicht

---

[2]) Dazu im Einzelnen unten beim 3. Fall.

[3]) Dass ein Vertrag über Bewirtung im Gasthaus möglicherweise auch noch Elemente anderer Vertragstypen (etwa betreffend die Verwahrung der Garderobe) enthält, kann für die Zwecke unseres Falles außer Betracht bleiben.

[4]) Paragrafen ohne nähere Bezeichnung sind im Folgenden immer solche des ABGB.

[5]) Vgl *Riedler*, ZR I, AT[5], Rz 10/10 ff; *P. Bydlinski*, BR I, AT[5], Rz 5/1 f.

des Käufers existiert im ABGB eine ausdrückliche Anordnung. Versuchen Sie diese zu finden! Inhalts- bzw Stichwortverzeichnis Ihrer Gesetzesausgabe werden Ihnen weiterhelfen. Nach gründlichem Lesen der kaufrechtlichen Bestimmungen (§§ 1053 ff) sollten Sie § 1062 als mögliche Anspruchsgrundlage (Rechtssatz) entdeckt haben.

Wie jeder (vollständige) Rechtssatz besteht auch § 1062 aus zwei Teilen: Tatbestand und Rechtsfolge(n). Tatbestand: „Käufer"; Rechtsfolgen: „. . . ist verbunden, die Sache sogleich, oder zur bedungenen Zeit zu übernehmen, zugleich aber auch das Kaufgeld bar abzuführen; . . .". Das tatsächliche Begehren der Wirtin (Zahlung von Euro 15,–) stimmt mit der zweiten Rechtsfolge überein. Fraglich ist also „nur" mehr, ob Till auch Käufer ist (Tatbestand). Gerade das bestreitet nämlich Till. Er will gerade umgekehrt für seine Tätigkeit (Essen) eine „Belohnung", juristisch formuliert: ein Entgelt. Wer einem anderen für eine Tätigkeit, die in der Herbeiführung eines Erfolges besteht, ein Entgelt verspricht, schließt einen Werkvertrag. Das ABGB regelt diesen Vertragstypus in den §§ 1151 ff. Versuchen Sie wiederum die mögliche konkrete Anspruchsgrundlage für das Begehren Tills zu finden. § 1151 („gegen Entgelt") und § 1170 („. . . das Entgelt . . . zu entrichten . . .") kommen dafür in Betracht.

Das tatsächliche Begehren Tills, nämlich Zahlung von Euro 15,– als Entgelt für seine Leistung (Essen), ist also von diesen Normen gedeckt, wenn Till mit der Wirtin einen Werkvertrag geschlossen hat, bei dem er der „Werkunternehmer" ist.

Ob also ein Kaufvertrag (Leistung von Essen durch die Wirtin gegen Zahlung von Euro 15,–) oder ein Werkvertrag (Essen durch Till gegen Zahlung von Euro 15,– seitens der Wirtin) abgeschlossen worden ist, entscheidet über die Begründetheit der beiden möglichen Ansprüche. Was nun tatsächlich vereinbart wurde, ist wegen der unklaren Erklärungen von Till und der Wirtin streitig, möglicherweise fehlt es überhaupt an einer Einigung. Der Jurist hat zu entscheiden, indem er den Sachverhalt mit den beiden gesetzlichen Tatbeständen „vergleicht".

d) Subsumtion

Das Vergleichen des Sachverhalts mit der Norm nennt man Subsumtion. Wer subsumiert, **überprüft, ob der Sachverhalt einem Rechtssatz entspricht,** dh unterstellt werden kann. Einen Teil der Subsumtion haben wir schon oben vollzogen, ohne dass es uns bewusst geworden wäre. Wir haben nämlich festgestellt, dass die tatsächlichen Forderungen auf Zahlung der Rechtsfolge sowohl des § 1062 als auch der §§ 1151, 1170 (Pflicht zur Zahlung) entsprechen (Subsumtion auf der Rechtsfolgenseite).

Mit der Rechtsfolgensubsumtion allein können wir uns nicht begnügen. Wir müssen weiters überprüfen, ob die gesetzlichen Voraussetzungen für den Eintritt der Rechtsfolge im Sachverhalt verwirklicht sind: Subsumtion des Sachverhalts unter den Tatbestand. Da „Käufer“ iSd § 1062 nur jemand ist, der einen Kaufvertrag abgeschlossen hat, besteht der Tatbestand des § 1062, wenn man ihn ausführlich formuliert, im Abschluss eines Kaufvertrages. Tatbestand der §§ 1151, 1170 ist ua der Abschluss eines Werkvertrages. Nur wenn Till sich vertraglich zum Kauf des Essens verpflichtet hat, muss er gemäß § 1062 bezahlen. Für die Wirtin gilt Entsprechendes: Nur wenn sie für die Tätigkeit des Essens ein Entgelt versprochen hat, muss sie nach § 1170 bezahlen. In den genannten konkreten Anspruchsgrundlagen ist aber nicht näher geregelt, unter welchen Voraussetzungen ein wirksamer Vertrag im Allgemeinen, ein Kauf- oder Werkvertrag im Besonderen zustandekommt. Dafür gibt es generellere Normen (Hilfs- oder Ergänzungsnormen), deren Existenz man kennen muss. Es sind dies die allgemeinen Vertragsabschlussregeln (§§ 861 ff) sowie die besonderen Regeln über den Abschluss des Kaufvertrages (§§ 1053 ff)[6]) und des Werkvertrages (§§ 1151 ff).

Ob überhaupt ein Vertrag zwischen Till und der Wirtin geschlossen worden ist, und wenn ja, welcher Vertragstyp vorliegt, muss daher Gegenstand des Gutachtens sein. Die folgende Lösung unseres Falles, bei der sich die Frage der Bedeutung und damit der Auslegung von Erklärungen als das Zentralproblem erweisen wird, soll nach den jetzt erörterten Grundlagen einen ersten Eindruck von Aufbau, juristischer Begründungsweise und Stil vermitteln. Versuchen Sie aber vorher selbst, den Fall mit Ihren bisherigen juristischen Kenntnissen zu lösen und anschließend Ihr und unser Gutachten zu vergleichen.

II. Gutachten

1. Anspruch der Wirtin gegen Till auf Zahlung von Euro 15,–

Dieser Anspruch könnte gemäß § 1062 begründet sein. Das setzt voraus, dass zwischen Till und der Wirtin ein Kaufvertrag mit dem entsprechenden Inhalt geschlossen wurde. Ein Kaufvertrag kommt wie jeder andere Vertrag durch Angebot und Annahme zustande (§ 1054 iVm § 861). Inhaltlich ist Einigung über Ware und Preis erforderlich (§ 1053). Eine besondere Formpflicht ist im Regelfall nicht vorgesehen, sodass der Vertrag durch ausdrückliche Erklärungen, aber auch durch schlüssiges (konkludentes, stillschweigendes) Verhalten geschlossen werden kann (§ 863). Das Ersuchen Tills, umsonst essen zu können, ist ein Angebot zum Abschluss eines Schenkungs-, nicht aber eines Kaufvertrages, weil Tills Erklärung nicht auf die Begründung einer Kaufpreiszahlungspflicht gerichtet ist. Auch die folgende Erklärung der Wirtin („Bei mir kann man nur für Geld essen“) kann nicht als Kaufvertragsofferte gewertet wer-

[6]) Beachte: § 1054 verweist ausdrücklich auf jene Ergänzungsnormen. Im Hauptstück über Dienst- und Werkvertrag fehlt eine solche Verweisung; da aber auch keine Sonderregeln zu finden sind, gelten die allgemeinen.

den, weil mit ihr noch nicht bestimmt ist, welche Speise (Sache iSd § 1053 iVm § 285) angeboten wird (§ 869). Erst in Tills Bestellung wird die gewünschte Speise festgelegt. Dass Till keinen bestimmten Kaufpreis nennt (§ 1054), steht einer Bewertung seiner Erklärung als Offerte nicht entgegen; es reicht nämlich Bestimmbarkeit aus[1]). Der in diesem Gasthaus übliche Preis könnte gemeint sein.

Fraglich ist aber, ob sich Till überhaupt zur Bezahlung des Preises verpflichtet hat, will er doch nicht die Sache „Essen" gegen Zahlung des üblichen Preises, sondern „für Geld" die Tätigkeit Essen vollbringen. Tills subjektiver Wille ist daher nicht auf den Abschluss eines Kaufvertrages (mit ihm als Käufer), sondern eines Werkvertrages (mit ihm als Werkunternehmer) gerichtet. Rechtsgeschäftliche Erklärungen sind aber nach der im ABGB geltenden Vertrauenstheorie (§§ 863, 871, 914 ua) nicht allein nach dem Willen des Erklärenden, sondern grundsätzlich so auszulegen, wie sie ein objektiver redlicher Erklärungsempfänger unter Berücksichtigung aller Umstände des Falles verstehen durfte[2]). Die Formulierung „für Geld essen" ist nun zwar für sich allein betrachtet auch objektiv mehrdeutig: Sie kann sowohl bedeuten, dass der Essende etwas zahlen muss, als auch, dass er für die Tätigkeit des Essens etwas bekommt. Wofür bezahlt werden muss, wäre demnach zweifelhaft. Beachtet man aber auch die sonstigen Umstände des Falles, insbesondere den Hinweis der Wirtin auf den Einkauf beim Fleischer, wird der Sinn ihrer Erklärung für jeden verständigen Menschen – und damit objektiv – klar: Sie wollte eindeutig das Essen nur gegen Bezahlung anbieten. Auch Tills Bestellung durfte sie daher im Prinzip in diesem Sinne verstehen. Allenfalls die zusätzliche Erklärung, in der Till sich der Formulierung der Wirtin bedient, könnte noch einem berechtigten Vertrauen auf ein Kaufvertragsoffert entgegenstehen: Wenn die Wirtin erkannte oder erkennen musste, dass Till ernsthaft meinte, für das Essen noch Geld zu bekommen, durfte sie nicht davon ausgehen, dass er sich zur Zahlung verpflichten wolle. Da aber objektiv erkennbar war, dass die Wirtin die Speisen nicht ohne Entgelt hergeben wollte, stand umso mehr fest, dass sie nicht selbst für das Verspeisen des Mahls bezahlen wollte. Unter diesen konkreten Umständen durfte die Wirtin den ersten Teil von Tills Erklärung als Scherz verstehen, was sie nach dem Sachverhalt auch getan hat. Gemäß § 869 müssen Erklärungen aber „ernstlich" sein, um Rechtsfolgen auszulösen; auch insofern kommt es auf den objektiven Eindruck, nicht auf den Willen des Erklärenden an.

Die Wirtin durfte also Tills Erklärung nach deren Gesamteindruck als normale, ernst gemeinte Bestellung betrachten. Es lag daher ein wirksames Kaufvertragsoffert vor, das spätestens durch das Servieren des Essens von der Wirtin schlüssig (§ 863) angenommen wurde. Dadurch ist der Kaufvertrag perfekt

---

1) Vgl *Riedler,* ZR I, AT^5, Rz 11/15.
2) *Riedler,* ZR I, AT^5, Rz 15/11; *P. Bydlinski,* BR I, AT^5, Rz 6/42.

geworden. Der Anspruch der Wirtin auf Zahlung des Kaufpreises aus diesem Vertrag bestünde danach zu Recht.

Weil Till aber etwas anderes wollte, als er nach objektiver Auslegung erklärt hat, ist noch fraglich, ob er den Kaufvertrag wegen Erklärungsirrtums gemäß § 871 anfechten kann. Dafür müsste eine der alternativen Voraussetzungen des § 871 erfüllt sein. Weil die Wirtin im Vertrauen auf das Zustandekommen des Vertrages das Essen zubereitet und Till es gegessen hat, scheidet rechtzeitige Aufklärung des Irrtums aus. Da die Wirtin Tills Erklärung als Scherz verstehen durfte, musste ihr Tills Irrtum auch nicht offenbar auffallen. Fraglich könnte nur sein, ob die Wirtin durch die Verwendung der Worte „für Geld essen“ den Irrtum veranlasst hat. Selbst wenn man dafür mit der hM[3]) bloß adäquate Verursachung verlangt, ist auch diese Anfechtungsmöglichkeit abzulehnen. Die Bedeutung, die Till der Erklärung der Wirtin beimisst, liegt nämlich außerhalb aller Lebenserfahrung.

Da der Kaufvertrag somit unanfechtbar ist, besteht der Anspruch der Wirtin auf Zahlung des Preises von Euro 15,– zu Recht.

2. Anspruch Tills gegen die Wirtin auf Zahlung von Euro 15,–

Dieser Anspruch wäre nach §§ 1151, 1152, 1170 nur dann begründet, wenn zwischen Till und der Wirtin ein Werkvertrag abgeschlossen worden wäre. Die Auslegung der abgegebenen Willenserklärungen hat aber die Vereinbarung eines Kaufvertrages ergeben, was in unserem Fall einen Werkvertrag ausschließt. Till hat keinen Anspruch auf Zahlung.

---

[3]) Vgl *Riedler,* ZR I, AT^{5}, Rz 21/27; *P. Bydlinski,* BR I, AT^{5}, Rz 8/17.

2. Fall

Die unerwünschte CD

Sachverhalt

I. A ist Mitglied der Musikplattform B. Die von A seinerzeit akzeptierte Beitrittserklärung enthält folgende Klausel: „Neben den elektronisch zur Verfügung gestellten Musikdateien werden gelegentlich auch CDs zum Reinhören zugesandt. Wenn Sie diese nicht binnen zwei Wochen an uns zurückschicken, nehmen wir an, dass Sie diese behalten wollen."

Am 31. 7. erhält A die CD „All Time Hits". Nach Öffnen der Verpackung findet A ein beigelegtes Schreiben, in dem nochmals auf die Bedeutung der Nichtrücksendung der CD hingewiesen wird. Nachdem A kurz in die CD reingehört hat, gibt er sie, wieder sorgfältig verpackt und versehen mit dem Vermerk „Zurück an den Absender", am 11. 8. bei der Post auf. Wegen urlaubsbedingten Personalmangels verzögert sich die Zustellung, sodass die CD erst am 25. 8. beim Betreiber der Musikplattform eintrifft. Dieser begehrt 3 Wochen später von A Zahlung von Euro 19,– gegen neuerliche Lieferung der CD. Mit Recht?

II. Auch C erhält die CD „All Time Hits". Als er nämlich beim Versandhaus V Kopfhörer um Euro 20,– bestellt, wird ihm zusammen mit den Kopfhörern die CD samt beiliegendem Begleitschreiben zugesandt: „Sie haben die Möglichkeit, im Rahmen einer Aktion die beiliegende CD gegen Zahlung von Euro 19,– zu erwerben. Sollte Ihnen die CD wider Erwarten nicht gefallen, dann bitten wir Sie, sie binnen zwei Wochen an uns zurückzuschicken, widrigenfalls wir annehmen, dass Sie die CD behalten wollen."

C ärgert sich über die immer aggressiver werdenden Werbemethoden. Er bezahlt daher die Kopfhörer, nicht aber die CD, die er vorerst unbeachtet und ungehört liegen lässt. Als er eine Woche später für einen Freund ein Geburtstagsgeschenk benötigt, fällt ihm die CD ein. Diese kommt ihm nun höchst gelegen, da sein Freund ein Fan großer Hits ist und ihm ohnehin nichts Besseres als Geschenk eingefallen wäre. Er schenkt die CD daher seinem Freund, der diese mit Freude annimmt. Nach Ablauf der zwei Wochen verlangt das Versandhaus Zahlung von Euro 19,–.

Mit Recht?

Erforderliche Kenntnisse: wie bei Fall 1 (oben S 1).

Ziel: Erfassen des Sachverhalts; Anfertigung einer Lösungsskizze bzw Lösungsgliederung; Vertiefung der einzelnen Lösungsschritte.

I. Vorüberlegungen

1. Einige praktische Erfahrungen mit dem gestellten Fall

Teil I des CD-Falles wurde als „Probeklausur" von Studienanfängern in Linz geübt. Die Hörer hatten zwar Kenntnisse des materiellen Rechts, die zur Lösung erforderlich sind, aber keine Erfahrung in der Falltechnik. Im Ergebnis haben etwa ein Drittel der Teilnehmer Vertragsschluss bejaht, die Übrigen abgelehnt. Die am häufigsten aufgetretenen Fehler: Meist ist das (mögliche) Ergebnis vorweggenommen, an den Anfang der Falllösung gestellt worden (falsche Reihenfolge). Viele waren dazu verleitet, den gesamten Sachverhalt oder zumindest größere Teile zu wiederholen, was idR in einer schriftlichen Arbeit völlig überflüssig ist. Zum Teil wurden Beweisprobleme erörtert, obwohl ein unstreitiger Sachverhalt vorliegt. ZB wurde behauptet, dass das Reinhören in die CD nicht bewiesen werden könne. Andererseits wurden neue Sachverhaltsteile erfunden. Beispiele: Die CD sei in einer Klarsichthülle verpackt gewesen; sie sei von A beim probeweisen Hören beschädigt worden. Der Tag der Absendung der CD durch A sei ein Freitag gewesen. Einerseits wurde unterstellt, der Vermerk „Zurück an den Absender" stamme nicht von A, andererseits wurde die Beitrittserklärung des A mit der Klausel „Datum des Poststempels ist für die Rechtzeitigkeit der Absendung maßgeblich" ergänzt. Den Fall zerstört völlig, wer behauptet, dass B die CD wegen guter Geschäftsverbindung von A zurücknehmen werde. Auch dass A den Mitgliedschaftsvertrag mit der Musikplattform in seiner Wohnung abgeschlossen habe, wurde vielfach behauptet (lesen Sie § 3 KSchG!).

Die Frage verkannt haben jene, die einen Schadenersatzanspruch des A gegen die Post oder einen Aufwandersatzanspruch gegen B geprüft haben.

Mangels konsequenter Anspruchsprüfung wurden meist ein oder mehrere „Probleme" erörtert, ohne dass deren Bedeutung für die Falllösung ersichtlich gemacht wurde. Nicht selten fanden sich als Folge davon rein abstrakte Rechtsausführungen ohne Fallbezogenheit. Andererseits wurden oft wichtige, weil fallrelevante Rechtsfragen übersehen. Auch das ist eine fast zwangsläufige Konsequenz ungeordneter Prüfung. Als markantes Beispiel sei zuletzt erwähnt, dass jemand geprüft hat, ob zwischen A und B ein Leihvertrag abgeschlossen wurde. Der Fehler ist evident: Aus einem Leihvertrag (unentgeltliche Gebrauchsüberlassung) kann sich kein Entgeltsanspruch des Verleihers ergeben.

2. Zum Sachverhalt

Unschwer zu erkennen ist, dass es sich bei den Sachverhaltsteilen I und II im Prinzip um vollständig voneinander unabhängige Sachverhalte und Ansprüche handelt. Damit soll verdeutlicht werden, dass ähnliche Lebenssachverhalte (sowohl A als auch C bekommen die CD „All Time Hits" zugesandt) rechtlich durchaus unterschiedlich zu behandeln sind: So wird zB eine Rolle spielen, dass

A die CD als Mitglied einer Musikplattform erhält, C jedoch lediglich als Versandhauskunde. Bei der Falllösung sollte man die Sachverhaltsteile völlig getrennt behandeln, also keinesfalls in irgendeiner Art vermengen.

Erster und vorentscheidender Arbeitsvorgang ist das **vollständige und richtige Erfassen des Sachverhalts.** Der Bearbeiter muss sich alle Einzelheiten einprägen, um sie bei der rechtlichen Beurteilung jederzeit bereit zu haben. Jedes Detail kann, muss aber nicht für die Lösung relevant sein. Es ist möglich, dass der Verfasser des Falles bewusst auch rechtsunerhebliche Fakten in den Fall aufnimmt, um zu prüfen, ob der Bearbeiter in der Lage ist, Wesentliches von Unwesentlichem zu trennen. In der juristischen Praxis zählt es nämlich zu den wichtigsten Aufgaben, aus einer Flut von tatsächlichen Angaben der Betroffenen das rechtlich Bedeutsame herauszufinden. In unserem Fall ist zB der Titel der CD wohl gleichgültig. Er hätte auch weggelassen werden können. Dasselbe gilt für die Tatsache, dass die Verzögerung der Zustellung auf den urlaubsbedingten Personalmangel bei der Post zurückzuführen ist. Als Regel gilt aber: Jede Bemerkung im Text muss auf ihre mögliche rechtliche Bedeutung geprüft werden. Daher wird man zB das Reinhören in die CD durch A nicht unberücksichtigt lassen dürfen. Ebenso wird dem beigelegten Schreiben, in dem auf die Bedeutung des Unterlassens der Rücksendung der CD hingewiesen wird, Beachtung zu schenken sein. Natürlich setzt diese Unterscheidung in Wichtiges und Unwichtiges bereits eine rechtliche Würdigung voraus. Was wirklich unerheblich ist, kann daher erst im Lauf eingehender Prüfung endgültig entschieden werden.

Der vorgegebene Sachverhalt ist unbedingt als **feststehend, unstreitig** anzunehmen. Im Gegensatz zur juristischen Praxis, wo meist nicht nur die Rechtslage, sondern auch der Sachverhalt streitig ist, muss sich der mit bürgerlichem Recht befasste Student nicht mit Beweisproblemen abplagen. Im Prozess hingegen hat jede Partei grundsätzlich alle für ihr Begehren günstigen Tatsachen zu behaupten und zu beweisen. Der Verkäufer, der den Kaufpreis verlangt, muss also das Zustandekommen des Kaufvertrages und Fälligkeit des Kaufpreisanspruchs beweisen, der Käufer etwa, dass er bereits bezahlt hat (Quittung!). Wenn der Richter nach Würdigung der erhobenen Beweise nicht entscheiden kann, ob sich eine Tatsache, etwa die rechtzeitige Rücksendung, ereignet hat oder nicht („non liquet“), trifft der Nachteil daraus die Partei, die dafür die **Beweislast** trägt. Für den juristischen Alltag ist daher die Beweismöglichkeit von zumindest ebenso großer Bedeutung wie die richtige rechtliche Beurteilung.

Vor allem aus praktischen Gründen ist es im akademischen Unterricht ausgeschlossen, ein Beweisverfahren durchzuführen. Der Sachverhalt ist also – falls seinem Erfinder kein Fehler unterlaufen ist – in aller Regel in tatsächlicher Hinsicht **vollständig,** dh seine Angaben reichen aus, um die gestellte Frage zu beantworten.

Das Erdichten neuer Sachverhaltsteile ist ein – beliebter – Anfängerfehler. Er unterläuft bisweilen unbewusst, um ein gefühlsmäßig richtiges Ergebnis zu untermauern. In unserem Fall ist die Gefahr einer solchen Verbiegung oder Änderung des Sachverhalts zwar nicht sehr groß, aber doch gegeben. Neben den bereits angeführten Beispielen wäre möglich, dass ein Bearbeiter etwa davon ausgeht, dass A von der urlaubsbedingten Zustellungsverzögerung wusste oder hätte wissen müssen. Dafür fehlt aber jeder Anhaltspunkt im Sachverhalt. Weiters wäre noch denkbar, dass jemand an der Geschäftsfähigkeit (Volljährigkeit) des A zweifelt. Folgender Grundsatz ist zu diesem Punkt zu beachten: Mangels entsprechender Hinweise im Sachverhalt, die für eine Ausnahmesituation sprechen, gilt, dass bezüglich rechtserheblicher Tatsachen vom **Normalfall,** hier also von der Geschäftsfähigkeit auszugehen ist.

Sachverhaltsergänzungen sind nur gestattet, manchmal sogar geboten auf Grund **allgemeiner Erfahrungssätze** und **gesetzlicher Vermutungen.** So ist in unserem Fall davon auszugehen, dass es sich bei der Musikplattform um eine juristische Person (zB GmbH) handelt. Wäre A als Mittelschüler bezeichnet, so wäre nach allgemeiner Erfahrung davon auszugehen, dass er noch nicht 18 Jahre alt und daher nur beschränkt geschäftsfähig ist. Auch dass die Beitrittserklärung des A von der Musikplattform seinerzeit angenommen worden ist, kann nach dem Gesamtsachverhalt nicht zweifelhaft sein.

Gelegentlich kann in einem Fall besonders erwähnt sein, dass eine bestimmte Frage nicht geklärt sei (zB ob ein Handwerker, der eine fehlerhafte Anlage montiert hat, den Fehler hätte bemerken müssen). Das ist dann ein Hinweis darauf, dass die Beweislast in diesem Punkt zu prüfen ist (vgl § 1298). Manche Rechtsfolgen knüpfen auch an die Redlichkeit (lesen Sie § 326) einer Person an (zB § 367). Wenn im Sachverhalt über die Redlichkeit keine Aussagen gemacht sind, greift die allgemeine Vermutung des § 328 (für Redlichkeit) ein.

Mitunter kann es doch vorkommen, dass der **Sachverhalt** trotz der zulässigen Ergänzungen **unvollständig** bleibt. Das kann auf einem Fehler des Fallverfassers (Übungsleiters) beruhen, sollte also doch im Zweifel nicht angenommen werden, vielmehr Anlass geben, die eigene Lösung nochmals zu überprüfen. Solche offenen Sachverhaltsfragen treten nämlich zumeist dann auf, wenn man vorher eine Rechtsfrage anders entscheidet, als es dem Fallverfasser vorgeschwebt ist. Auch insofern sollte man dann zweifelhafte Vorfragenentscheidungen noch einmal überdenken. Im Extremfall könnte es sogar sein, dass ein Fall durch eine bestimmte Entscheidung einer Frage völlig „kaputt geht", zB mit zwei Sätzen zu lösen ist oder überhaupt wegen fehlender Sachverhaltsangaben unlösbar wird. Dann spricht vieles dafür, dass sich jedenfalls der Fallverfasser die richtige Lösung anders vorgestellt hat. Manchmal mag der Punkt aber auch bewusst offen gelassen sein, weil die daraus entstehenden Folgen vom Aufgabensteller in Kauf genommen wurden. Ist man seiner Sache trotz der genannten Bedenken völlig sicher, so ist die weitere Untersuchung **alternativ für jede** in Betracht kommende **Sachverhaltsvariante** vorzunehmen. Beispiel: Wer in unserem Fall das Zustandekommen des Vertrages bejaht (was vertretbar ist) und daher noch Irrtumsanfechtung zu prüfen hat, wird auf Grund des Sachverhalts nicht über die Frage der rechtzeitigen Aufklärung iSd § 871 entscheiden können. Für die beiden möglichen Sachverhaltsvarianten wäre daher eine getrennte rechtliche Beurteilung vorzunehmen.

Streng von einer solchen offenen Sachverhaltsfrage zu unterscheiden ist das ständig auftauchende Problem **zweifelhafter Rechtsfragen.** Wenn Sie bei feststehendem Sachverhalt auf eine solche stoßen (zB die Frage, ob § 864 Abs 1 um den weiteren Fall des Verzichts auf eine Annahmeerklärung zu ergänzen ist), so dürfen Sie diese keinesfalls offen lassen, wenn sie für die Lösung der gestellten Frage erheblich ist; Sie dürfen also auch nicht alternativ weiterarbeiten, sondern müssen sich nach Abwägung aller Ihnen einfallenden Argumente für eine Lösung entscheiden; gerade das ist in schwierigeren Fällen Ihre Hauptaufgabe. Bei Hausarbeiten kommt Ihnen zu Hilfe, dass Sie in der Literatur (meist) Argumente für die eine oder andere Auffassung finden werden. Aber auch dann haben Sie selbst Stellung zu beziehen und zu begründen, warum Sie sich einer Meinung anschließen (oder eine eigene bilden!).

Zurück zum Sachverhalt: Bei komplizierten Fällen kann es ratsam sein, wichtige Teile auf einem **Merkzettel** zu notieren oder im Sachverhaltstext zu unterstreichen. In unserem Fall ist es nahe liegend, alle Sachverhaltsteile, die als Antrag oder Annahme in Betracht kommen, gesondert zu notieren. Dabei empfiehlt sich meist eine Orientierung am zeitlichen Ablauf des Sachverhalts.

Beispiel für den Sachverhalt I.

Angebot	*Annahme*
Rahmenvertrag	Beitrittserklärung
Zusenden der CD	Öffnen der Verpackung
Beigelegtes Schreiben	Reinhören in die CD
	Stillschweigen während Rücksendefrist

3. Zur Wiederholung: Die Fragestellung

Nochmals ist auf den Grundsatz hinzuweisen: Was nicht gefragt ist, wird nicht gewertet. Wer die Frage verkennt, verfehlt das Thema. IdR werden tatsächliche Begehren einer oder mehrerer beteiligter Personen in Frage gestellt. Ob ein solches Begehren zu Recht besteht, nötigenfalls also auch gerichtlich durchsetzbar ist, ist zu prüfen.

Das Recht, von jemandem eine Leistung zu verlangen, wird allgemein als **Anspruch** bezeichnet; vor allem wenn es seine Grundlage im Schuldrecht hat, oft auch als „Forderung“[1]). Die Leistung kann in einem Tun (zB Zahlung, Lieferung einer Sache) oder Unterlassen (zB bestimmter Wettbewerbshandlungen;

[1]) Vgl zu diesen terminologischen Fragen *P. Bydlinski*, BR I, AT[5], Rz 3/7 f.

Dulden des Fahrens des Nachbarn auf eigenem Grund – Servitut) bestehen. Die nach der Sachverhaltsschilderung gestellte Frage zielt daher letztlich idR auf das Bestehen von Ansprüchen. Die allgemein bei (fast) jeder Lösung eines Privatrechtsfalls zu beantwortende Grundfrage: „Wer kann was von wem verlangen?" ist in unserem Beispiel bereits konkretisiert: B (wer) will von A (wem) Zahlung von Euro 19,– (was). Das ist nicht immer so. In anderen Fällen müssen die konkreten Fallfragen erst erarbeitet werden (dazu Fall 3; unten S 29 ff).

4. Zum Auffinden der Anspruchsnorm (Anspruchsgrundlage)

Steht die Frage fest, beginnt die eigentliche juristische Arbeit. Nicht jedes tatsächliche Begehren ist auch rechtlich begründet; das zu untersuchen, ist Aufgabe des Gutachters.

Der gestellte Anspruch muss seine Stütze, Grundlage im Gesetz finden. Es ist daher – wie bereits bekannt – die so genannte **Anspruchsgrundlage** zu suchen, also eine **Norm oder Normengruppe, die das** (sich aus dem Sachverhalt ergebende) **konkrete Begehren rechtfertigen könnte.** Die oben gestellte Grundfrage: „Wer will was von wem" muss also mit „woraus" bzw „aus welchem Rechtsgrund" vervollständigt werden. Theoretisch müsste der Jurist in jedem Fall die gesamte Rechtsordnung auf mögliche Anspruchsgrundlagen untersuchen. Frage und Sachverhalt grenzen aber in der Praxis von vornherein die in Betracht kommenden Anspruchsnormen ein. Um dem Anfänger das Finden der (möglichen) Anspruchsgrundlage(n) zu erleichtern, wird unten ein Schema häufig vorkommender Anspruchsgrundlagen präsentiert werden. Genaue Kenntnis des materiellen Rechts, dauernde Übung, die damit gewonnene Erfahrung und auch ein gewisser juristischer Spürsinn bleiben freilich unabdingbare Voraussetzungen für rationelle Arbeit. Das ist näher zu erläutern.

Im CD-Fall ist gefragt, ob B von A bzw V von C Zahlung von Euro 19,–, also eine Geldleistung, verlangen kann. Ansprüche etwa auf Unterlassung weiterer Zusendungen oder auf Herausgabe der CD sind daher nicht zu prüfen. Die Fragestellung schränkt also die möglichen Normen von der Rechtsfolgenseite her ein. Es sei an den bereits oben aufgezeigten Fehler erinnert: Rechtssätze über Leihe oder auch Schenkung scheiden als mögliche Anspruchsgrundlagen aus, weil wegen der Unentgeltlichkeit dieser Verträge Entlehner und Beschenkter zu keiner Gegenleistung verpflichtet sind. Nach dieser Einschränkung durch die Frage wären aber theoretisch noch alle Tatbestände zu untersuchen, die als Rechtsfolge eine Geldzahlungspflicht aufweisen. Normen gerade mit dieser Rechtsfolge gibt es aber eine Vielzahl: zB § 94 Abs 2 Satz 2 (Unterhaltsanspruch des Ehegatten); § 364 a (Ausgleichsanspruch des immissionsgeschädigten Nachbarn); § 774 (Pflichtteilsanspruch des Noterben)[2]); § 27 Abs 3 MRG (Rückfor-

---

[2]) Zum Geldcharakter des Pflichtteilsanspruchs *Eccher,* BR VI, Erbrecht[4], Rz 12/1 ff; OGH JBl 2001, 521.

derung verbotener Ablösen). Es wäre nun nicht nur überflüssig, sondern prüfungstechnisch (natürlich auch in der Praxis!) falsch, auch nur im Ansatz darauf einzugehen, ob B immissionsgeschädigter Nachbar, unterhaltsberechtigter Ehegatte des A bzw Pflichtteilsberechtigter ist oder als Mieter eine verbotene Ablöse gezahlt hat. Dafür fehlen im Sachverhalt jegliche Anhaltspunkte. Es ist zwar richtig und notwendig, zuerst mit der Subsumtion des konkreten Begehrens unter eine abstrakte Rechtsfolge zu beginnen, dh zu prüfen, ob das Verlangen der B mit der Rechtsfolge einer Norm übereinstimmt, doch ist schon dabei vom Sachverhalt her auch der Blick auf den jeweils in Betracht gezogenen Tatbestand zu werfen und eine **Vorauswahl** zu treffen. Der Sachverhalt schränkt daher die möglichen Anspruchsnormen auch von der Tatbestandsseite ein. Aus dem Sachverhalt erkennen wir, dass B Zahlung des Preises für eine gelieferte Sache verlangt. Damit ist nahe liegend, dass die Anspruchsgrundlage im Kaufrecht zu finden ist (vorläufige Subsumtion).

An dieser Stelle der Prüfung ist es ratsam, schon jetzt **andere, uU noch mögliche Anspruchsgrundlagen** in Erwägung zu ziehen, insbesondere (aber nicht nur) für den Fall, dass sich der Kaufpreisanspruch als unbegründet erweisen sollte. Das setzt wieder Kenntnisse im materiellen Recht voraus. In Frage kämen nur mehr außervertragliche Ansprüche. Da aber sowohl für eine Bereicherung des A (zB indem er die ganze CD angehört hätte) als auch für einen Schaden der B (zB durch Beschädigung der CD) im Sachverhalt keinerlei Anhaltspunkte zu erkennen sind, kann sich das Gutachten auf die Erörterung der vertraglichen Anspruchsgrundlage beschränken. Die **konkrete Anspruchsnorm** für eine Pflicht zur Zahlung des Kaufpreises kennen wir bereits aus dem 1. Fall: § 1062. Ein allgemeiner Hinweis auf „den Kaufvertrag" bzw „das Kaufrecht" wäre hier unzureichend, da sich daraus auch andere Ansprüche ableiten lassen. Das ist nicht in allen Fällen so: Bei gesetzlich nicht geregelten Vertragstypen – zB dem Leasingvertrag – wird sich vielfach im Gesetz selbst keine konkrete Anspruchsgrundlage finden; hier bildet der Vertrag die alleinige Grundlage. Allgemein gilt, dass man bei der Prüfung der denkbaren Anspruchsgrundlagen **so konkret wie möglich** vorgehen sollte; also nicht „der Kaufvertrag", sondern „§ 1062", nicht „Schadenersatz", sondern „§ 1319" ist zB Ansatzpunkt der Subsumtion.

Nach diesem Eingrenzen der Anspruchsnorm beginnt die eigentliche Subsumtionstätigkeit. Das Folgende ist aus dem 1. Fall bekannt: Die Rechtsfolge des § 1062 tritt nur dann ein, wenn dessen Tatbestand verwirklicht ist. Dieser besteht im Wort „Käufer". Käufer ist nur, wer einen wirksamen Kaufvertrag geschlossen hat. Wann ein Kaufvertrag geschlossen wird, ist in § 1062 nicht näher geregelt, vielmehr verweist die Anspruchsnorm auf „Hilfsnormen", Ergänzungsnormen, nämlich §§ 1053 ff und die allgemeinen Vertragsabschlussregeln (§§ 861 ff). Letztere bestimmen, welche allgemeinen Voraussetzungen für einen gültigen Vertragsschluss vorliegen müssen, erstere legen besondere Voraussetzungen für den Kaufvertrag fest.

Der Einstieg in die Falllösung ist damit gelungen. Der erste Satz der schriftlichen Ausarbeitung könnte also lauten: „Der Anspruch der B gegen A auf Zahlung von Euro 19,– könnte sich auf § 1062 stützen" (oder: „. . . könnte sich aus § 1062 ergeben" oder „. . . Grundlage des Anspruchs . . . könnte § 1062 sein" oder „Als Anspruchsgrundlage kommt § 1062 in Betracht"); als Überschrift: *„Anspruch der B gegen A auf Zahlung von Euro 19,– gemäß § 1062"*. Das Ergebnis der rechtlichen Beurteilung darf nicht vorweggenommen werden (anders beim gerichtlichen Urteil!). Daher ist der Einleitungssatz im Konjunktiv oder in anderer Weise, die die bloße Möglichkeit dieses Anspruchs erkennen lässt, zu formulieren.

Der Leistungsgegenstand – hier: Euro 19,– – sollte so präzise wie möglich bezeichnet und nicht mit der Rechtsgrundlage vermengt werden. Zu vermeiden sind deshalb Formulierungen, die gerade von Anfängern gerne verwendet werden, wie beispielsweise: „Anspruch A gegen B auf Kaufpreiszahlung gemäß § 1062" oder „Anspruch C gegen D auf Schadenersatz". „Kaufpreiszahlung" und „Schadenersatz" sind kein Leistungsgegenstand, sondern weisen auf die mögliche Grundlage des Anspruchs hin. Deshalb erweist es sich als unerlässlich zu sagen, welchen Inhalt der geprüfte Anspruch hat (Euro 19,–) und auf welcher Rechtsgrundlage er bestehen könnte (hier: § 1062).

Auf eine genaue Wiedergabe des Wortlauts des § 1062 kann verzichtet werden. Nur dort, wo es für die Auslegung (Interpretation) eines Rechtssatzes entscheidend auf eine bestimmte gesetzliche Wendung ankommt, ist die Norm (allenfalls: teilweise) wiederzugeben. Nochmals ist auch vor dem häufigen Fehler zu warnen, am Anfang des Gutachtens den Sachverhalt ganz oder auch nur teilweise nachzuerzählen. Der Prüfer kennt den Sachverhalt!

5. Erkennen der Fallprobleme; Lösungsskizze; Lösungsgliederung

Nach einer gewissen Übung wird das Erkennen der möglichen Anspruchsgrundlage(n) meist keine allzu großen Schwierigkeiten mehr bereiten, sofern nicht besonders ausgefallene Anspruchsnormen einschlägig sind (vgl §§ 1043, 1247). In den Mittelpunkt der Überlegungen tritt jetzt das Erkennen und Lösen der Fallprobleme. Wer bei der Subsumtion des Sachverhalts unter die Anspruchsnorm auf keine Probleme stößt, hat meist entweder bestimmte Sachverhaltselemente nicht hinreichend beachtet oder ein oder mehrere Tatbestandsmerkmale zu unkritisch ausgelegt. Der Sachverhalt wird nämlich idR vom Prüfer gezielt auf **eine oder mehrere Rechtsfragen** zugeschnitten, die von der Rspr oder/und der Lehre uneinheitlich beantwortet werden. Natürlich gibt es auch „einfache" Fälle, die allein der Kontrolle des Wissensstandes des Prüflings dienen. Bei Klausur-, Hausarbeits- und Diplomprüfungsfällen ist das freilich nicht zu vermuten; es trifft auch zT auf unseren CD-Fall nicht zu. Dessen Schwierigkeitsgrad ist höher, als man zunächst annehmen möchte.

Vor der schriftlichen Abfassung des Gutachtens ist es unbedingt notwendig, im Überblick die Problemschwerpunkte zu erkennen und sich zumindest im Wesentlichen über die Lösung klar zu werden. Dazu ist ein ständiges „Vergleichen" des Sachverhalts mit den untersuchten Tatbeständen (unter Einbeziehung der Hilfsnormen) erforderlich. In der mündlichen Prüfung, die idR keine längere Vorbereitung erlaubt, erfolgt das „Problementdecken" erst ad hoc, zumeist auf gezieltes Fragen des Prüfers. Das Entdecken der Fallprobleme steht natürlich in engem Zusammenhang mit der Kenntnis des materiellen Rechts: Je größer das Wissen, umso zahlreicher werden die Zweifelsfragen sein. Wer nichts oder kaum etwas weiß, dem wird vielfach Problematisches unproblematisch erscheinen.

Andererseits wären in unserem Fall zB jede weitere Erörterung über das Wesen des Vertrages bzw andere rein abstrakte, nicht fallbezogene Ausführungen über den Vertragsschluss verfehlt. Grundsatz: Jeder Satz, der nicht einen Schritt näher zur Lösung, also zur **Beantwortung der gestellten Frage** führt, ist überflüssig.

Jeder Bearbeiter müsste zumindest erkennen, dass die Zusendung der CD ein Angebot im Sinne von § 861 darstellen könnte. Als Problemschwerpunkt drängt sich die Frage der Annahme durch Stillschweigen auf. Die Tatsache, dass das Mitglied auf die Bedeutung der Nichtrücksendung zweimal (!) hingewiesen wird, sollte beim Bearbeiter konsumentenschutzrechtliche Überlegungen aufkommen lassen. Das ist freilich bei dem von vornherein ausgeschlossen, der von Existenz und Inhalt des Konsumentenschutzgesetzes noch nichts gehört hat. Weniger offensichtlich ist, dass das Öffnen der Verpackung bzw das Reinhören in die CD als „stille Annahme" iSd § 864 in Betracht zu ziehen ist. Die verzögerte Rücksendung als Problem des § 862a zu erkennen, dürfte wohl die meisten Schwierigkeiten bereiten, passt doch diese Bestimmung ihrem Wortlaut nach nicht auf unseren Fall, sodass erst die Erkenntnis möglicher analoger Anwendung den richtigen Weg weist. Dass nicht schon die Beitrittserklärung des A das Offert und die Zusendung der CD durch B die Annahme sein werden, legen schon „klausurtechnische" Überlegungen nahe. Wer das nämlich bejaht, „bringt den Fall um", weil damit der Großteil des Sachverhalts überflüssig würde. Dass dies vom Verfasser des Falles kaum beabsichtigt sein dürfte, bedarf keiner näheren Begründung. Ausgeschlossen ist es natürlich nicht, dass auch der Prüfer etwas übersehen hat. Zu einer solchen rechtlichen Beurteilung, die die Falllösung vorzeitig, dh vor Erörterung größerer Teile des Sachverhalts, abbricht, sollte man sich aber nur entschließen, wenn man seiner Sache wirklich völlig sicher ist (siehe oben S 12f).

Nach dem Erkennen der Fallprobleme kann – besonders bei schwierigen Fällen – die Anfertigung einer **Lösungsgliederung** ratsam sein. In Stichworten ist der Aufbau des Gutachtens vorzuzeichnen (nicht dessen Ergebnisse). Bei Hausarbeiten sollte eine Gliederung stets dem Gutachten vorangestellt werden.

Beispiel:

I. Anspruch der B gegen A auf Zahlung von Euro 19,– gemäß § 1062

1. Antrag
   - a) Rahmenvertrag
     - aa) Bindungswille
     - bb) Bestimmtheit
   - b) Realoffert
     - aa) Bindungswille
     - bb) Bestimmtheit

2. Annahme
   - a) stille Annahme, § 864 Abs 1
   - b) Stillschweigen, § 863
     - aa) Pflicht zum Reden; Wirksamkeit der Klausel gemäß § 6 Abs 1 Z 2 KSchG
     - bb) Auslegung der Fristvereinbarung
     - cc) verspäteter Zugang der Ablehnungserklärung
     - dd) analoge Anwendung des § 862 a
     - ee) unverzüglicher „Rücktritt" gemäß § 862 a

II. *Ansprüche des V gegen C*

1. Anspruch des V gegen C auf Zahlung von Euro 19,– gemäß § 1062
   - a) Realangebot
   - b) Annahme

2. Anspruch des V gegen C auf Zahlung von Euro 19,– gemäß § 1435 analog

Das Gutachten hat sich selbstverständlich im Aufbau an die Gliederung zu halten und sollte zumindest in großen Zügen ebenso gegliedert sein (Überschriften oder Ziffern usw).

II. Gutachten

I. Anspruch der B gegen A auf Zahlung von Euro 19,– gemäß § 1062

Ein Anspruch der B gegen A auf Zahlung von Euro 19,– könnte sich auf § 1062 stützen. Das setzt voraus, dass zwischen A und B ein wirksamer Kaufvertrag geschlossen wurde. Ein Kaufvertrag kommt durch Antrag und Annahme zustande (§ 1054 iVm § 861).

1. a) Ein Antrag der B (oder auch des A) auf Abschluss eines Kaufvertrages über die CD könnte schon im Rahmenvertrag zwischen A und B gestellt worden sein, wird darin doch die Zusendung von CDs vereinbart. Bestimmbarkeit von Kaufgegenstand und Kaufpreis (§ 1054) wäre möglicherweise noch zu bejahen, wenn man die Erklärung auf die jeweilige CD zum jeweils üblichen

Preis bezieht, doch fehlt es bei B an dem für ein Angebot erforderlichen, aktuellen Bindungswillen, weil B selbst sich noch in keiner Weise festlegt. Eine derartige Einordnung der im Rahmenvertrag abgegebenen Erklärungen scheidet also aus.

b) Hingegen kann die Zusendung der CD durch B als wirksames Offert[1]) gewertet werden. Kaufpreis Euro 19,– und Kaufsache („All Time Hits“) sind eindeutig bestimmt, durch die Übersendung der CD ist der Bindungswille der B manifest.

2. a) A könnte dieses Angebot bereits durch tatsächliches Entsprechen iSd § 864 Abs 1 („stille Annahme“) angenommen haben, indem er die Verpackung öffnete und in die CD reinhörte[2]). Läge diesfalls ein von einem Annahmewillen getragenes tatsächliches Entsprechen vor, hätte B damit ohne weiteres Zutun seitens A einen gültigen Vertrag zustande gebracht. Besonderes soll nach § 864 Abs 2 ABGB nur für die **ohne** Veranlassung zugesandten Sachen gelten. Bei diesen soll auch ein tatsächliches Entsprechen in Form eines Verwendens, Verbrauchens oder Wegwerfens der Sache nicht zum Vertragsabschluss führen können[3]). Damit von einer „ohne Veranlassung zugesandten Sache“ auszugehen ist, darf der Empfänger die konkrete einzelne Übersendung nicht veranlasst haben. Unter Veranlassung verstehen die Materialien[4]) adäquate Ursächlichkeit, dh der Empfänger muss eine solche Handlung gesetzt haben, die nach der allgemeinen Lebenserfahrung nicht gänzlich ungeeignet ist, eine Übersendung, wie sie tatsächlich erfolgt ist, herbeizuführen.

Laut Sachverhalt hat A mit der Musikplattform einen Rahmenvertrag geschlossen, in dem ausdrücklich vereinbart wird, dass gelegentlich auch CDs zum Reinhören zugesandt werden. A hat zwar die konkrete einzelne Lieferung, nämlich die CD „All Time Hits“ nicht bestellt, jedoch auf Grund seines Rahmenvertrags jedenfalls adäquat verursacht, sohin veranlasst iSd § 864 Abs 2. Die Bestimmung ist daher bereits aus diesem Grunde nicht anwendbar[5]).

---

[1]) Es liegt ein sog „Realangebot“ (Realoffert) vor, bei dem das Angebot mit der Erbringung der angebotenen Leistung verbunden ist; vgl etwa *Riedler,* ZR I, AT[5], Rz 11/47; *P. Bydlinski,* AT[5] Rz 6/8, 6/19.

[2]) Ein Zugang der stillen Annahme, einer Willensbetätigung, ist im Gegensatz zu einer empfangsbedürftigen Willenserklärung nicht erforderlich; vgl *Rummel* in *Rummel*[3], § 864 Rz 1; *Apathy* in *Schwimann*[3], § 864 Rz 1; *Wiebe* in *Kletečka/Schauer,* ABGB-ON § 864 Rz 1; *Riedler,* ZR I, AT[5], Rz 11/40; *P. Bydlinski,* BR I, AT[5], Rz 4/9; der Vertrag käme also uU schon im Zeitpunkt des Reinhörens zu Stande.

[3]) Auf die sich im Einzelnen mit dieser Bestimmung ergebenden Rechtsfragen siehe Sachverhaltsteil II.

[4]) 311 BlgNR 20. GP 14.

[5]) Auch wäre im Rahmen des § 864 Abs 2 das – hier allein einschlägige – Tatbestandsmerkmal eines Verwendens nicht erfüllt; vgl dazu im Folgenden S 20 f.

Eine stille Annahme iSd § 864 Abs 1 ist nur möglich, wenn eine „ausdrückliche“[6]) Annahmeerklärung entweder nach der Natur des Geschäfts oder nach der Verkehrssitte nicht zu erwarten ist. Für beide Tatbestandsmerkmale des § 864 ergeben sich aus dem Sachverhalt keine Anhaltspunkte[7]). Die hL lässt daneben als weiteren Fall des Vertragsschlusses durch Willensbetätigung auch einen Verzicht des Offerenten auf eine Annahmeerklärung zu[8]). Es ist daher zu prüfen, ob B auf eine Annahmeerklärung verzichtet hat.

Ausdrücklich verzichtet hat B jedenfalls nicht. Fraglich ist, ob ein konkludenter (§ 863) Verzicht auf eine Annahmeerklärung vorliegt. Einen Schluss in diese Richtung könnte bereits die Tatsache des Realofferts zulassen. Man könnte meinen, wer real anbiete, verzichte damit stets zugleich auf eine Annahmeerklärung. Ob das allgemein zutrifft, ist fraglich, weil uU ein Interesse des Offerenten besteht zu erfahren, ob der Vertrag zustande gekommen ist. Im zu begutachtenden Fall durfte A aber deshalb auf einen Verzicht auf eine Annahmeerklärung vertrauen, weil B sogar das Stillschweigen während der gesetzten zweiwöchigen Frist als Annahme werten will. Umso mehr kann angenommen werden, dass B ein tatsächliches Entsprechen im Sinne von § 864 als ausreichende Annahme erachtet.

Wann ein tatsächliches Entsprechen vorliegt, ist in § 864 nicht näher umschrieben. Von der Lehre werden Aneignungs- und Gebrauchshandlungen sowie Erfüllungshandlungen genannt[9]). In unserem Fall liegen in dieser Richtung nur das Öffnen der Verpackung und das Reinhören in die CD vor. Nach der Rahmenvereinbarung werden die CDs „zum Reinhören“ zugesandt, was dem Mitglied das Recht einräumt, die Waren vor Annahme zu prüfen. Eine Prüfung setzt notwendig das Öffnen der Verpackung voraus, erlaubt aber natürlich auch das Abspielen der CD. In dieser Tätigkeit allein kann daher keine Handlung liegen, die als Annahme des Offerts gedeutet werden könnte. Darüber hinaus fehlt es bei A an dem für die stille Annahme erforder-

---

[6]) Darunter ist entgegen dem Wortlaut auch eine konkludente Willenserklärung zu verstehen (*Rummel* in *Rummel*[3], § 864 Rz 1), weil sonst bereits § 863 alle Fälle des § 864 erfassen, diese Norm daher überflüssig machen würde.

[7]) Vgl aber *Apathy* in *Schwimann*[3], § 864 Rz 3, der bei real offerierten Kaufobjekten eine einschlägige Verkehrssitte annimmt.

[8]) *Riedler,* ZR I, AT[5] Rz 11/42; *P. Bydlinski,* BR I, AT[5], Rz 6/18; *Rummel* in *Rummel*[3], § 864 Rz 3; *Apathy* in *Schwimann*[3], § 864 Rz 3; aA *Gschnitzer* in *Klang*[2] IV/1, 86, der damit argumentiert, dass die Redaktoren des § 864 diesen Fall mit Absicht nicht in das Gesetz aufgenommen haben. Das ist zwar zutreffend (vgl Materialien zur 3. Teilnovelle 255 f), schließt aber eine analoge Behandlung dieses Falles nicht aus, da die von den Gesetzesverfassern geäußerten Bedenken unbegründet waren (so auch *Gschnitzer* aaO) und entgegen *Gschnitzer* dem Offerenten durchaus freisteht zu bestimmen, welche Handlungen des Partners er als Annahme werten will, wenn nur das Interesse des Partners nicht verletzt wird. Interessen Dritter bzw der Rechtsordnung sind nicht gefährdet.

[9]) Vgl *Apathy* in *Schwimann*[3], § 864 Rz 1; *Riedler,* ZR I, AT[5], Rz 11/40; 11/43.

lichen[10]) Element des Annahmewillens. Aus dem Sachverhalt ergeben sich nämlich keine Hinweise, dass das Öffnen der Verpackung und das Reinhören in die CD in der Absicht erfolgte, damit das Offert der B annehmen zu wollen. Da die CD „zum Reinhören" übersandt ist, spricht auch die allgemeine Lebenserfahrung gegen einen solchen Schluss. Das wird durch das Zurücksenden der CD durch A noch bestätigt. A hat auch an der CD keine Veränderung vorgenommen, die nicht wieder rückgängig gemacht werden kann, und auch nicht über die CD verfügt, was nach *Gschnitzer*[11]) zur stillen Annahme ohne Rücksicht auf einen Annahmewillen führen soll. A hat vielmehr die CD wieder sorgfältig verpackt. Eine „stille Annahme" des Realofferts liegt daher nicht vor.

b) Der Vertrag könnte weiters dadurch zustande gekommen sein, dass die CD nicht binnen zwei Wochen bei B eingelangt ist. Um den Tatbestand des Vertragsabschlusses zu bejahen, müsste man das in der Nichtrücksendung liegende Schweigen des A während der ihm gesetzten zweiwöchigen Frist als Annahmeerklärung auffassen können. Im Allgemeinen kann zwar dem Stillschweigen kein Erklärungswert beigelegt werden[12]), weil die Untätigkeit verschiedenste Gründe haben kann. Eine Ausnahme gilt jedoch dann, wenn für den Schweigenden eine Pflicht zum Reden (oder zu einem anderen Verhalten, das einen Willen, insbesondere Ablehnungswillen, zum Ausdruck bringt) besteht. Es ist also zu prüfen, ob A zur Ablehnung des Angebots verpflichtet war. Von den in Lehre und Rspr genannten Gründen für die Entstehung solcher Äußerungspflichten[13]) ist bezüglich A einschlägig, dass er sich in der Beitrittserklärung vertraglich verpflichtet hat, die CD binnen zwei Wochen nach Zusendung zurückzuschicken. Damit könnte seinem Schweigen wegen seiner eigenen früheren Vereinbarung Erklärungswert zukommen.

Fraglich ist aber, ob diese Klausel in der Beitrittserklärung wirksam ist, da gemäß § 6 Abs 1 Z 2 KSchG Vereinbarungen, nach denen ein bestimmtes Verhalten des Verbrauchers als Abgabe oder Nichtabgabe einer Erklärung gilt, im Prinzip ungültig sind. An der Anwendbarkeit des KSchG auf das Verhältnis A–B ist nicht zu zweifeln, stellt der Kauf von Musikdateien doch jedenfalls ein Privatgeschäft des A dar, selbst wenn A im Übrigen Unternehmer wäre, was aus dem Sachverhalt nicht hervorgeht. Auch dass eine „Musikplattform" Unternehmer iSd § 1 KSchG ist, darf als sicher angenommen werden; dies würde selbst

[10]) *Apathy* in *Schwimann*[3], § 864 Rz 5; *Riedler,* ZR I, AT[5], Rz 11/44; *P. Bydlinski,* BR I, AT[5], Rz 6/18.

[11]) *Gschnitzer* in *Klang*[2] IV/1, 87; aA *Apathy* in *Schwimann*[3], § 864 Rz 5.

[12]) *Riedler,* ZR I, AT[5], Rz 11/30 f; *P. Bydlinski,* BR I, AT[5], Rz 6/20; *Rummel* in *Rummel*[3], § 863 Rz 15; *Apathy* in *Schwimann*[3], § 863 Rz 19; OGH SZ 37/59; SZ 37/119; SZ 68/90.

[13]) Vgl *Rummel* in *Rummel*[3], § 863 Rz 15; *Apathy* in *Schwimann*[3], § 863 Rz 20; vgl auch OGH SZ 37/59; SZ 37/119; SZ 68/90.

dann gelten, wenn sie im Zuge ihrer marktbezogenen Tätigkeit keine Gewinnerzielungsabsicht verfolgte.[14])

Zu prüfen ist allerdings, ob die Ausnahmen des § 6 Abs 1 Z 2 KSchG zutreffen. Vereinbarungen im Sinne des § 6 Abs 1 Z 2 KSchG sind danach nicht sittenwidrig und daher zulässig, wenn der Verbraucher bei Fristbeginn auf die Bedeutung seines Verhaltens hingewiesen wird und eine angemessene Frist zur Abgabe einer ausdrücklichen Erklärung hat. Die erste Voraussetzung ist durch das beigelegte Schreiben erfüllt. Dass zwei Wochen eine angemessene Frist sind, wird man angesichts des geringen Kaufpreises bejahen müssen[15]).

Die Klausel, in der die „Redepflicht" in Form der Rücksendepflicht begründet wird, ist somit wirksam vereinbart. Schweigen durch zwei Wochen könnte also den Vertrag zustande bringen; wenn A das vermeiden will, ist er verpflichtet, die CD rechtzeitig zurückzusenden. Es ist aber zweifelhaft, ob dieser Pflicht bereits dann ausreichend entsprochen ist, wenn die CD innerhalb der zwei Wochen abgesendet wird, oder ob auch der Zugang beim Empfänger in dieser Frist zu erfolgen hat. Im ersten Fall wäre der „Widerspruch" des A rechtzeitig, im zweiten nicht. Die Grundsatzlösung des ABGB für das Wirksamwerden von Erklärungen in § 862 a entspricht der sog „Empfangstheorie", wonach es auf den Zugang der Erklärung, nicht auf ihre Absendung ankommt. Danach wäre das von A (jedenfalls aus der Sicht des B) durch 14 Tage beobachtete Schweigen ausreichend, die ablehnende, in der Rücksendung liegende Erklärung also nicht rechtzeitig zugekommen. Nach dem Zweck der Klausel, dh der damit verfolgten Parteienabsicht (§ 914) ist jedenfalls anzunehmen, dass B die CD bei Ablehnung effektiv zurückbekommen soll, dass also der in der Rücksendung liegende konkludente Widerspruch zugehen muss. Auch dass dieser Zugang nicht irgendwann, also auch Jahre später, erfolgen können soll, entspricht dem erkennbaren und von A akzeptierten Interesse des B. Offen bleibt bei Prüfung von Wortlaut und Sinn der Klausel, ob Absendung am letzten Tag der Frist und Zugang nach durchschnittlicher Postlaufzeit oder nur Zugang während der Frist ausreichen soll. Insofern kann man die Formulierung „an uns zurückschicken" als mehrdeutige, unklare Bestimmung des Zugangszeitpunktes ansehen.

Da sich B der undeutlichen Erklärung bedient hat, ist die Klausel gemäß § 915 Satz 2 zu Lasten von B auszulegen[16]). Selbst dann hätten aber nur frist-

[14]) Zum Tatbestand des Verbrauchergeschäfts ausführlich *Apathy* in *Schwimann*³, § 1 KSchG Rz 1 ff; vgl auch *Mayrhofer/Nemeth* in *Fenyves/Kerschner/Vonkilch*, Klang³, § 1 KSchG Rz 31 ff, 50 ff.

[15]) Zur angemessenen Frist *Mayrhofer/Tangl* in *Fenyves/Kerschner/Vonkilch*, Klang³, § 6 KSchG Rz 25.

[16]) Das gilt trotz der Tatsache, dass beim seinerzeitigen Beitritt des A dieser die „Beitrittserklärung" und damit möglicherweise das Offert abgegeben hat (und sich daher scheinbar selbst dieser unklaren Formulierung „bedient"); denn nach der Lebenserfahrung sind die betreffenden Papiere vom Unternehmer vorformuliert.

gerechte Absendung und Zugang innerhalb einer üblichen Postlaufzeit für Päckchen von 3 bis 5 Tagen nach der 2-Wochenfrist zur Verhinderung des Vertragsschlusses ausgereicht. Weil der Zugang der CD jedoch erst 10 Tage nach Fristablauf erfolgte, ist die Vertragsablehnung jedenfalls verspätet zugegangen.

Für B war aber auf Grund des Aufgabedatums im Poststempel erkennbar, dass A die CD rechtzeitig abgesandt hat. Es bleibt daher zu prüfen, ob dem A § 862a Satz 2 zugute kommt. Unmittelbar erfasst diese Bestimmung nur den Fall einer durch Verzögerung beim Transport verspätet zugegangenen Annahmeerklärung. Da es sich in unserem Fall um eine Ablehnungserklärung handelt, für die – wie für alle anderen Arten von Erklärungen – eine vergleichbare Regel fehlt, ist eine Analogie zum 2. Satz des § 862a zu erwägen. Der Fall der durch Beförderungsverzögerung verspäteten Annahme und der durch Beförderungsverzögerung verspäteten „Vertragsablehnung" müssten wertungsmäßig ähnlich sein, um eine Analogie rechtfertigen zu können. Wie die Regel des ersten Satzes allgemein auf alle Arten von empfangsbedürftigen Erklärungen erstreckt wird[17]), könnte man auch die des zweiten Satzes zu verallgemeinern versuchen. Ob das für Erklärungen, denen keine andere des nunmehrigen Empfängers vorhergegangen ist, zutrifft, ist fraglich, kann aber auch offen bleiben, da jedenfalls im zu begutachtenden Fall eine dem § 862a vergleichbare Situation vorliegt: B hat offeriert; verzögert hat sich die daraufhin erfolgte Reaktion des A; ob das eine Annahme- oder Ablehnungserklärung ist, rechtfertigt keinen Unterschied in den Rechtsfolgen.

Sinngemäße Anwendung des § 862a erlaubt aber auch dem Offerenten bei verspäteter Ablehnung, durch unverzügliche Erklärung den Vertrag „aufrechtzuerhalten". Da B aber erst drei Wochen nach Erhalt der CD Zahlung des Kaufpreises verlangt, liegt sorgfaltswidriges Zögern der B iSd § 862a vor. Mangels „unverzüglichen" Beharrens der B ist somit kein Kaufvertrag zwischen A und B zustandegekommen. Ein Anspruch der B gegen A auf Zahlung von Euro 19,– gemäß § 1062 ist daher nicht gegeben.

II. Ansprüche des V gegen C

1. Anspruch des V gegen C auf Zahlung von Euro 19,– gemäß § 1062

Ein solcher Anspruch setzt voraus, dass zwischen V und C ein wirksamer Kaufvertrag über die CD geschlossen wurde. Zu prüfen ist daher, ob ein gültiger Antrag und eine diesem entsprechende Annahme vorliegt (§ 1054 iVm § 861).

[17]) *Rummel* in *Rummel*³, § 862a Rz 1; *Apathy* in *Schwimann*³, § 862a Rz 2; vgl auch *Koziol/Welser* (Bearb *Kletečka*) I¹³ 111.

a) Realangebot

In der Bestellung der Kopfhörer zum Preis von Euro 20,– liegt zwar ein wirksames Angebot zum Kauf von Kopfhörern, jedoch ist darin kein Angebot auch zum Kauf einer CD zu sehen.

Ein wirksames Offert erfolgt vielmehr erst durch die Zusendung der CD durch V. Es liegt ein Realoffert vor, da das Angebot mit der Erbringung der angebotenen Leistung verbunden ist. Ware (CD „All Time Hits") und Preis (Euro 19,–) sind eindeutig bestimmt, durch die Übersendung der CD samt Begleitschreiben wird der Bindungswille des V manifestiert.

b) Annahme

aa) Fraglich ist, ob C dieses Angebot auch tatsächlich angenommen hat. In Betracht käme möglicherweise eine Annahme durch Willensbetätigung (§ 864).

Nimmt man bei real offerierten Kaufobjekten nicht ohnedies bereits eine entsprechende Verkehrssitte an, wonach solche Angebote durch Willensbetätigung regelmäßig angenommen werden[1]), so wäre jedenfalls im beiliegenden Begleitschreiben ein Verzicht des V auf eine ausdrückliche Annahmeerklärung enthalten.

Zu prüfen ist daher, ob C dem Realangebot des V tatsächlich entsprochen hat.

Laut Sachverhalt lässt C die CD vorerst eine Woche unbeachtet und ungehört liegen, da er sich über die aggressiven Werbemethoden ärgert. Er hat in dieser Zeit keinen entsprechenden Annahmewillen, schon gar nicht manifestiert sich ein solcher Entschluss in einer nach außen ersichtlichen Handlung, was aber für eine Annahme durch Willensbetätigung nach § 864 unbedingt erforderlich wäre[2]).

Ein nach außen in Erscheinung tretendes Verhalten, in dem sich ein Annahmewille zeigen könnte, setzt C, als er die CD einem Freund schenkt.

Darin könnte also eine Annahme mittels Willensbetätigung nach § 864 zu sehen sein. Auf einen entsprechenden Annahmewillen des V wäre deshalb zu schließen, weil ihm laut Sachverhalt die CD „höchst gelegen kommt". Im Weiterschenken wäre die dem Aneignungswillen Rechnung tragende Aneignungshandlung zu sehen[3]).

---

[1]) So *Apathy* in *Schwimann*[3], § 864 Rz 3.

[2]) Bei der Annahme durch Willensbetätigung muss jedenfalls eine nach außen in Erscheinung tretende Handlung gesetzt werden; ein bloß innerer Wille, eine Sache zu behalten, genügt nicht (vgl *Rummel* in *Rummel*[3], § 864 Rz 7).

[3]) Dies mag dem Anfänger durchaus nicht sofort einleuchtend erscheinen, da jemand, der eine Sache weiterschenkt, sich die Sache nicht selbst aneignet, sondern sie eben hergibt. Indem er die Sache aber als Geburtstagsgeschenk für einen Freund einsetzt,

Daher könnte bei isolierter Betrachtung des § 864 Abs 1 ein Vertragsabschluss zwischen C und V zu bejahen sein.

bb) Zu beachten ist jedoch auch die Bestimmung des § 864 Abs 2. Danach soll das Behalten, Verwenden oder Verbrauchen einer Sache, die dem Empfänger ohne seine Veranlassung übersandt worden ist, nicht als Annahme eines Antrags zu werten sein.

Die Bestimmung ist vor dem Hintergrund der Richtlinie des Europäischen Parlaments und des Rates über den Verbraucherschutz bei Vertragsabschlüssen im Fernabsatz zu sehen (FernabsatzRL)[4]). Das Aufdrängen von Waren und Dienstleistungen, die ohne Veranlassung zugesandt werden, soll als verpönte Vertriebstechnik unterbunden werden. Ein Unternehmer, der sich solcher Mittel bedient, wird als in keiner Weise schutzwürdig erachtet[5]). In Anlehnung an die Richtlinie soll dem Verbraucher daher die Möglichkeit eröffnet werden, unaufgefordert zugesandte Sachen zu behalten, sie zu verwenden oder sich ihrer durch bloßes Wegwerfen zu entledigen.

Zu prüfen ist daher, ob § 864 Abs 2 im vorliegenden Fall einem Vertragsabschluss mittels Willensbetätigung entgegensteht.

Fraglich ist zunächst, ob eine „ohne Veranlassung zugesandte Sache" vorliegt. Dieses Tatbestandsmerkmal ist nach Ansicht der Materialien[6]) dahingehend zu interpretieren, dass der Empfänger die konkrete einzelne Übersendung adäquat verursacht hat.

Die Materialien gehen davon aus, dass eine solche Veranlassung – neben den Fällen der schriftlichen oder telefonischen Bestellung – sogar dann vorliegt, wenn der Empfänger Sachen bestellt hat, diesen Sachen aber dann noch andere – nicht bestellte – Waren beigegeben werden. Folgt man dem, so hätte daher C, indem er bei V die Kopfhörer bestellt hat, auch die Sendung der CD „All Time Hits" adäquat verursacht.

---

handelt er wie ein Eigentümer. Davon zu unterscheiden ist der Fall, in dem jemand die Sache an einen anderen weitergibt, ohne dass damit ein Aneignungswille verbunden wäre, zB weil ihm die Sache im Wege ist.

[4]) Richtlinie 97/7/EG des Europäischen Parlaments und des Rates vom 20. 5. 1997 über den Verbraucherschutz bei Vertragsabschlüssen im Fernabsatz, ABl vom 4. 6. 1997, L 144/19 (ab 13. 6. 2014 ersetzt durch die Richtlinie 2011/83/EU des Europäischen Parlaments und des Rates vom 25. 10. 2011 über die Rechte der Verbraucher, ABl vom 22. 11. 2011, L 304/64).

[5]) Eine solche Vertriebstechnik stellt zugleich eine aggressive Geschäftspraktik dar und verwirklicht einen Tatbestand des unlauteren Wettbewerbs (Z 29 des Anhangs zum UWG in Umsetzung der Richtlinie 2005/29/EG des Europäischen Parlaments und des Rates vom 11. 5. 2005 über unlautere Geschäftspraktiken im binnenmarktinternen Geschäftsverkehr zwischen Unternehmen und Verbrauchern, ABl vom 11. 6. 2005, L 149/22); vgl ferner den Verwaltungsstraftatbestand in § 32 Abs 1 Z 5 KSchG.

[6]) 311 BlgNR 20. GP 14.

Dieses Ergebnis zeigt deutlich, dass das Abstellen auf das Kriterium der adäquaten Ursächlichkeit im Rahmen des § 864 Abs 2 völlig unbefriedigend ist und mit dem Schutzzweck der Norm nicht übereinstimmt. In der Lehre tritt man daher unter Hinweis auf die Intention der FernabsatzRL dafür ein, den Begriff des Veranlassens einschränkend zu interpretieren: Intention der RL sei die Hintanhaltung fragwürdiger Vertriebstechniken[7]), entscheidend sei der objektive Erklärungswert des vor der Zusendung gesetzten Verhaltens des Verbrauchers, mit dem die tatsächlich zugesendete Sache in Beziehung stehen müsse[8]). Eine Veranlassung wird man deshalb dann annehmen können, wenn der Veräußerer wegen fehlender Lagerbestände oder Lieferschwierigkeiten statt der bestellten Ware ein ähnliches Produkt liefert[9]). Mehrlieferungen, bei denen ein sachlicher Zusammenhang mit der Bestellung fehlt, stellen verbotene Vertriebstechniken dar und erscheinen im Hinblick auf die ratio der Fernabsatzrichtlinie problematisch. IS richtlinienkonformer Interpretation müssen die Fälle einer Mehrlieferung, noch dazu von etwas ganz anderem als dem Bestellten, daher idR als nicht „veranlasst" angesehen werden.

Es ist daher davon auszugehen, dass C das Zusenden der CD durch die Bestellung der Kopfhörer nicht veranlasst hat.

cc) Es wurde oben bereits erörtert, dass im Weiterschenken an den Freund ein „Verwenden" iSd § 864 Abs 2 seitens K vorliegt.

Zu überlegen könnte angesichts der ratio der Fernabsatzrichtlinie allenfalls noch sein, ob die Bestimmung wirklich auch auf Aneignungshandlungen mit Vertragsabschlusswillen Anwendung finden soll, oder lediglich solche Handlungen des Verwendens, Verbrauchens oder Entledigens von der Bestimmung umfasst sein sollen, bei denen ohnehin ein entsprechender Vertragsabschlusswille nicht vorliegt. Letzterenfalls hätte die Bestimmung lediglich klarstellenden Charakter. Für eine solche Sichtweise könnte sprechen, dass derjenige, bei dem ohnehin ein Vertragsabschlusswille vorliegt, eines Schutzes vor der verpönten Vertriebstechnik gar nicht bedarf. Auf Grund einer solchen teleologischen Interpretation könnte es möglich sein, nach wie vor in diesen Fällen durch Willensbetätigung einen Vertrag zu schließen. Dies entspricht dem Stand der überwiegenden Lehre[10]).

Dagegen spricht allerdings die Intention des Gesetzgebers, der in den Fällen der verpönten Vertriebstechnik generell einen Vertragsabschluss durch

---

[7]) *Apathy* in *Schwimann*³, § 864 Rz 8; vgl auch *Wiebe* in *Kletečka/Schauer,* ABGB-ON § 864 Rz 8.

[8]) *Saria,* Rechtsfragen des neuen § 864 Abs 2 ABGB, RdW 1997, 647 (650).

[9]) Vgl *Apathy* in *Schwimann*³, § 864 Rz 8, der selbst in diesem Fall eine schriftliche Mitteilung des Veräußerers verlangt, dass das Ersatzprodukt bei Nichtgefallen zurückgesendet werden kann; *Rummel* in *Rummel*³, § 864 Rz 11.

[10]) So *Rummel* in *Rummel*³, § 864 Rz 10; *Apathy* in *Schwimann*³, § 864 Rz 7; *Riedler,* ZR I, AT⁵, Rz 11/47; *P. Bydlinski,* BR I, AT⁵, Rz 6/19.

Aneignungshandlungen – auch aus generalpräventiven Überlegungen – hintanhalten wollte. Ausreichender Schutz besteht nur, wenn dem Verkäufer schon von vornherein der Einwand abgeschnitten ist, der Konsument habe die Sache mit Annahmewillen verwendet. Solche Beweisprobleme sollen gar nicht entstehen[11]).

Wenn die Materialien ausführen, dass in den Fällen der unaufgeforderten Zusendung ein Vertragsabschluss nach §§ 863 f (!) möglich sein kann, so kann man dies auch so verstehen, dass – neben der Annahme durch Willenserklärung – *andere* Fälle der Willensbetätigung als Behalten, Verwenden oder Verbrauchen, also insbesondere durch Erfüllungshandlungen (Zahlung des Kaufpreises) nach wie vor zum Vertragsabschluss führen können.

Geht man von dieser Prämisse aus, so liegt in unserem Fall aber keine Willensbetätigung vor, die als eine Annahme des Angebots gewertet werden könnte.

Es wurde zuvor bereits darauf hingewiesen, dass auch bei unaufgefordert zugesandten Waren ein Vertrag durch konkludente Annahme (§ 863) zustande kommen kann. Wie bereits oben erörtert[12]), ist jedoch dem bloßen Schweigen kein Erklärungswert beizumessen. Insbesondere sind aus dem Sachverhalt keinerlei Anhaltspunkte erkennbar, aus denen auf eine Äußerungspflicht gegenüber V geschlossen werden könnte.

Der Anspruch des V gegen C auf Zahlung von Euro 19,– besteht daher nicht zu Recht.

2. Anspruch des V gegen C auf Zahlung von Euro 19,– gemäß § 1435 analog

Ein solcher Anspruch setzt eine rechtsgrundlose Vermögensverschiebung voraus. Eine Vermögensverschiebung ist ua dann rechtsgrundlos, wenn ein sie rechtfertigender Vertrag von vornherein fehlt. Das ist hier der Fall, da gemäß § 864 Abs 2 durch Verwenden oder Verbrauchen der Sache kein Vertrag zustande kommt. Vielmehr kommt bei Verwendung oder Verbrauchen der unbestellt zugesandten Sache nach Ansicht der Gesetzesverfasser[13]) ein Anspruch gem § 1041 in Betracht. Indem C die CD einem Freund schenkt, verwendet er sie. Er ist insofern bereichert, als er sich den Aufwand für ein anderes Geschenk erspart.

Da jedoch eine bewusste Zuwendung zur Erreichung eines bestimmten Zwecks (also eine Leistung iSd §§ 1431 ff[14])) erfolgt ist, würde als Anspruchsgrundlage nur eine Leistungskondiktion in Betracht kommen: Der Verkäufer

---

[11]) Wie hier auch *Wiebe* in *Kletečka/Schauer,* ABGB-ON § 864 Rz 9.

[12]) Siehe oben S 21 f.

[13]) Siehe oben FN 6.

[14]) *Riedler,* ZR IV, SchRBT GesSch³, Rz 11/3 ff; *Apathy/Riedler,* BR III, Schuldrecht BT⁴, Rz 15/5.

(V) übersendet dem Verbraucher (C) die Ware, da er deren Bezahlung bezweckt. Da V die Leistung in Erwartung einer Gegenleistung erbringt, wäre der Anspruch auf § 1435 analog (condictio causa data, causa non secuta) zu stützen[15]).

Ein solcher Bereichungsanspruch steht jedoch mit dem Zweck des § 864 Abs 2 in Widerspruch, da diesfalls die verpönte Vertriebstechnik im Bereicherungsrecht einen Nährboden fände. Art 9 der RL über den Verbraucherschutz bei Vertragsabschlüssen im Fernabsatz bestimmt ausdrücklich, dass der Verbrauch von jedweder Gegenleistung bei unaufgefordert zugesandten Warensendungen zu befreien ist. IS einer richtlinienkonformen Interpretation sind daher auch Bereicherungsansprüche auszuschließen[16]).

Der Anspruch des V gegen C auf Zahlung von Euro 19,– besteht daher nicht zu Recht.

---

[15]) *Riedler,* ZR IV, SchRBT GesSch[3], Rz 11/14; *Apathy/Riedler,* BR III, Schuldrecht BT[4], Rz 15/10.

[16]) *Apathy* in *Schwimann*[3], § 864 Rz 9; *Rummel* in *Rummel*[3], § 864 Rz 12; *Wiebe* in *Kletečka/Schauer,* ABGB-ON § 864 Rz 9.

3. Fall

Der DVD-Player

Sachverhalt

Der 15-jährige Lehrling Langohr hat sich von seinem Monatsverdienst (Euro 400,–) in den vergangenen beiden Monaten Euro 45,– erspart; damit will er sich einen DVD-Recorder kaufen, um sich seine Lieblingssendungen im Fernsehen aufzeichnen und diese zu jeder Tages- und Nachtzeit immer wieder ansehen zu können. Im Geschäft des Händlers Hoffmann hat er ein gebrauchtes Gerät um diesen Preis entdeckt. Als er es mit seinem „Freund" Schlitzohr vom Schaufenster aus besichtigt, behauptet dieser, er wisse sicher, dass es sich um einen Recorder handle (weil er dem Langohr einen Streich spielen will). In Wahrheit ist das Gerät nur ein fast neuwertiger DVD-Player (Abspielgerät), was auch für jeden Interessierten am Preis erkennbar war.

Langohr kauft von Hoffmann das Gerät, ohne sich weiter zu erkundigen, und nimmt es mit. Nach Entdeckung seines Irrtums will Langohr vom bloßen DVD-Player nichts mehr wissen.

Wie ist die Rechtslage?

Erforderliche Kenntnisse: wie bei Fall 1 und 2; zusätzlich Geschäfts- und Deliktsfähigkeit; Willensmängel; Grundlagen des Bereicherungs- und Schadenersatzrechts; dazu zB *P. Bydlinski,* BR I, AT[5], Rz 2/13-2/43, 8/1–8/42; *Riedler,* ZR I, AT[5], Rz 6/15-6/37, 21/1–24/12; *Riedler,* ZR IV, SchRBT GesSch[3], Rz 2/1–2/149, 10/1–14/28; *Apathy/Riedler,* BR III, Schuldrecht BT[4], Rz 3/14ff; *Kerschner/Riedler,* Vertragsanfechtung/-anpassung wegen Irrtums, JAP 1995/96, 76ff; *Riedler,* Vertragsanfechtung/-anpassung wegen List, JAP 1995/96, 163ff.

Ziel: Erarbeiten konkreter Fallfragen in dreipersonalen Verhältnissen; Überblick über mögliche Arten von Anspruchsgrundlagen.

I. Vorüberlegungen

1. Zum Sachverhalt

Sobald der Sachverhalt komplizierter wird, insbesondere wenn Rechtsbeziehungen zwischen mehr als zwei Personen in Betracht kommen, kann es den Überblick erleichtern, wenn man sich vorab eine **Strichzeichnung** macht, wobei man die Personen mit Buchstaben abkürzt. Die möglichen Rechtsbeziehungen werden durch einen Strich, allenfalls schon erwogene oder nach der Fallfrage von den Beteiligten erhobene Ansprüche durch einen Pfeil symbolisiert. Wenn man über bestimmte Rechtsbeziehungen schon Klarheit zu haben glaubt, kann man sich diese stichwortartig bei der jeweiligen Linie vermerken. In unserem Fall müsste man überlegen, ob zwischen L und H möglicherweise ein Kaufvertrag besteht und ob L von S vielleicht Schadenersatz verlangen könnte, wenn er im Verhältnis zu H nicht völlig ohne Nachteile bleibt:

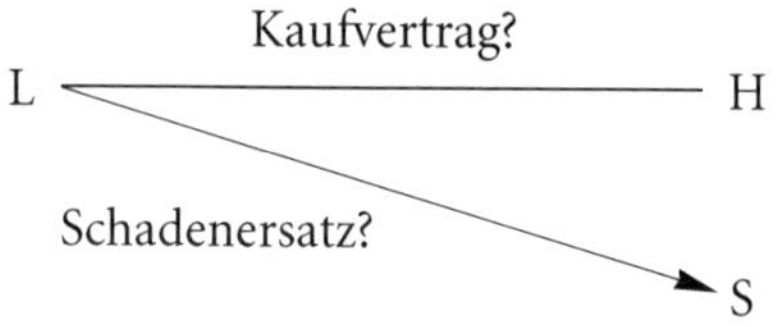

Zusätzlich kann man sich auf einem Merkzettel die als wesentlich erscheinenden Sachverhaltsdetails mit den ersten rechtlichen Assoziationen notieren, um in der Folge nichts zu vergessen, zB:

L 15 Jahre; Geschäftsfähigkeit? Monatsverdienst Euro 400,–

L will Recorder, bekommt Player; Dissens, Irrtum?

Täuschung durch S; § 874?

Verkehrsüblicher Preis: Euro 45,–

2. Zur Frage

Im Gegensatz zu den beiden ersten Fällen ist im jetzt zu behandelnden Fall keine konkrete Frage gestellt. Es heißt vielmehr allgemein: **„Wie ist die Rechtslage?“.** Wie schon in den Vorüberlegungen zum ersten Fall angedeutet, ist damit der Bearbeiter aufgefordert, umfassend **alle auf Grund des Sachverhalts möglichen Ansprüche** zwischen den Beteiligten zu prüfen. Die konkret zu prüfenden Fragen müssen daher erst erarbeitet werden.

Einige Fantasie und die bereits bekannte Grundfrage: „Wer will was von wem?“ helfen weiter. Drei Personen, L, H und S, kommen vor. Daher sind theoretisch auch drei Rechtsverhältnisse mit wechselseitigen Ansprüchen möglich:

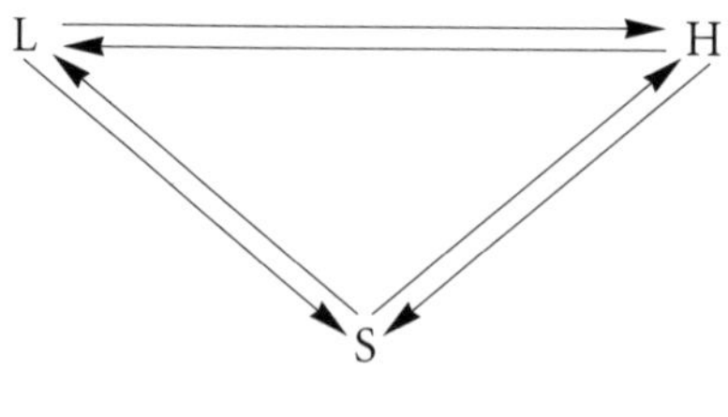

In jedem Rechtsverhältnis sind ein, zwei (Gegenanspruch) oder sogar mehr Ansprüche denkbar[1]), bei drei Personen daher sechs und mehr. Sehr häu-

[1]) Über deren Verhältnis zueinander wird später insbesondere unter dem Stichwort „Anspruchskonkurrenz“ noch zu sprechen sein; vgl unten S 63, 65 f und 103 ff.

fig besteht aber doch nicht zwischen allen Beteiligten eine Rechtsbeziehung, sodass die Anzahl der konkret zu prüfenden Ansprüche hinter der theoretisch möglichen meist zurückbleibt.

Bei der Konkretisierung der allgemeinen Fallfrage ist das „was", also der **Gegenstand der einzelnen Begehren,** am schwierigsten zu bestimmen. Am ehesten erkennt man die tatsächlichen (möglichen) Begehren, wenn man sich als Bearbeiter in die Situation der einzelnen Beteiligten versetzt, sich mit deren Interessen identifiziert. Diese Vorgangsweise empfiehlt sich auch bei der juristischen Begründung. Wie ein Schachspieler, der mit sich selbst spielt und nach jedem Zug den Platz wechselt, schlüpft der Jurist bei der Begutachtung eines Falles abwechselnd einmal in die Rolle des Klägers, einmal in die des Beklagten, um Fantasie für mögliche Gegenargumente zu entwickeln, die es auszuräumen gilt.

Versetzen Sie sich daher in die Rolle des L, zunächst im Verhältnis zu H: Da er einen DVD-Recorder kaufen wollte, aber einen bloßen Player bekam, hat er – siehe Sachverhalt – an diesem kein Interesse. Sein primäres Begehren könnte daher auf Lieferung eines Recorders zu denselben Bedingungen gerichtet sein. Das „was" für einen ersten möglichen Anspruch des L ist damit festgelegt: Leistung eines DVD-Recorders. Die Prüfung dieses Anspruchs hat zugleich den für die weitere Arbeit nützlichen „Nebeneffekt", den Inhalt des zwischen den beiden (allenfalls) bestehenden Vertrages zu klären. Hier darf man freilich nicht stehen bleiben. Es ist weiters zu überlegen, was L sonst noch von H verlangen könnte, insbesondere wenn sein primäres Interesse rechtlich nicht durchsetzbar ist. In diesem Fall wird L zumindest sein Geld zurückhaben, besser formuliert, Rückzahlung des Kaufpreises verlangen wollen. Das „was" für einen weiteren möglichen Anspruch steht somit wieder fest: Zahlung von Euro 45,– von H. Auch der Laie wird bei diesem Begehren schon bedenken, dass damit die Rückgabe des Players verbunden sein wird (Anspruch des H gegen L). Weniger nahe liegend ist die immerhin überlegenswerte Frage, ob L, wenn er den Player nicht wieder los wird, wenigstens *einen Teil* des Kaufpreises zurückverlangen kann.

Die möglichen Begehren des H gegen L sind – wie schon angedeutet – davon abhängig, mit welchen Ansprüchen L durchdringt. Solange H den Kaufpreis behalten kann und keine weitere Leistung an L erbringen muss, ist ein Interesse, von L etwas zu verlangen, nicht ersichtlich. Da L Lieferung eines DVD-Gerätes mit Aufzeichnungsfunktion nur bei gleich bleibendem Kaufpreis Euro 45,– begehren wird, erübrigt es sich, gesondert zu prüfen, ob H für einen Recorder einen erhöhten Kaufpreis verlangen könnte. Muss H allerdings einen Recorder liefern oder den Kaufpreis zurückzahlen, wird er zweifellos von L den Player herausverlangen. Da L nach dem Sachverhalt dazu ohnehin bereit ist, wird dieser Gegenanspruch des H keinen großen Aufwand bei der Prüfung erfordern. Dass – anders als in den vorigen Fällen – nicht ein Begehren des H auf

Zahlung des Kaufpreises zu prüfen ist, ergibt sich mit Selbstverständlichkeit daraus, dass L bereits bezahlt hat. Oft verschwenden Studenten kostbare Zeit mit der Prüfung eines Anspruchs, der nach dem Sachverhalt entfällt, weil er schon erfüllt ist.

Von S wird L vermutlich nur dann eine Leistung begehren, wenn er von H keinen Recorder erhält. Ansonsten wäre L ja „schadlos gestellt". Mit dieser Erkenntnis ist bereits festgelegt, dass die Ansprüche des L gegen H zweckmäßigerweise zuerst zu prüfen sind. Bleibt L auf dem – für ihn vielleicht wertlosen – DVD-Player sitzen, bekommt er also weder einen Recorder noch den Kaufpreis von H zurück, dann wäre es denkbar, dass er von S Schadenersatz wegen dessen Unredlichkeit verlangt. Sein Interesse wäre befriedigt, wenn er von S einen Recorder oder zumindest den an H bezahlten Kaufpreis erhielte.

Hat S dem L einen DVD-Recorder zu verschaffen oder den Kaufpreis zu ersetzen, könnte er seinerseits vielleicht die Herausgabe des Players verlangen. Auch für diesen Fall ergibt sich aus dem Sachverhalt, dass L dazu bereit ist.

Zwischen S und H ist jedenfalls auf den ersten Blick keine Rechtsbeziehung erkennbar.

Im vorliegenden Dreipersonenverhältnis sind daher (höchstens) fünf Ansprüche zu untersuchen:

1. Anspruch des L gegen H auf Lieferung eines DVD-Recorders.

2. Anspruch des L gegen H auf Rückzahlung des Kaufpreises in der Höhe von Euro 45,– gegen Rückstellung des Players.

3. Anspruch des L gegen H auf Rückzahlung eines Teiles des Kaufpreises.

4. Anspruch des L gegen S auf Lieferung eines DVD-Recorders gegen Herausgabe des Players.

5. Anspruch des L gegen S auf Zahlung von Euro 45,– (Kaufpreis) gegen Herausgabe des DVD-Players.

Wie man sieht, kann für die Erarbeitung der konkreten Fallfragen einiger Denkaufwand nötig sein. Bevor wir uns in unseren Vorüberlegungen zum DVD-Player-Fall der Hauptaufgabe, nämlich der rechtlichen Begründetheit der möglichen Ansprüche zuwenden, folgt ein auf die Lösung anderer Fälle vorbereitender Exkurs.

3. Exkurs: Arten von Fallfragen

Da es aus Platzgründen ausgeschlossen ist, alle denkbaren Fallfragen anhand konkreter Fälle darzustellen, soll hier auf andere mögliche Fragestellungen kurz eingegangen werden. Um den Fallbezug zu wahren, wird zunächst die Frage zum DVD-Player-Fall jeweils entsprechend (nur für Zwecke dieses Exkurses) variiert. Weitere Beispiele zu anderen Fällen folgen jeweils.

a) Konkretes, ausdrückliches Begehren

Diese bereits aus den Fällen 1 und 2 bekannte Fragestellung könnte im vorliegenden Fall lauten: Kann L von H Rückzahlung des Kaufpreises verlangen? Oder: L begehrt von H Lieferung eines Recorders. Zu Recht?

Weitere Beispiele: Kann A von B Herausgabe des PKW verlangen? A begehrt von B Unterlassung einer störenden Lärmeinwirkung auf sein Grundstück. Mit Recht?

b) Frage nach der Rechtslage

Dazu ausführlich oben im Text.

c) Frage nach Gestaltungsrechten[2])

Im DVD-Player-Fall: Kann L den Kaufvertrag mit H (wegen Irrtums oder Täuschung) anfechten? Diese Frage setzt das Zustandekommen eines Kaufvertrages offenkundig voraus; auch der Bearbeiter hat darauf nicht mehr einzugehen. Die Prüfung hat sich vielmehr auf das Bestehen des Anfechtungsrechts zu beschränken. Wie für Ansprüche eine Anspruchsgrundlage, ist dann eine gesetzliche Grundlage für das Gestaltungsrecht zu suchen (zB § 871). Unter die in Erwägung gezogene Norm ist der Sachverhalt zu subsumieren.

Andere Beispiele: Kann A vom Vertrag zurücktreten (den Vertrag wandeln)? Kann B den Arbeitsvertrag (Mietvertrag) mit C kündigen? Kann sich A von seiner Ehefrau scheiden lassen (Gestaltungsklagerecht)[3])?

d) Frage nach Bestehen oder Nichtbestehen eines Rechtsverhältnisses[4])

Im DVD-Player-Fall: Ist zwischen L und H ein Kaufvertrag zustande gekommen (abgeschlossen worden)? Auch bei dieser Fragestellung wären keine Ansprüche zu prüfen; vielmehr nur die gesetzlichen Voraussetzungen des gefragten Rechtsverhältnisses (zB §§ 1053 ff iVm §§ 861 ff).

---

[2]) Ein Gestaltungsrecht ist im Gegensatz zum Anspruch kein Recht auf Leistung. Ein Gestaltungsrecht ist vielmehr die Befugnis, durch einseitige Willenserklärung die Rechtslage zu ändern, also ein Rechtsverhältnis zu begründen, abzuändern oder zu beenden; vgl *Riedler*, ZR I, AT^5, Rz 9/21; *P. Bydlinski*, BR I, AT^5, Rz 3/10.

[3]) Beim Gestaltungsklagerecht wird die Rechtslage erst durch richterliches Urteil auf Begehren des Klägers verändert. Eine außergerichtliche Geltendmachung durch bloße Willenserklärung reicht nicht aus. Jedermann weiß, dass die Ehe nicht dadurch aufgelöst wird, dass der Ehemann seiner Frau erklärt: „Du hast Ehebruch begangen; deshalb bleibe ich nicht bei dir."

[4]) Der Frage nach dem Bestehen eines Anspruchs entspricht im Prozess die Leistungsklage; der nach Bestehen eines Rechtsverhältnisses die Feststellungsklage. Lesen Sie § 228 ZPO!

Andere Beispiele: Ist A Mitglied des Vereins (der Gesellschaft) B? Ist X gesetzlicher Erbe?

Bei den Fragen c) und d) geht es also nicht um Ansprüche. Jedoch dient auch die Ausübung von Gestaltungsrechten und die Erhebung eines Feststellungsbegehrens idR der Vorbereitung von Ansprüchen bzw der Beseitigung von Ansprüchen des Gegners. So hat zB die Kündigung des Mietvertrages durch den Vermieter das Ziel, die vermietete Sache herausverlangen zu können; die Kündigung durch den Mieter, künftig keinen Mietzins mehr zahlen zu müssen, also den entsprechenden Anspruch des Vermieters zum Erlöschen zu bringen. Feststellungsbegehren sind bisweilen deshalb nötig, weil ein konkreter Anspruch, zB mangels Fälligkeit, (noch) nicht durchgesetzt werden kann (Beispiel: Der Vermieter begehrt Feststellung, dass eine vom Mieter ausgesprochene Kündigung unwirksam sei, weil ein Leistungsbegehren bezüglich der künftigen Mietzinse nicht möglich ist – § 406 ZPO).

Zurück zum DVD-Player-Fall:

4. Auffinden der Anspruchsnormen

Für die oben erarbeiteten tatsächlichen Begehren sind nun mögliche Anspruchsgrundlagen zu suchen. Diese Aufgabe ist hier wesentlich komplexer als in den beiden ersten Fällen, in denen jeweils nur vertragliche Ansprüche in Frage standen. Zwar ist auch zwischen L und H möglicherweise ein wirksamer Kaufvertrag zustande gekommen, der auch in diesem Verhältnis Grundlage der Ansprüche des L sein könnte. Zwischen L und S ist aber schon auf den ersten Blick keinesfalls eine vertragliche Beziehung gegeben. In Betracht kommen daher nur außervertragliche, also gesetzliche Anspruchsgrundlagen. Damit ist bereits die grundsätzliche, auch in § 859 niedergelegte Zweiteilung der Ansprüche aufgegriffen, die als erste Orientierungshilfe dienen kann[5]). Die gesetzlichen Ansprüche gründen sich, wie § 859 sagt, „unmittelbar" auf ein Gesetz.

Beispiel: Schadenersatz, insbesondere §§ 1293 ff; ungerechtfertigte Bereicherung, insbesondere § 1041 oder §§ 1431 ff; Geschäftsführung ohne Auftrag, §§ 1035 ff; Eigentumsherausgabe, § 366; Unterhalt, zB § 94; Pflichtteilsrecht, §§ 762 ff.

Die vertraglichen Ansprüche beruhen demgegenüber auf dem Vertrag, freilich auch nur in Verbindung mit dem Gesetz, das der Vereinbarung ihre Gültigkeit und Verbindlichkeit verleiht. Der Inhalt der vertraglichen Ansprüche

[5]) Die in § 859 enthaltene Dreiteilung („Gesetz", „Rechtsgeschäft", „erlittene Beschädigung") reduziert sich dadurch auf die genannte Zweiteilung in rechtsgeschäftliche (wovon „vertragliche" nur der typische Fall sind) und gesetzliche Ansprüche, dass man die Schadenersatzansprüche üblicherweise zu den gesetzlichen zählt, sie also nicht mehr als eigene Kategorie begreift.

ist daher aus dem Zusammenspiel von Vereinbarung und Gesetz abzuleiten, wie das in den beiden ersten Fällen (Kaufvertrag, § 1062) auch mit scheinbarer Selbstverständlichkeit geschehen ist.

Dieser erste grobe Überblick über die möglichen Anspruchsgrundlagen soll hier genügen, ein ausführlicheres Anspruchsschema folgt bei Fall 5. Es gilt nun, Normen zu finden, die die fünf Begehren des L rechtfertigen könnten.

a) Für einen Anspruch des L gegen H auf Lieferung eines DVD-Recorders kommt nach dem Sachverhalt nur eine vertragliche Grundlage, konkret ein Kaufvertrag, in Betracht. Für die Pflicht des Verkäufers zur Übergabe der Kaufsache findet sich in § 1061 eine ausdrückliche gesetzliche Anordnung.

b) Auch für den Anspruch des L auf Rückzahlung von Euro 45,– gegen H ist der unerfahrene Bearbeiter vielleicht geneigt, „den Kaufvertrag" als Grundlage zu nennen. Es wäre dies aber ein gravierender, wenn auch in Übungen oft beobachteter Fehler. Ein Kaufvertrag verpflichtet nämlich zwar den Käufer (§ 1062) zur Zahlung des Kaufpreises, nicht aber den Verkäufer zu dessen Rückzahlung. Man wird in den Kaufvertragsnormen vergeblich nach einer solchen Verkäuferpflicht suchen. Das Gesagte unterstreicht die bereits früher hervorgehobene Notwendigkeit, stets die ganz konkrete Norm zu suchen, die den geprüften Anspruch rechtfertigen könnte, also nicht „den Kaufvertrag", sondern bestimmte Worte der Vereinbarung oder einen bestimmten Paragrafen, der bei Vorliegen eines Kaufvertrages die fragliche Rechtsfolge enthält.

In unserem Fall zeigt sich vielmehr bei eingehenderem Nachdenken, dass nur dann ein Rückzahlungsanspruch besteht, wenn der Kaufvertrag nicht (mehr) aufrecht ist. Ein gültiger Kaufvertrag wäre ja gerade der Grund für H, den Kaufpreis zu behalten.

Das legt nahe, die Gültigkeit und, falls man sie bejaht, Möglichkeiten zur Beseitigung („Anfechtung") des Kaufvertrages zu prüfen. Es wäre freilich auch verfehlt, in den Normen über die Irrtums- bzw Täuschungsanfechtung (§§ 870, 871, 875) die Anspruchsgrundlage für die Rückzahlung zu sehen (häufiger Fehler!). Diese Normen bilden zunächst bloß eine Grundlage für Gestaltungsrechte, ermöglichen daher nur dem Irrenden bzw Getäuschten, einseitig die Rechtslage zu ändern, konkret den Kaufvertrag aufzulösen. Gelingt das oder ist der Vertrag aus anderen Gründen unwirksam, fehlt der erfolgten Leistung die Rechtsgrundlage. Für die dann gebotene Rückabwicklung, also für den Ausgleich der dann rechtsgrundlosen Vermögensverschiebungen bilden die Normen des Bereicherungsrechts die Anspruchsgrundlage (§§ 877, 1431, 1435). Auch in der gerichtlichen Praxis wird diese gebotene Trennung zwischen Vertragsauflösung (Gestaltungsrecht) und darauf aufbauender Rückforderung (Anspruch) leider nicht immer genügend beachtet.

Ob der Kaufvertrag zwischen L und H wirksam ist und damit, ob L die gezahlten Euro 45,– zurückverlangen kann, erscheint unter mehreren Gesichtspunkten zweifelhaft. Als Anspruchsnormen für die Rückforderung des L kommen jedenfalls nur bereicherungsrechtliche Tatbestände in Betracht. Deren Kenntnis in den Grundzügen ist auch für Anfängerfälle oft unentbehrlich. Für die im DVD-Player-Fall denkbaren Unwirksamkeitsgründe (Geschäftsunfähigkeit, Dissens, Irrtum, Täuschung) ist § 877 iVm §§ 1431 ff[6]) als Anspruchsgrundlage in Erwägung zu ziehen.

c) Auch für einen allfälligen Anspruch des L gegen H auf Rückzahlung bloß eines Teiles des Kaufpreises kommen nur bereicherungsrechtliche Normen in Frage. Der Kaufpreis müsste insofern herabgesetzt, der Kaufvertrag „angepasst" werden, eine Rechtsfolge, die man § 872 („angemessene Vergütung") entnimmt. Für die Rückforderung selbst kann auf das oben Ausgeführte verwiesen werden.

d) Für das Begehren des L gegen S auf Lieferung eines Recorders scheiden vertragliche oder bereicherungsrechtliche Grundlagen aus. Denkbar und nahe liegend (absichtliche Irreführung) ist allein ein Schadenersatzanspruch, daher §§ 1293 ff bzw § 874.

e) Aus denselben Gründen kommt allenfalls ein Schadenersatzanspruch des L gegen S auf Zahlung von Euro 45,– gemäß § 874 bzw §§ 1293 ff in Betracht.

5. Erkennen der Fallprobleme; Lösungsgliederung

Schon aus „klausurpsychologischen" Gründen drängt sich bei der Lektüre des Sachverhalts auf, dass die Geschäftsfähigkeit des L in Frage steht. Nicht umsonst wird der „Erfinder" des Falles Alter, Monatsverdienst und Ersparnis des Lehrlings in den Sachverhalt aufgenommen haben (lesen Sie § 865 und § 151!). Die Geschäftsfähigkeit des L für den vorliegenden Vertrag wird man auch deshalb zweckmäßigerweise vorweg prüfen, weil ihr Fehlen weitere Fragen nach anderen Mängeln der Einigung (Dissens, Irrtum usw) erübrigen würde.

Da L einen Recorder kaufen, H seinen Player verkaufen will, wird weiters zu fragen sein, ob überhaupt zwei einander korrespondierende Willenserklärungen vorliegen (Dissensproblematik). Damit eng verbunden ist die Frage nach dem Inhalt der Vereinbarung: Verkauf eines DVD-Recorders oder eines bloßen DVD-Players. Der „Streich" des S wird einerseits unter Täuschungs- bzw Irrtumsaspekten wichtig werden, andererseits wird das listige Vorgehen des S für eine allfällige Schadenersatzpflicht eine Rolle spielen.

---

[6]) § 877 ist, weil für sich genommen in Tatbestand und Rechtsfolge unvollständig, durch die allgemeineren Bestimmungen der §§ 1431 ff über Leistungskondiktionen zu ergänzen; vgl *Rummel* in *Rummel*[3], § 877 Rz 1 u 5.

Folgende **Lösungsgliederung** drängt sich demnach auf:

1. Anspruch des L gegen H auf Lieferung eines DVD-Recorders aus Kaufvertrag (§ 1061)
   a) Vertragsunwirksamkeit wegen Geschäftsunfähigkeit des L
      aa) prinzipielle Geschäftsunfähigkeit
      bb) Ausnahmen: §§ 865, 151 Abs 2
   b) Vertragsunwirksamkeit wegen Dissenses (§ 869)
   c) Vertragsinhalt
   d) Vertragskorrektur gemäß § 872
2. Anspruch des L gegen H auf Rückzahlung des Kaufpreises gemäß §§ 877, 1431 ff gegen Rückstellung des DVD-Players
   a) nach Anfechtung wegen Irrtums (§ 871)
   b) nach Anfechtung wegen Täuschung (§ 870)
3. Anspruch des L gegen H auf Rückzahlung eines Teiles des Kaufpreises
4. Anspruch des L gegen S auf Lieferung eines DVD-Recorders gemäß § 874
   a) nachteilige Folge
   b) Kausalität der Täuschung
5. Anspruch des L gegen S auf Zahlung von Euro 45,– gemäß § 874
   a) Vermögensschaden
   b) immaterieller Schaden

II. Gutachten

1. Anspruch des L gegen H auf Lieferung eines DVD-Recorders

Dieser Anspruch könnte sich auf § 1061 stützen. Das setzt voraus, dass zwischen L und H ein wirksamer Kaufvertrag über einen DVD-Recorder zustande gekommen ist.

Dem Abschluss eines gültigen Kaufvertrages könnte zunächst die beschränkte Geschäftsfähigkeit des erst 15-jährigen L entgegenstehen. Als Minderjähriger kann L grundsätzlich gemäß § 865 nur ein „bloß zu seinem Vorteil gemachtes Versprechen“ annehmen, also lediglich solche Verträge abschließen, aus denen er nur berechtigt, nicht aber verpflichtet wird. Da aber ein Kaufvertrag wechselseitige Pflichten auferlegt (§§ 1061 f), bedürfte es gemäß § 865 zur Gültigkeit des zwischen L und H abgeschlossenen Vertrages grundsätzlich der Zustimmung des gesetzlichen Vertreters von L. Eine solche ist dem Sachverhalt nicht zu entnehmen.

§ 151, auf den § 865 verweist, sieht aber von diesem Erfordernis in bestimmten Fällen ab. Gemäß § 151 Abs 2 kann ein mündiger Minderjähriger über sein Einkommen aus eigenem Erwerb so weit verfügen und sich verpflichten, als dadurch nicht die Befriedigung seiner Lebensbedürfnisse gefährdet wird.

Der 15-jährige Lehrling L, der gemäß § 21 Abs 2 bereits mündig ist, hat sich von seinem Monatsverdienst, also aus eigenem Erwerb, in den beiden vergangenen Monaten Euro 45,– erspart. L hat also durchschnittlich Euro 22,50 monatlich zur Seite gelegt. Die monatlich verbleibenden Euro 377,50 haben ausgereicht, die Lebensbedürfnisse des L zu befriedigen. L hätte sich sonst Euro 45,– nicht „ersparen" können. Der Verbrauch von Ersparnissen stellt zumindest dann keine Gefährdung der Lebensbedürfnisse dar, wenn jene nicht der Deckung zukünftiger notwendiger Aufwendungen dienen sollten. Dafür ergibt der Sachverhalt aber keine Anhaltspunkte.

Da sowohl die positiven wie auch die negativen Voraussetzungen des § 151 Abs 2 erfüllt sind, bedurfte L zum Abschluss des Kaufvertrages mit H keiner Zustimmung seines gesetzlichen Vertreters.

Ob ein Kaufvertrag über einen DVD-Recorder zustande gekommen ist, erscheint aber deshalb fraglich, weil von keiner Seite eine ausdrückliche Willenserklärung über die Eigenschaften des zu erwerbenden DVD-Gerätes abgegeben wurde. L wollte zwar einen Recorder kaufen. Umgekehrt wollte H das von ihm ausgestellte DVD-Gerät (ein bloßer Player) verkaufen. Ob trotz dieser Willensdiskrepanz ein Vertrag zustande gekommen ist und, wenn ja, mit welchem Inhalt, ist eine Frage der Auslegung der beiderseitigen Erklärungen, die als Angebot und Annahme gemäß § 861 zum Vertragsschluss geführt haben können. Das Ausstellen des Gerätes im Schaufenster ist nur als Aufforderung, ein Angebot zu stellen, zu werten[1]). Nach der Lebenserfahrung wird erst L im Geschäft dem H etwa folgendes Angebot gemacht haben: „Ich möchte das im Schaufenster ausgestellte DVD-Gerät um Euro 45,– kaufen". Eine nähere Qualifikation des Gerätes als Recorder oder bloßen Player hat L nach dem Sachverhalt in seinem Angebot nicht getroffen.

Ein objektiver, redlicher Erklärungsempfänger in der Lage des H durfte auf Grund des genannten Preises das Angebot des L dahin verstehen, dass dieser eben das im Schaufenster ausgestellte DVD-Gerät mit bloßer Abspielfunktion kaufen wolle. H hat dieses Angebot auch angenommen. Es liegen demnach zwei objektiv übereinstimmende Erklärungen vor, Dissens ist nicht gegeben. Ein Kaufvertrag ist gültig zustande gekommen, Inhalt ist nicht ein DVD-Recorder, sondern der im Schaufenster ausgestellte DVD-Player.

Ein Anspruch des L gegen H auf Lieferung eines Recorders zum Preis von Euro 45,– gemäß § 1061 könnte nur dann noch zu Recht bestehen, wenn L eine entsprechende Vertragskorrektur wegen Irrtums gemäß § 872 erreichen könnte. Von den übrigen Voraussetzungen dieser Norm abgesehen, würde eine Vertragsanpassung jedenfalls nur dann möglich sein, wenn auch H den Kauf-

---

[1]) Vgl *Riedler,* ZR I, AT[5], Rz 12/2; *P. Bydlinski,* BR I, AT[5], Rz 6/8.

vertrag ebenso über ein DVD-Gerät mit Aufzeichnungsfunktion zum Preis von Euro 45,– abgeschlossen hätte, für beide Vertragspartner der Irrtum also „unwesentlich“ iSd § 872 war[2]). Das trifft für H mangels irgendwelcher Anhaltspunkte im Sachverhalt mit Sicherheit nicht zu.

Da H mit Hilfe des § 872 nicht in einen Vertrag gezwungen werden darf, den er niemals abgeschlossen hätte, kann L keine Vertragsanpassung begehren.

Da der Kaufvertrag zwischen L und H über einen DVD-Player geschlossen worden war und eine Vertragskorrektur ausgeschlossen ist, besteht kein Anspruch des L gegen H nach § 1061 auf Lieferung eines DVD-Geräts mit Aufzeichnungsfunktion.

2. Anspruch des L gegen H auf Rückzahlung des Kaufpreises von Euro 45,– gegen Rückstellung des DVD-Players

Dieser Anspruch könnte sich auf § 877 iVm §§ 1431 ff gründen, wenn L den, wie dargelegt, gültig zustande gekommenen Kaufvertrag wegen eines Willensmangels (Irrtum, Täuschung) anfechten[3]) kann. Wegen Wegfalls des Kaufvertrages wäre dann die Leistung des L in der Höhe von Euro 45,– (und die des H) ohne Rechtsgrund.

a) Anfechtung wegen Irrtums

Eine Aufhebung des Vertrages könnte L durch eine Irrtumsanfechtung gemäß § 871 erreichen. L ist beim Vertragsschluss von einer Aufzeichnungsfunktion des Gerätes ausgegangen, somit einem Irrtum unterlegen. Sein Irrtum war auch ursächlich (kausal) für den Vertrag, weil L bei Kenntnis der wahren Eigenschaft das DVD-Gerät nicht gekauft hätte.

Aus § 871 in Zusammenhang mit § 901 ergibt sich, dass bei entgeltlichen Geschäften, daher auch bei einem Kaufvertrag, nicht jeder Irrtum, sondern nur ein Irrtum „über den Inhalt der Erklärung“ zur Anfechtung berechtigt. Bloße Motivirrtümer bleiben unberücksichtigt. Ein solcher liegt dann vor, wenn sich der Irrtum auf einen Umstand bezieht, der außerhalb des Geschäftsinhalts liegt[4]). Irrtum über den Inhalt der Erklärung kann einerseits ein Erklärungsirrtum sein, wenn der Erklärende meint, etwas anderes zu erklären, als er wirklich erklärt. Ein solcher liegt nicht vor, weil L das erklärte („dieses Gerät“), was er erklären wollte.

---

[2]) Vgl *Riedler*, ZR I, AT[5], Rz 21/36; *P. Bydlinski*, BR I, AT[5], Rz 8/15; *Kerschner/Riedler*, JAP 1995/96, 78.

[3]) Die Rechtsfolge bloßer Anfechtbarkeit, dh (nach hA: gerichtlicher) Aufhebung des Vertrages wird von der hL (vgl *Riedler*, ZR I, AT[5], Rz 21/48; *P. Bydlinski*, BR I, AT[5], Rz 8/22; *Koziol/Welser* [Bearb *Kletečka*] I[13] 160 f) und Rspr (SZ 48/30 uva) gestützt ua auf § 877 („Aufhebung verlangen“).

[4]) *Riedler*, ZR I, AT[5], Rz 21/18 f; *P. Bydlinski*, BR I, AT[5], Rz 8/11.

Irrtum über den Inhalt der Erklärung ist aber auch (neben anderen Fällen)[5]) ein Irrtum über für das Geschäft bedeutsame Eigenschaften der gekauften Sache. Es stellt sich daher die Frage, ob die Eigenschaft „Aufzeichnungsfunktion" des DVD-Gerätes, über die L sich im Irrtum befindet, im Sinne von § 871 Inhalt des Kaufvertrages zwischen L und H geworden ist. Das ist durch Auslegung des Vertrages zu ermitteln. Lehre und Rspr sehen vom Erfordernis einer ausdrücklichen Erklärung insoweit ab. Auch nicht ausdrücklich bedungene, aber nach der Verkehrsauffassung bei einem derartigen Vertragsobjekt gewöhnlich vorausgesetzte Eigenschaften können Gegenstand eines Geschäftsirrtums ieS sein. Aufzeichnungsfunktion bei einem DVD-Gerät wird man nun in vielen Fällen als vertragserheblich ansehen müssen, da sie Preis und Verwendbarkeit entscheidend beeinflusst. Weil aber die Relevanz dieser Eigenschaft gemäß § 871 stets am konkreten Vertrag zu messen ist, hat man zu fragen, ob nach *diesem* Vertrag Aufzeichnungsfunktion als vereinbart anzusehen ist. Wie aus dem Sachverhalt hervorgeht, war für jeden Interessierten am Preis erkennbar, dass das von L gekaufte Gerät nur für das Abspielen von Filmen geeignet ist. Daraus kann geschlossen werden, dass die Aufzeichnungsfunktion bei diesem konkreten, für einen DVD-Player angemessenen Preis nicht Vertragsinhalt iSv § 871 wurde. Die Aufzeichnungsfunktion war im Kaufvertrag nicht wertbildend, also nicht maßgeblich für die Bestimmung der Gegenleistung[6]). L hat sich somit in einem Motivirrtum befunden, der unbeachtlich ist. L kann den Vertrag nicht gemäß § 871 anfechten.

b) Anfechtung wegen Täuschung

Zu prüfen ist weiters die Möglichkeit einer Anfechtung des Vertrages gemäß § 870. Es steht fest, dass L über die Eigenschaft des ausgestellten DVD-Gerätes von S getäuscht wurde und dass dadurch sein Irrtum entstanden ist. Täuschungsabsicht des S liegt nach dem Sachverhalt eindeutig vor („Streich").

In den Fällen der Täuschung kommt idR auch einem Motivirrtum Beachtlichkeit zu, da dem Täuschenden jegliche Schutzwürdigkeit fehlt[7]). § 870 erlaubt eine Anfechtung jedoch nur (vgl „von dem anderen Teile"), wenn der Vertragspartner selbst die Täuschungshandlung vorgenommen hat. L wurde jedoch nicht von H, seinem Vertragspartner, sondern von S, also einem außen stehenden Dritten getäuscht.

§ 875 lässt in solchen Fällen nur dann eine Anfechtung zu, wenn der Vertragspartner an der Handlung des Dritten teilnahm oder offenbar davon wissen musste. Weder das eine noch das andere kann aber von H behauptet werden.

---

[5]) *Riedler,* ZR I, AT[5], Rz 21/8 f; *P. Bydlinski,* BR I, AT[5], Rz 8/9; vgl auch *Gschnitzer,* Allg Teil[2], 636.

[6]) *Riedler,* ZR I, AT[5], Rz 21/21; *P. Bydlinski,* BR I, AT[5], Rz 8/12; *Kerschner/Riedler,* JAP 1995/96, 78.

[7]) *Riedler,* ZR I, AT[5], Rz 22/2; *P. Bydlinski,* BR I, AT[5], Rz 8/27; *Gschnitzer,* Allg Teil[2], 621.

Das Gespräch zwischen L und S findet außerhalb des Geschäfts des H statt. Auch Anhaltspunkte einer Absprache zwischen H und S sind aus dem Sachverhalt nicht ersichtlich. Eine Anfechtung des Kaufvertrages wegen Täuschung durch einen Dritten gemäß § 870 iVm § 875 scheidet daher aus.

Weil der Kaufvertrag zwischen L und H unanfechtbar ist, finden die erbrachten Leistungen darin ihre rechtliche Deckung, sodass auch eine Rückforderung des Kaufpreises in der Höhe von Euro 45,– von L gegen H gemäß § 877 ausgeschlossen ist.

3. Anspruch des L gegen H auf Rückzahlung eines Teiles des Kaufpreises

Dieser Anspruch würde voraussetzen, dass L durch Vertragskorrektur gemäß § 872 wegen der fehlenden Aufzeichnungsfunktion eine Reduzierung des Kaufpreises bewirken könnte. Auch für eine Anpassung nach § 872 ist jedoch erforderlich, dass L einem, wenn auch unwesentlichen, Geschäftsirrtum unterlegen ist[8]). Das ist – wie oben – zu verneinen. Ein Recht zur Vertragsänderung wegen Täuschung[9]) scheidet wie die Anfechtung aus, weil die Voraussetzungen des § 875 nicht erfüllt sind.

Eine Rückzahlung eines Teiles des Kaufpreises gemäß den Regeln über die Gewährleistung, nämlich nach Minderung (§ 932) des Kaufpreises würde voraussetzen, dass das gekaufte DVD-Gerät einen Mangel (§ 923) hat, was gemäß § 922 wieder am konkreten Vertrag zu messen ist. Ein solcher Mangel liegt aus den schon bei der Frage des Geschäftsirrtums erörterten Gründen nicht vor.

L kann daher auch nicht einen Teil des Kaufpreises von H zurückverlangen.

4. Anspruch des L gegen S auf Lieferung eines DVD-Recorders

Ein solcher Anspruch könnte sich aus § 874 ergeben, wonach der Täuschende verpflichtet ist, für alle nachteiligen Folgen seiner Handlung Genugtuung zu leisten. Dass L für seine Euro 45,– keinen DVD-Recorder bekommen hat, müsste also eine „nachteilige Folge" der Täuschung des S sein. Auch wenn S den L nicht über die Aufzeichnungsfunktion des DVD-Gerätes getäuscht hätte, hätte aber L keinen DVD-Recorder zum selben Preis bekommen. Der Nachteil, dass L keinen Recorder um Euro 45,– erhalten hat, ist also von S nicht verursacht worden. Wegen fehlender Kausalität der Täuschung besteht daher kein Anspruch des L gegen S auf Lieferung eines DVD-Recorders aus § 874.

---

[8]) Vgl *P. Bydlinski*, BR I, AT[5], Rz 8/25; *Riedler*, ZR I, AT[5], Rz 21/42.

[9]) Obwohl § 870 keine dem § 872 entsprechende Anordnung enthält, wird auch bei List eine Vertragsanpassung zugelassen; *P. Bydlinski*, BR I, AT[5], Rz 8/33; *Riedler*, ZR I, AT[5], Rz 22/22.

5. Anspruch des L gegen S auf Zahlung von Euro 45,–

Auch für diesen Anspruch könnte § 874 die Grundlage sein, wonach der Täuschende für die „nachteiligen Folgen“ seiner Handlung „Genugtuung“ zu leisten hat. Genugtuung ist gemäß § 1323 eine Form des Schadenersatzes. Schaden wiederum kann gemäß § 1293 ein Nachteil am Vermögen oder der Person sein. Ob dem L ein Schaden (nachteilige Folge) entstanden ist, erscheint fraglich, weil der gezahlte Kaufpreis dem objektiven Wert des Players entspricht. Obwohl L die Euro 45,– für etwas ausgelegt hat, was er nicht wollte, läge ein Vermögensschaden nämlich nur dann vor, wenn das Gerät überhaupt nicht oder nur mit Verlust weiterverkauft werden könnte. Dafür fehlen Hinweise im Sachverhalt. Ein konkreter Vermögensschaden ist daher bei L nicht eingetreten.

Es bleibt zu fragen, ob L einen anderen ersatzfähigen Nachteil (insbesondere „an seiner Person“, § 1293) erlitten hat. Ein solcher, wenngleich nicht unmittelbar in Geld ausdrückbarer, sondern immaterieller Nachteil könnte darin liegen, dass L jetzt auf dem für ihn „uninteressanten“ DVD-Player sitzt und sich zur Wiedererlangung seiner ausgelegten Euro 45,– erst auf die Suche nach einem Käufer machen muss. § 874 spricht dem Getäuschten „volle Genugtuung“ zu, was man gemäß der Definition des § 1323 als Anspruch auch auf Immaterialschadenersatz verstehen kann. Auch insofern gilt der Grundsatz der Naturalrestitution (§ 1323 Satz 1). L hat daher Anspruch gegen S auf Zahlung von Euro 45,– gegen Herausgabe des Players gemäß § 874.

Weiterführende Literatur:

Faistenberger, Vorkaufsrecht (1967) 76 ff;

Geroldinger, Die Zurechnung Dritter nach § 875 ABGB, JBl 2012, 29, 94;

Iro, Versuch eines harmonischen Verständnisses der Bestimmungen über Willensmängel bei Verkehrsgeschäften, JBl 1974, 232 f;

Kerschner, Irrtumsanfechtung insbesondere beim unentgeltlichen Geschäft (1984) 24 ff;

Rummel, Anmerkungen zum gemeinsamen Irrtum und zur Geschäftgrundlage, JBl 1981, 2.

4. Fall

Erneuerung einer Althausfassade

Sachverhalt

Grundsachverhalt: Dem beklagten Hauseigentümer, wohnhaft in Wels, hat der klagende Baumeister (Unternehmen in Gmunden) nach einer Besichtigung des Objekts verbindlich zugesagt, die Fassade seines Althauses in der Zeit von Mai bis Juni 2009 zu renovieren. Die Frage des Baumeisters, ob er sich „auf die Sache verlassen" könne, da er den Einsatz seiner Leute planen müsse, hat der Hauseigentümer bejaht. Über den Preis wurde nicht gesprochen.

Variante 1: Noch vor Beginn der Arbeiten verlangt der Baumeister einen „Vorschuss" in der Höhe von Euro 2.000,–, weil verschiedenes Material und Werkzeug angeschafft werden müssten. Der Beklagte, der es sich in der Zwischenzeit anders überlegt hat, verweigert die Bezahlung aus folgenden Gründen:

Erstens sei nichts schriftlich vereinbart worden. Zweitens habe man noch gar nicht über den Preis gesprochen. Drittens werde er wegen einer Gesetzesänderung den erhofften Althaussanierungskredit nicht bekommen. Schließlich habe der Kläger noch keinerlei Leistung erbracht.

Variante 2: Mitte Juni ist die Fassade mit Ausnahme des Sockels fertig. Da der Baumeister für die Bezahlung seiner Dienstnehmer dringend Geld benötigt, verlangt er vom Hauseigentümer den aliquoten Entgeltsanteil in der Höhe von Euro 7.000,–.

Variante 3: Der Beklagte hat bereits Euro 2.000,– „Vorschuss" gezahlt. Da der Anstrich kurz nach Fertigstellung an einigen Stellen, an denen die Dienstnehmer des Klägers mit dem Härtezusatz „gespart" haben, abblättert, verweigert der Beklagte die Restzahlung (Euro 10.000,–). Die Kosten für die Ausbesserung durch einen Dritten würden Euro 3.000,– betragen.

Variante 4: Sofort nach einwandfreier Fertigstellung (15. 6. 2009) hat der Baumeister Rechnung gelegt. Anfang Jänner 2012 behauptet er, dass die Fassadenerneuerung noch immer nicht bezahlt sei. Der Beklagte, bisher in der Meinung, seine verstorbene Frau hätte die Schuld beglichen, sucht vergeblich eine Quittung. Mit der Bemerkung, er sei momentan nicht „flüssig", ersucht er den Kläger, noch drei Monate zuzuwarten. Der Kläger stimmt zu. Der Baumeister klagt a) im Februar 2012, b) Ende Juni 2012 auf Zahlung von Euro 12.000,– sA.

Variante 5: wie Variante 4; der Beklagte findet eine Quittung noch während des Verfahrens in I. Instanz.

In den Fällen 1, 2 und 3 erhebt der Baumeister Zahlungsklage gegen den Hauseigentümer beim BG Wels, in den Fällen 4 und 5 beim LG Wels. Beurteilen Sie Zulässigkeit und Begründetheit der einzelnen Klagen.

Erforderliche Kenntnisse: Zuständigkeit im Zivilprozess; dazu *Rechberger/Simotta,* Zivilprozessrecht[8] (2010) Rz 97 ff; *Dolinar/Holzhammer,* Zivilprozessrecht I[10] (2010) 6 ff; Form der Rechtsgeschäfte; Lehre von der Geschäftsgrundlage; Verjährung; Werkvertrag (Gewährleistung); Anerkenntnis; dazu zB *Riedler,* ZR I, AT[5], Rz 20/4 ff; 25/1 ff; 32/1 ff; *Riedler,* ZR II, SchRAT[4], Rz 7/1 ff; 19/1 ff; *P. Bydlinski,* BR I, AT[5], Rz 7/18 ff, 8/40 ff; 3/28 ff; *Dullinger,* BR II, SchRAT[4], Rz 3/66 ff; 5/14 f.

Ziel: Bewältigung mehrerer Sachverhaltsvarianten; Behandlung prozessualer Vorfragen; *Schwerpunkt:* Einwendungen.

I. Vorüberlegungen

1. Zum Sachverhalt

Das Besondere dieses Sachverhalts liegt zunächst darin, dass auch prozessuale Fakten aufscheinen. Die beteiligten Personen werden als Kläger bzw Beklagter bezeichnet, auch das angerufene Gericht wird genannt. Daraus und vor allem aus der Fragestellung wird der Bearbeiter schließen, dass auch verfahrensrechtliche Probleme zu klären sind.

Weiters ist nicht – wie meist – nur ein Sachverhalt rechtlich zu würdigen, sondern es sind in Wahrheit sechs (zwei Untervarianten in Variante 4) verschiedene Fälle zu klären, denen nur der Grundsachverhalt gemeinsam ist. Daher ist es unbedingt anzuraten, die Fälle – auch bezüglich des Sachverhalts – voneinander getrennt zu behandeln. Gerade bei mehreren Fallvarianten ist die Gefahr von Sachverhaltsverfälschungen besonders groß.

2. Zu den prozessualen Fragen

Da der Richter erst in die Prüfung der materiellen Rechtslage eintritt, wenn die Klage verfahrensrechtlich zulässig ist, hat sich auch der Gutachter gleich am Beginn der Arbeit mit den verfahrensrechtlichen Problemen auseinander zu setzen. Mit der Aufnahme prozessualer Fragen in privatrechtliche Fälle wird bezweckt, auf den in der Praxis eminent wichtigen **Zusammenhang zwischen Prozessrecht und materiellem Recht** hinzuweisen. Wer etwa beim falschen Gericht klagt und dadurch eine Frist versäumt, dem nützt es nichts, wenn der eingeklagte Anspruch eindeutig materiell abgesichert ist. Im Fall der Unzuständigkeit hat das Gericht die Klage als unzulässig zurückzuweisen oder an das zuständige Gericht zu überweisen.

Eine prozessuale Vorfrage ist ebenso wie ein materieller Anspruch nur dann zu prüfen, wenn dafür im Sachverhalt bzw in der Fragestellung Anhaltspunkte zu finden sind. Im konkreten Fall sind solche nur bezüglich der örtlichen und sachlichen Zuständigkeit des angerufenen Gerichts ersichtlich (Wohnsitz des Beklagten; Standort des Unternehmens des Klägers; BG bzw LG Wels, Höhe der einzelnen Klagebegehren).

Unter **sachlicher Zuständigkeit** versteht man die Zugehörigkeit einer bestimmten Rechtssache in I. Instanz zum Geschäftskreis eines bestimmten Gerichtstyps, also (im Rahmen der ordentlichen Gerichtsbarkeit) zum Bezirksgericht einerseits, zum Landesgericht (Gerichtshof I. Instanz) andererseits. Im Prinzip gehören alle vermögensrechtlichen Streitigkeiten bis zu einem Streitwert von Euro 10.000,– vor die Bezirksgerichte (§ 49 Abs 1 JN). Neben der Wertzuständigkeit kennt die Jurisdiktionsnorm auch die Eigenzuständigkeit (§ 49 Abs 2 bis 4 JN): Manche ausdrücklich bestimmte Rechtssachen gehören unabhängig vom Streitwert vor das Bezirksgericht oder den Gerichtshof; zB Unterhaltsstreitigkeiten zwischen Ehegatten vor das Bezirksgericht, Arbeitsrechtssachen vor den Gerichtshof I. Instanz.

Da es viele Bezirks- und mehrere Landesgerichte gibt, muss nach Bestimmung der *sachlichen* Zuständigkeit festgelegt werden, welches *konkrete* Gericht zuständig ist. Darauf geben die Regeln der **örtlichen Zuständigkeit** Antwort. Dazu nur so viel: Besteht kein besonderer Gerichtsstand (zB bei Streit um dingliche Rechte an unbeweglichen Sachen das Gericht, in dessen Sprengel die Sache liegt: „forum rei sitae“), entscheidet der allgemeine Gerichtsstand des Beklagten, das ist bei natürlichen Personen idR der Wohnsitz (§§ 65 f JN).

3. Zum Auffinden der Anspruchs- und Einwendungsnormen

In allen Fallvarianten ergibt sich das „wer, was, von wem“ eindeutig aus dem jeweiligen Zahlungsbegehren des Baumeisters. Auch das Entdecken der Anspruchsnorm für das Zahlungsbegehren des Klägers ist in diesem Fall verhältnismäßig einfach. Aus dem Sachverhalt kann man schließen, dass der Kläger ein Entgelt für die Erbringung einer Leistung (Erneuerung der Fassade) begehrt, die er „verbindlich zugesagt“ hatte. Der Art nach handelt es sich um keine Dienstleistung (lesen Sie § 1151!), vor allem weil der Baumeister bezüglich der Durchführung der Arbeiten weisungsunabhängig ist. Der Kläger hatte vielmehr einen Werkerfolg versprochen, sodass die mögliche Anspruchsgrundlage im Recht des Werkvertrages zu suchen ist. Aus dem 1. Fall kennen wir schon die konkrete Anspruchsgrundlage für das Zahlungsbegehren des Werkunternehmers, nämlich § 1151 iVm § 1170. Es wird sich zeigen, dass die Subsumtion des Sachverhalts unter die Anspruchsnorm wenig problematisch ist.

Damit kann es der Bearbeiter aber in den verschiedenen Varianten nicht bewenden lassen. Dem Beklagten können nämlich Einwendungen gegen den „an sich“ gegebenen Anspruch zustehen. **Unter Einwendungen im weitesten Sinn sind alle Verteidigungsmittel des Beklagten zu verstehen, die geeignet sind, den Anspruch selbst zu vernichten oder zumindest dessen Durchsetzung (zeitweilig oder dauernd) zu verhindern.**

Wie der Kläger im Prozess versuchen wird, alle Anspruchsvoraussetzungen zu behaupten und zu beweisen, wird der Beklagte versuchen, dem alles entgegenzusetzen, was die Klage als unbegründet erscheinen lässt. Mehr noch als bei der Anspruchskonkurrenz (zu dieser eingehend unten S 65) ist bei den Einwendungen auch die anwaltliche Praxis geneigt, alle nach dem Sachverhalt nur denkbaren Einwendungen (zB in einer Klagebeantwortung) nebeneinander geltend zu machen, um womöglich wenigstens mit einem Argument „durchzukommen“. Das ist schon wegen der zT verschiedenen Beweislast, Verjährung und anderer Voraussetzungen völlig berechtigt. Auch im Gutachten haben Sie daher alle denkbaren Grundlagen (Normen) für die in Betracht kommenden Einwendungen zu erörtern (konkret zB in Variante 4 Minderung und Schadenersatz).

Im Einzelnen unterscheidet man rechtshindernde, rechtsvernichtende und rechtshemmende Einwendungen. Zunächst zu den **rechtshindernden:** Bei Gesetz- oder Sittenwidrigkeit beispielsweise ist der Vertrag gemäß § 879 nichtig, also überhaupt nicht entstanden. Da jede Partei im Zivilprozess prinzipiell die Beweislast für das Vorliegen aller tatsächlichen Voraussetzungen der ihr günstigen Rechtsnormen trägt, der Kläger also die rechtsbegründenden und der Beklagte die sog Einredetatsachen zu beweisen hat, erklärt es sich, dass der Beklagte auch für rechtshindernde Tatsachen (behauptungs- und) beweispflichtig ist. Diese abstrakte Behauptung wird am genannten Vertragsbeispiel anschaulich: Der Kläger muss zwar den Vertragsschluss in seinen äußeren Merkmalen (Übereinstimmen von Angebot und Annahme; Einigung über den vom Gesetz geforderten Mindestinhalt) beweisen, nicht aber, dass der Vertrag nicht gesetz- oder sittenwidrig ist[1]). Das wird der Gegner einwenden, oder es ist von Amts wegen wahrzunehmen.

Im Gutachten (Klausur, Hausarbeit) sind mögliche Einwendungen (ebenso wie mögliche Ansprüche) nur dann zu prüfen, wenn dafür Hinweise im Sachverhalt zu finden sind, sei es, dass sie von einem Beteiligten ausdrücklich erhoben werden oder sonst angedeutet sind. Verjährung eines im Grundsatz bejahten Anspruchs zB wird man nur erörtern, wenn der Sachverhalt Zeitangaben enthält, die diese Prüfung nahe legen. Allerdings ist zu bedenken, dass auf die Sachverhaltselemente, aus denen sich Einwendungen ergeben, oft nicht schon durch die Frage hingeführt wird. Meist müssen Sie sie durch sorgfältige Prüfung erst entdecken.

Das Folgende soll – ohne Bezug zum oben vorangestellten 4. Fall – zunächst eine **Liste möglicher rechtshindernder Einwendungen** bieten, die man je nach Sachverhalt in Erwägung zu ziehen hat, wenn ein vertraglicher Anspruch zur Debatte steht; in der jeweiligen konkreten Falllösung sind sie im Rahmen

---

[1]) Wenn es um eine andere als die im Beispiel genannte vertragliche Anspruchsgrundlage geht, kommen natürlich auch andere rechtshindernde Einwendungen in Betracht, bei einem Schadenersatzanspruch etwa Notwehr, bei einem Eigentumsherausgabeanspruch das Recht des Beklagten zur Innehabung.

der Prüfung der Anspruchsnorm mitzuerörtern, also bei der Frage, ob der Vertrag gültig zustande gekommen ist:

a) Geschäftsunfähigkeit (§ 865)
b) mangelnde „wahre Einwilligung" (§ 869)
   aa) Dissens
   bb) Scherzerklärung
   cc) (durchschaute) Mentalreservation
   dd) Scheingeschäft (§ 916)
c) Formmangel (§ 883)
   (Beachte: trotz fehlender Form Naturalobligation, § 1432)
d) anfängliche Unmöglichkeit iSv § 878[2])
e) Gesetzesverstoß (§ 879)
f) Sittenwidrigkeit (§ 879; § 6 KSchG)

Solche rechtshindernden Einwendungen scheint der Beklagte im Fassadenfall in der Sachverhaltsvariante 1 geltend zu machen (Formmangel; Dissens).

Ist im Gutachten die Anspruchsnorm im Grundsatz bejaht, so sind anschließend allfällige **rechtsvernichtende Einwendungen** zu prüfen. Dabei geht es um Normen, die an ein bestimmtes Verhalten bzw Ereignis (Tatbestand) die **Rechtsfolge des Untergangs eines bereits entstandenen Anspruchs** knüpfen. Nächstliegendes Beispiel: Durch Erfüllung wird die Verbindlichkeit „aufgelöst"; vgl § 1412.

Als Einwendungen im technischen Sinne sind etwa möglich:

a) Eintritt einer auflösenden Bedingung (§ 897 iVm § 696 Satz 3)
b) Erfüllung (§ 1412)
c) Erfüllungssurrogate
   aa) Hinterlegung (§ 1425)
   bb) Leistung an Zahlungs statt (§ 1414)
d) Vereinigung (§ 1445)
e) Erlass; Verzicht (§ 1444)
f) Zeitablauf (§ 1449)
g) Tod des Schuldners (bei höchstpersönlichen Leistungen; § 1448)
h) zufällige nachträgliche Unmöglichkeit (§ 1447)

In der Variante 5 des Fassadenfalles wird der Beklagte Erfüllung einwenden. Sie sehen aber an den genannten Beispielen, dass die rechtsvernichtenden Einwendungen nicht mehr so speziell auf vertragliche Ansprüche zugeschnitten sind wie die oben aufgezählten rechtshindernden. Auch ein Schadenersatzan-

---

[2]) Bei „schlichter" anfänglicher Unmöglichkeit kommt der Vertrag nach hL gültig zustande; vgl *P. Bydlinski*, BR I, AT[5], Rz 7/16 f; *Riedler*, ZR I, AT[5], Rz 18/9 f; *Koziol/Welser* (Bearb *Kletečka*) I[13] 172 ff.

spruch kann durch Erfüllung oder Erlass untergegangen sein; ein Eigentumsherausgabeanspruch durch Untergang der Sache erloschen sein.

Mit den gerade erörterten Einwendungen im technischen Sinne haben die **Gestaltungsrechte** gemeinsam, dass auch sie zur Vernichtung eines einmal entstandenen Anspruchs führen können. Zu ihrer Ausübung ist aber im Gegensatz zu jenen die Abgabe einer Gestaltungserklärung nötig[3]). Ein Beispiel haben wir bereits kennen gelernt: Anfechtung eines Vertrages wegen Irrtums oder Täuschung. Auch hier wieder eine Liste möglicher rechtsvernichtender Einreden, die sich auf ein Gestaltungsrecht stützen:

a) Anfechtung bzw Anpassung wegen Drohung, Täuschung oder Irrtums (§§ 870 ff)
b) Rücktritt als Instrument des Verbraucherschutzes (§§ 3, 3 a, 5 e, 30 a KSchG ua)
c) Rücktritt wegen Leistungsstörung (§§ 918 ff)
d) Wandlung; Minderung (§ 932)
e) laesio enormis (§ 934)
f) Kündigung; Entlassung
g) Aufrechnung („Kompensation"; § 1438)
h) Widerruf (bei Schenkungen; §§ 948 ff, 1247)
i) Berufung auf Fehlen oder Wegfall der Geschäftsgrundlage

Im Fassadenfall wird das Bestehen eines Gestaltungsrechts des Beklagten in den Varianten 1 und 3 zu untersuchen sein. In Variante 1 könnte der Entfall des Althaussanierungskredites unter dem Gesichtspunkt des Irrtums oder des Wegfalls der Geschäftsgrundlage sowie des besonderen Rücktrittsrechts gemäß § 3 a KSchG bedeutsam sein. Da in Variante 3 die Werkleistung des Baumeisters mangelhaft ist, liegt es nahe, ein Wandlungs- oder ein Minderungsrecht des Beklagten (§ 1167 iVm § 932) zu prüfen. Auch eine Aufrechnungsbefugnis des Beklagten könnte bestehen.

Eine weitere Spielart rechtsvernichtender Einwendungen kann sich aus dem Umstand ergeben, dass der Kläger seine Gläubigerstellung oder der Schuldner seine Schuldnerstellung verloren hat. Dies ist vor allem bei der Zession (Abtretung) und bei der privativen Schuldübernahme der Fall. In solchen Fällen bleibt zwar der Anspruch als solcher bestehen; aber zumindest eine der ursprünglich beteiligten Personen ist aus dem Rechtsverhältnis ausgeschieden,

[3]) Oben S 33 in und bei FN 3 wurde schon darauf hingewiesen, dass manche Gestaltungsrechte nur gerichtlich geltend gemacht werden können („Gestaltungsklagerecht"); so nach verbreiteter Ansicht in der Rspr auch die Anfechtung wegen Willensmangels (zB OGH SZ 44/59; JBl 1997, 791; aM *Kerschner,* Irrtumsanfechtung 59 ff; *Apathy* in *Schwimann*[3], § 871 Rz 30; *Rummel* in *Rummel*[3], § 871 Rz 19 mwN; *P. Bydlinski,* BR I, AT[5], Rz 8/22; *B.A. Koch,* ecolex 2000, 863; zweifelnd *Koziol/Welser* (Bearb *Kletečka*) I[13] 160 f.

weshalb eine Geltendmachung des Anspruchs im Verhältnis zwischen diesen Personen nicht mehr möglich ist.

Neben rechtshindernden und rechtsvernichtenden Einwendungen kann man noch rechtshemmende[4]) (Einreden) unterscheiden. **Rechtshemmende Einwendungen sind Verteidigungsmittel, die den entstandenen Anspruch unberührt lassen, dessen Geltendmachung (Durchsetzung) aber zeitweilig („dilatorische" Einreden) oder dauernd („peremtorische" Einreden) hindern.** Sie werden nicht von Amts wegen, sondern nur auf Verlangen der Partei beachtet.

Als Beispiele kommen vor allem in Betracht (a–d: dilatorisch, e: peremtorisch):

a) Einrede des nichterfüllten Vertrages (§ 1052 Satz 1)
b) Unsicherheitseinrede bei Vorleistungspflicht (§ 1052 Satz 2)
c) Einrede des Zurückbehaltungsrechts (§ 471)
d) Stundung
e) Verjährung (§ 1452)

Auch hier ist deutlich erkennbar, dass sich die angeführten Einreden nicht nur auf vertragliche Ansprüche beziehen können, zumindest die zu c)–e) genannten (vgl etwa § 1489 für Schadenersatzansprüche). Die zu a) und c) genannten Einreden haben gemeinsam, dass sie den Anspruch nur insoweit hemmen, als er von der Erfüllung einer Gegenforderung abhängig gemacht wird. Im Prozess erfolgt, wenn sowohl die Klagsforderung als auch die Einrede zu Recht bestehen, eine Verurteilung des Beklagten zur Leistung Zug um Zug gegen Erbringung der Gegenleistung. Im Fassadenfall könnten solche Einreden in den Varianten 1, 2 und 4 eine Rolle spielen.

Um es noch komplizierter zu machen: Auch den Einwendungen können wieder Gegeneinwendungen entgegengehalten werden usw. Wie ein Anspruch kann auch eine Einwendung entweder von vornherein unbegründet oder nachträglich wieder weggefallen sein. Wie zB auf einen Anspruch verzichtet werden, ein Anspruch verjährt sein kann, kann zB auch auf eine Einrede verzichtet werden bzw diese verfristet sein. Wie wir in Variante 5 sehen werden, entfällt die Einwendung der Erfüllung, wenn der Anspruch nachträglich vom Beklagten (konstitutiv) anerkannt ist.

Auf eine Gliederung wird für das folgende Gutachten zum Fassadenfall verzichtet, weil sie sich aus den Varianten im Wesentlichen von selbst ergibt. Die prozessualen Vorfragen werden für alle Varianten gemeinsam vorweg

---

[4]) Die Bezeichnung dieser rechtshemmenden Einwendungen als „Einrede" im Gegensatz zu „Einwendungen" ist im österreichischen Rechtsbereich nicht geläufig, im deutschen hingegen sehr verbreitet, wobei freilich noch zwischen materiell-rechtlicher und prozessualer Bedeutung der Termini unterschieden wird; vgl *Medicus*, Bürgerliches Recht[20], Rdnr 731 ff.

geprüft. Da die Anspruchsgrundlage (Werkvertrag, §§ 1151, 1170) in allen Varianten gleichbleibt, werden im Gutachten in den Varianten 2–5 nur mehr die jeweiligen Einwendungen erörtert.

II. Gutachten

1. Zulässigkeit der Klage

Fraglich ist, ob das BG bzw LG Wels für die Entscheidung über die vom Baumeister erhobene(n) Klage(n) zuständig ist. Da aus dem Sachverhalt keine Hinweise auf eine besondere Eigenzuständigkeit ersichtlich sind, ist für die sachliche Zuständigkeit gemäß § 49 Abs 1 JN der Streitwert entscheidend. Da der Streitgegenstand jeweils in einem Geldbetrag besteht, ist dieser für den Streitwert maßgeblich (§ 49 Abs 1 JN). In den Varianten 1 (Euro 2.000,–), 2 (Euro 7.000,–) und 3 (Euro 10.000,–) ist die Wertzuständigkeit des BG (Euro 10.000,– im Zeitpunkt der Klagserhebung) nicht überschritten und dieses damit auch sachlich zuständig. In den Varianten 4 und 5 übersteigt die eingeklagte Summe die bezirksgerichtliche Streitwertgrenze. Das in diesen Fällen angerufene LG ist daher ebenfalls sachlich zuständig. Weiters ist die örtliche Zuständigkeit zu prüfen. Mangels Hinweises auf einen besonderen Gerichtsstand ist gemäß § 65 JN der allgemeine Gerichtsstand des Beklagten entscheidend. Da dieser bei natürlichen Personen durch den Wohnsitz bestimmt wird und der Beklagte in Wels wohnhaft ist, ist das BG bzw LG Wels auch örtlich zuständig.

2. Begründetheit der Klage

Variante 1

Der Anspruch des klagenden Baumeisters (Kl) gegen den beklagten Hauseigentümer (Bekl) auf Zahlung von Euro 2.000,– könnte sich aus §§ 1151, 1170 ergeben. Das setzt das Zustandekommen eines Werkvertrages zwischen Kl und Bekl voraus.

Dass bezüglich der Werkleistung (Fassadenerneuerung) eine Vereinbarung vorliegt, ist nach dem Sachverhalt unzweifelhaft. Der erste Einwand des Bekl, es sei nichts schriftlich vereinbart, geht von der Behauptung aus, Werkverträge bedürften der Schriftform. Auf Grund des Prinzips der Formfreiheit der Verträge (§ 883) sind aber auch mündliche Vereinbarungen verbindlich, sofern nicht gesetzlich eine bestimmte Form vorgeschrieben ist. Eine gesetzliche Formpflicht für Werkverträge besteht nicht[1]). Diese Einwendung gegen die behauptete Zahlungspflicht ist daher unbegründet.

---

[1]) Das Bauträgervertragsgesetz (BTVG), aus dem sich ein Schriftformgebot ergeben würde (§ 3 Abs 1 BTVG), ist auf den vorliegenden Fall ersichtlich nicht anwendbar (vgl die Definition des Bauträgervertrags in § 2 Abs 1 und die Mindestzahlungspflichten in § 1 Abs 1 BTVG).

Fraglich ist weiters die Bestimmtheit des Vertrages (§ 869), da nach dem Sachverhalt nicht über den Werklohn gesprochen wurde. Darauf zielt auch der zweite Einwand des Bekl. Es könnte daher an einem „essentiale negotii“, also einer notwendigen Mindestvoraussetzung für einen gültigen Werkvertrag fehlen. Aus § 1152, wonach mangels Vereinbarung eines Entgelts und mangels vereinbarter Unentgeltlichkeit ein angemessenes Entgelt als bedungen gilt, ist jedoch abzuleiten, dass die Vereinbarung eines Werklohnes keinen notwendigen Bestandteil des Werkvertrages darstellt. Zu demselben Ergebnis führt § 354 Abs 1 UGB, wonach bei unternehmensbezogenen Geschäften, wenn nicht Unentgeltlichkeit vereinbart ist, regelmäßig ein angemessenes Entgelt als bedungen gilt. Die Unternehmereigenschaft des Baumeisters wird sich nicht bestreiten lassen (§ 1 UGB); er handelt überdies im Betrieb seines Unternehmens (§ 343 Abs 2 UGB). Der Wirksamkeit des Vertrages steht daher die mangelnde Werklohnbestimmung nicht entgegen.

Der dritte Einwand stützt sich auf das Ausbleiben des erhofften Sanierungskredites. Zu prüfen ist, ob sich der Bekl deswegen vom Vertrag lösen kann. Es wäre zunächst an das gesetzliche Rücktrittsrecht in § 3a KSchG zu denken. Nach dieser Bestimmung kann der Verbraucher vom Vertrag zurücktreten, wenn maßgebliche Umstände, wie etwa die Aussicht auf einen Kredit, vom Unternehmer als wahrscheinlich dargestellt werden, in Folge aber nicht oder nur in erheblich geringerem Ausmaß eintreten. Aus dem Sachverhalt lässt sich nicht entnehmen, dass der klagende Baumeister die Erteilung des Althaussanierungskredits als wahrscheinlich dargestellt hat. Dem Hauseigentümer steht somit, auch wenn er Verbraucher ist, kein entsprechendes Rücktrittsrecht zu.

Als Nächstes ist eine Anfechtung wegen Irrtums gemäß § 871 zu erwägen. Der Bekl ging im Zeitpunkt des Vertragsabschlusses auf Grund der bestehenden Gesetzeslage davon aus, er werde für die Finanzierung der Fassadenerneuerung einen Althaussanierungskredit bekommen. Wegen der Gesetzesänderung erwies sich diese Erwartung als falsch. Der Bekl irrte daher. Nach dem Sachverhalt ist anzunehmen, dass der Bekl ohne diesen Irrtum den Werkvertrag nicht geschlossen hätte; sein Irrtum war also vertragskausal. Ob er auch iSd § 871 beachtlich, also kein bloßer Motivirrtum ist, erscheint aber fraglich. Entscheidend ist dafür, ob die Erlangung eines Althaussanierungskredites durch den Bekl Vertragsinhalt geworden ist. Da zwischen dem Kl und dem Bekl nach dem Sachverhalt über den Kredit überhaupt nicht gesprochen wurde, muss das verneint werden. Der Bekl ist daher einem prinzipiell unbeachtlichen Motivirrtum unterlegen. Eine Anfechtung des Werkvertrages gemäß § 871 scheidet somit aus. Auch eine den Kredit betreffende Bedingung iSd § 901 ist offensichtlich nicht vereinbart worden.

Fraglich ist allerdings, ob sich der Bekl wegen seiner fehlgeschlagenen Erwartung auf Wegfall der Geschäftsgrundlage berufen kann. Auch dadurch könnte der Werkvertrag aufgelöst werden. Die Bedeutung des Fehlens oder Wegfalls der Geschäftsgrundlage ist im ABGB nicht ausdrücklich geregelt. In Rechtsanalogie zu den §§ 936, 1052, 1170a, 947ff wird von der hA eine Auflösung des Vertrages zugelassen, wenn sich der Irrtum auf ein typisches Motiv bezieht, die Entwicklung unvorhersehbar war und nicht der eigenen Sphäre des Irrenden entstammt[2]).

Ob die Erwartung eines Althaussanierungskredites als typisches Motiv für den Abschluss eines Werkvertrages über eine Fassadenerneuerung zu werten ist, erscheint bereits äußerst fraglich. Dagegen spricht, dass Werkvertragspartner vom Vorliegen dieses Umstands nicht stets mit Selbstverständlichkeit ausgehen. Der konkrete Werkvertrag baute gerade nicht offensichtlich auf der entsprechenden Gesetzeslage auf, was von der Rspr in ähnlichen Fällen vorausgesetzt wird[3]). Zweifellos aber trifft der maßgebliche Umstand allein die Sphäre des Bekl, sodass jedenfalls deshalb eine Berufung auf den Wegfall der Geschäftsgrundlage abzulehnen ist. Der Bekl hat somit kein Recht, den Werkvertrag aufzulösen.

Zu prüfen bleibt daher noch der letzte Einwand des Bekl, dass nämlich der Kl noch keinerlei Leistung erbracht hat. Er kann auf zweierlei Rechtsfolgen abzielen. Zum Ersten könnte der Bekl damit überhaupt vom Vertrag abstehen wollen. Gemäß § 1168 hätte der Kl dann zwar weiterhin Anspruch auf Entgelt, müsste sich aber Ersparnisse und sonstigen Verdienst anrechnen lassen[4]). Ein solches Recht des Werkbestellers, das Werk abzubestellen, besteht aber nur mangels gegenteiliger Vereinbarung. Die Zusage des Bestellers, der Unternehmer könne sich „auf die Sache verlassen“, wird man als Ausschluss dieses Rechts ansehen müssen.

Zum Zweiten könnte der Einwand des Bekl nur auf einen Aufschub seiner Leistungspflicht zielen. Im Allgemeinen sind in Analogie zu § 1052 bei allen synallagmatischen Verträgen die Leistungen Zug um Zug zu erbringen (vgl auch § 1334 Satz 2). Gemäß § 1170 ist – davon abweichend – der Werkunternehmer

---

[2]) Diese von *Pisko* in *Klang*[1] II/2, 348ff entwickelte Geschäftsgrundlagelehre ist von der Rspr weitgehend übernommen worden, ohne dass diese sich stets an die genannten Voraussetzungen hält; vgl die Darstellung bei *Rummel* in *Rummel*[3], § 901 Rz 5f; *Apathy* in *Schwimann*[3], § 901 Rz 6ff; *Pletzer* in *Kletečka/Schauer,* ABGB-ON § 901 Rz 15ff; zur Lehre *Piskos* auch *Riedler,* ZR I, AT[5], Rz 25/3.

[3]) Vgl OGH SZ 43/63 = EvBl 1971/2 = JBl 1970, 420 (Gesetzesänderung im Wohnbauförderungsrecht); SZ 45/92; SZ 54/4 = JBl 1982, 431 = EvBl 1982/38; RdW 1990, 249.

[4]) Aus der Formulierung des § 1168 wird geschlossen, dass der Werkbesteller jederzeit die weitere Erbringung des Werkes ablehnen könne; vgl *Adler/Höller* in *Klang*[2] V 382f und 402; dort auch zur im Gutachtentext vorgetragenen Einschränkung; *Rebhahn* in *Schwimann*[3], § 1165 Rz 66f und § 1168 Rz 31; *Krejci* in *Rummel*[3], § 1168 Rz 11; *Kletečka* in *Kletečka/Schauer,* ABGB-ON § 1168 Rz 17.

idR sogar zur Vorleistung verpflichtet[5]). Da der Kl das Werk noch nicht „vollendet" hat, könnte dem Bekl daher die Einrede des nichterfüllten Vertrages zustehen. Dafür, dass die dispositive Norm des § 1170 abbedungen worden wäre, finden sich im Sachverhalt keine Hinweise.

Der Kl könnte sich allenfalls auf die in § 1170 normierte Einschränkung der Vorleistungspflicht für den Fall berufen, dass das Werk mit Auslagen verbunden ist, die er nicht auf sich genommen hat. Das können nur unvorhersehbare oder eigens durch Vereinbarung dem Besteller auferlegte Auslagen sein; die üblichen Materialbeschaffungen sind bei dem zu begutachtenden Vertragstyp nach der Verkehrsauffassung (§ 914) vom Unternehmer zu bevorschussen; er hat sie „auf sich genommen" (§ 1170). Da ein Auslagenvorschuss zwischen Kl und Bekl auch nicht vereinbart worden ist, steht dem Anspruch des Kl die Einrede des nichterfüllten Vertrages entgegen.

Variante 2

Auch in diesem Fall könnte der Bekl die Einrede des nichterfüllten Vertrages erheben, weil der Kl den Sockel noch nicht restauriert und somit das Werk noch nicht vollendet hat. Andererseits begehrt der Kl nur das entsprechende Entgelt für das bereits Geleistete, sodass Fälligkeit gegeben sein könnte, soweit das Werk „in Abteilungen" verrichtet wird (§ 1170 Satz 2). Ob der Kl mit diesem Gegeneinwand durchdringt, hängt davon ab, ob – mangels besonderer Vereinbarung – nach der Verkehrsauffassung die Erneuerung der Fassade ohne Sockel den Charakter einer selbstständigen Leistung hat[6]). Dafür spricht, dass die beiden Leistungen faktisch durchaus trennbar sind. Dagegen spricht aber, dass ein Hauseigentümer idR an einer bloß teilweisen Erneuerung der Fassade kein Interesse haben wird. Da bei Werkleistungen anders als bei manchen sonstigen Verträgen der Besteller zur Vollendung des Werkes idR weniger leicht auf andere Unternehmer zurückgreifen kann, wird ihm durch das Zurückbehaltungsrecht des § 1170 Satz 1 ein zusätzliches Druckmittel eingeräumt, den Werkunternehmer auch faktisch zur Vollendung des Werkes zu zwingen. Dieser Zweck der Vorleistungspflicht wird auch hier zutreffen. Die bloße Erneuerung des Sockels ist wirtschaftlich für andere Unternehmer kaum von großem Interesse, die Selbstständigkeit der vom Kl bisher erbrachten Leistung daher zu verneinen. Mangels Fälligkeit ist der Anspruch des Kl somit als unbegründet abzuweisen.

---

[5]) Vgl aber § 1170 b zum – hier für die Falllösung nicht relevanten – Recht des Bauwerkunternehmers auf Bestellung einer Sicherheit für seinen Werklohnanspruch.

[6]) Zu dieser Frage vgl *Adler/Höller* in *Klang*[2] V 418 f; *Krejci* in *Rummel*[3], § 1170 Rz 9; *Rebhahn* in *Schwimann*[3], § 1170 Rz 11; *Kletečka* in *Kletečka/Schauer*, ABGB-ON § 1170 Rz 14.

Variante 3

a) Dem Anspruch des Kl auf Zahlung des Restbetrages von Euro 10.000,– könnte der Bekl trotz Fälligkeit nach Vollendung des Werks Gewährleistung gemäß § 1167 iVm §§ 922 ff ABGB wegen der aufgetretenen Mängel entgegenhalten. Da der Kl nur die Restzahlung verweigert, könnte man sein Begehren als auf Minderung gerichtet zu qualifizieren haben. Dass das Abblättern der Farbe kurz nach der Fertigstellung einen Mangel darstellt, kann wohl nicht bezweifelt werden. Der Mangel war überdies im Zeitpunkt der Übergabe bereits der Anlage nach vorhanden[7]), weil die Dienstnehmer des Kl mit dem Härtezusatz „gespart" haben. Da dieser Umstand auf Grund des Sachverhalts feststeht, muss auf die Vermutung des § 924 Satz 2 gar nicht zurückgegriffen werden. Das Recht auf Minderung des Preises gehört jedoch zu den sekundären Gewährleistungsbehelfen. Es steht dem Übernehmer nur dann zu, wenn die primären Rechtsbehelfe versagen. Die primären Rechtsbehelfe sind Verbesserung oder Austausch der Sache. Im konkreten Fall könnte der Mangel durch eine sachgerechte Neuherstellung der betroffenen Stellen wohl verbessert werden. Ein „Umstieg" auf die sekundären Rechtsbehelfe – Minderung oder Wandlung – kommt nur nach Maßgabe des § 932 Abs 4 in Betracht. Durch den Vorrang von Verbesserung und Austausch soll der Übergeber (also der gewährleistungspflichtige Teil) eine „zweite Chance" erhalten, durch die Beseitigung des Mangels doch noch einen vertragskonformen Zustand herbeizuführen (Recht auf zweite Andienung). Damit wird auch einer ökonomischen Zielsetzung entsprochen, weil der ursprüngliche Vertragspartner die Mängelbehebung häufig kostengünstiger herbeiführen kann als ein Dritter.

Ein Recht auf Minderung des Werklohns stünde dem Bekl im vorliegenden Fall nur zu, wenn eine der Voraussetzungen des § 932 Abs 4 erfüllt wäre. Unter den dort genannten Gründen könnte allenfalls der unverhältnismäßige Aufwand (der Mängelbehebung) in Betracht kommen. Dagegen spricht aber, dass laut Sachverhalt nur einige Stellen der Fassade von dem Mangel betroffen sind, so dass der Aufwand zur Verbesserung nicht unverhältnismäßig groß sein dürfte[8]). Hinzu kommt ein grundsätzlicher Einwand: Wenn eine Mängelbehebung mit unverhältnismäßigem Aufwand nicht geleistet werden muss, dann sollen die Interessen des Übergebers geschützt werden. Ein Umsteigen auf die sekundären Rechtsbehelfe ist dann aber nur möglich, wenn der Übergeber den unverhältnismäßigen Aufwand eingewendet hat. Keinesfalls soll der Übernehmer aber berechtigt sein, Preisminderung oder Wandlung geltend zu machen und das Recht des Übergebers auf eine zweite Andienung zu unterlaufen, wenn dieser trotz des unverhältnismäßigen Aufwands zur Mängelbehebung bereit

---

[7]) Vgl dazu *Dullinger,* BR II, SchRAT[4], Rz 3/82.

[8]) Zum unverhältnismäßigen Aufwand *Dullinger,* BR II, SchRAT[4], Rz 3/91; *Ofner* in *Schwimann*[3], § 932 Rz 48 f; *Zöchling-Jud* in *Kletečka/Schauer,* ABGB-ON § 932 Rz 46 ff.

ist[9]). Da der Baumeister im konkreten Fall die Unverhältnismäßig des Aufwands gar nicht eingewendet hat, kommt ein Recht des Hauseigentümers auf Minderung des Preises bereits aus diesem Grund nicht in Betracht.

b) Man könnte ferner daran denken, dass der Beklagte wegen der mangelhaften Errichtung des Werks einen Anspruch auf Schadenersatz hat, den er der Werklohnforderung des Klägers im Wege der Aufrechnung (§§ 1438 ff) entgegensetzen könnte. Richtig ist, dass die Mangelhaftigkeit der Leistung einen Schaden darstellen kann[10]), für den dem Übernehmer bei Verschulden des Übergebers Schadenersatz zusteht (§ 933 a). Eine objektive Sorgfaltswidrigkeit der bei der Werkerrichtung eingesetzten Dienstnehmer, deren Verhalten dem Bauunternehmer zurechenbar ist (§ 1313 a), dürfte sich wegen der „sparsamen" Arbeitsweise nicht in Zweifel ziehen lassen. Zu beachten ist freilich, dass die im Gewährleistungsrecht vorgesehene Unterscheidung in primäre und sekundäre Rechtsbehelfe auf den Ersatz des Mangelschadens übertragen wird. Denn auch aus dem Titel des Schadenersatzes kann der Geschädigte zunächst nur Verbesserung oder Austausch verlangen. Geldersatz steht ihm erst unter den gleichen Voraussetzungen zu, unter denen er auch im Gewährleistungsrecht die sekundären Rechtsbehelfe geltend machen könnte (§ 933 a Abs 2). Da der Hauseigentümer derzeit gewährleistungsrechtlich nur Verbesserung verlangen kann, ist er auch schadenersatzrechtlich hierauf beschränkt. Eine Aufrechnung der auf Geld gerichteten Werklohnforderung mit einem auf Verbesserung gerichteten Schadenersatzanspruch scheitert aber bereits an der mangelnden Gleichartigkeit der Ansprüche[11]).

c) Begehrt der Bekl Verbesserung, so kann ihm die Einrede des nicht (gehörig) erfüllten Vertrags zustehen (§ 1052)[12]). Fraglich ist aber, ob der Beklagte aus diesem Grund das gesamte ausstehende Entgelt in der Höhe von Euro 10.000 zurückbehalten kann oder ob ihm nur ein Zurückbehaltungsrecht im Ausmaß von Euro 3.000 zu gewähren ist. Für die Einschränkung des Zurrückbehaltungsrechts könnte sprechen, dass der Mangel zu diesem Preis auch

---

[9]) *W. Faber*, Handbuch zum neuen Gewährleistungsrecht (2001) 118, 122; vgl auch *Welser/B. Jud*, Die neue Gewährleistung (2001) § 932 Rz 17.

[10]) Vgl *Dullinger*, BR II, SchRAT⁴, Rz 3/154; *Riedler*, ZR II, SchRAT⁴, Rz 7/72 ff.

[11]) Zur Gleichartigkeit *Riedler*, ZR II, SchRAT⁴, Rz 12/10; *Dullinger*, BR II, SchRAT⁴, Rz 4/26.

[12]) *Dullinger*, BR II, SchRAT⁴, Rz 3/9; *Binder* in *Schwimann*³, § 1052 Rz 28 f; aA *Karollus/Lukas*, Das sogenannte Zurückbehaltungsrecht des Werkbestellers, JBl 2001, 677, 766 (678 ff), nach deren Ansicht bei Mangelhaftigkeit des Werks mangels „Vollendung" die Fälligkeit der Werklohnforderung nicht eintritt; dogmatisch unklar die Rspr, die dem Werkbesteller zwar ein Leistungsverweigerungsrecht einräumt, aber bezüglich der Rechtsgrundlage klare Aussagen vermeidet (zB OGH wbl 1987, 37; JBl 1990, 248 mit Anm *Rebhahn*) oder sowohl die Einrede des nicht gehörig erfüllten Vertrags als auch die mangelnde Fälligkeit ins Treffen führt (so zB OGH RdW 1997, 449; RdW 1999, 134).

von einem Dritten behoben werden kann. Daraus könnte man schließen, dass der Zurückbehaltungsberechtigte nur ein hierauf beschränktes Retentionsinteresse hat. Dennoch räumt die hM dem Gewährleistungsberechtigten ein Leistungsverweigerungsrecht in der vollen Höhe seiner noch ausstehenden Zahlungspflicht und nicht etwa nur in der dem Mangel entsprechenden Teil ein[13]). Dadurch soll auf den Übergeber Druck ausgeübt werden, die Verbesserung vorzunehmen, und zugleich dem Gewährleistungsberechtigten erspart werden, den Mangel durch einen Dritten beheben zu lassen. Dass diese Ansicht dem Willen des Gesetzgebers entspricht, hat sich in neuerer Zeit anlässlich der Reform des Handelsrechts[14]) gezeigt: Im Zuge des Gesetzgebungsverfahrens war eine im Verhältnis zu den Verbesserungskosten stehende Beschränkung des Zurückbehaltungsrechts erwogen worden; sie wurde aber nicht in das Gesetz aufgenommen[15]).

Der Bekl kann deshalb, wenn er Verbesserung begehrt, dem Zahlungsbegehren des Kl die Einrede des § 1052 entgegensetzen. Die Erhebung dieser Einrede würde freilich nicht zur Abweisung der Klage, sondern zu seiner Verurteilung zur Leistung Zug um Zug mit der Gegenleistung führen[16]).

Variante 4

a) Dem Anspruch des Kl auf Zahlung des Werklohnes könnte der Bekl bei Klagserhebung im Februar 2012 entgegenhalten, dass der Kl den Betrag gestundet habe. Der Kl hat dem Ersuchen des Bekl zugestimmt; am Zustandekommen einer Stundungsvereinbarung ist nicht zu zweifeln. Da der Baumeister noch während der Stundungsfrist klagt, ist der Anspruch als derzeit unbegründet abzuweisen, wenn der Bekl die Einrede der Stundung erhebt.

b) Nach Ablauf der Stundungsfrist kann der Bekl diesen Einwand Ende Juni 2012 nicht mehr erheben. Fraglich ist jedoch, ob er die Verjährungseinrede geltend machen kann. Gemäß § 1486 Z 1 verjähren Forderungen für Ausführung von Arbeiten in einem gewerblichen, kaufmännischen oder sonstigen geschäftlichen Betrieb in 3 Jahren.

Da am 16. 6. 2009 die Frist zu laufen begonnen hat, wäre der Werklohnanspruch des Kl Ende Juni 2012 bereits verjährt, weil die dreijährige Frist am 15. 6. 2012 abgelaufen ist. Fraglich ist allerdings, ob der Fristenlauf durch das Stundungsgesuch des Bekl unterbrochen worden ist. In dem Stundungsgesuch

---

13) *Apathy/Riedler*, BR III, SchRBT[4] Rz 3/10; *Koziol/Welser* (Bearb *Welser*) II[13] 41; *Aicher* in *Rummel*[3], § 1052 Rz 1; *Verschraegen* in *Kletečka/Schauer*, ABGB-ON § 1052 Rz 26; OGH JBl 1990, 248 mit Anm *Rebhahn;* RdW 1999, 134.

14) Handelsrechts-Änderungsgesetz (HaRÄG, BGBl I 2005/120).

15) *Schauer* in *Krejci*, Reformkommentar UGB – ABGB (2007) § 1170 b ABGB Rz 13.

16) Dazu allgemein *Aicher* in *Rummel*[3], § 1052 Rz 15 ff; *Binder* in *Schwimann*[3], § 1052 Rz 80 f; aA – wegen ihrer abweichenden dogmatischen Prämisse (oben FN 12) – *Karollus/Lukas*, JBl 2001, 680 f.

könnte nämlich ein konkludentes Anerkenntnis des Bekl zu sehen sein, das nach § 1497 die Verjährung unterbricht. Aus einem Stundungsangebot darf der Gläubiger zumindest auf ein deklaratives Anerkenntnis, also die Wissenserklärung, dass die Schuld bestehe, schließen. Ein solches reicht als Unterbrechungsgrund iSd § 1497 aus[17]). Da mit dem Anerkenntnis die dreijährige Verjährungsfrist wieder neu zu laufen begonnen hat, ist die Verjährungseinrede des Bekl unbegründet (durch Gegeneinwand entkräftet), dem vom Kl geltend gemachten Anspruch daher stattzugeben.

Variante 5

Durch den Nachweis der Zahlung mit Hilfe der Quittung könnte der Bekl dem Anspruch des Kl die Einwendung der Erfüllung entgegenhalten. Entscheidend ist allerdings, ob der Bekl die Schuld anlässlich der Stundungsbitte bloß deklarativ oder konstitutiv anerkannt hat, was oben (bei der Frage der Unterbrechung der Verjährung) offen bleiben konnte. Beim deklarativen Anerkenntnis handelt es sich um die bloße Wissenserklärung, dass die Schuld bestehe. Stellt sie sich im Beweisverfahren als falsch heraus, so ist sie ohne Wirkung. Ein konstitutives Anerkenntnis wäre hingegen die Willenserklärung, ohne Rücksicht auf die bestehenden Zweifel über die Schuld jedenfalls zahlen zu wollen[18]). Es würde einen neuen Verpflichtungsgrund schaffen, der nur mehr durch eine – noch dazu gegenüber den allgemeinen Regeln erschwerte – Anfechtung wegen Irrtums beseitigt werden könnte. Ob ein deklaratives oder konstitutives Anerkenntnis vorliegt, ist Frage des Einzelfalles. Mangels eindeutiger Erklärungen des Anerkennenden darf der Gläubiger auf ein konstitutives konkludentes Anerkenntnis allenfalls dann gemäß § 863 vertrauen, wenn das Recht oder Rechtsverhältnis umstritten war. Sonst besteht nämlich idR keinerlei Grund anzunehmen, dass der Schuldner eine neue, vom Bestand der Altschuld unabhängige Verbindlichkeit einzugehen bereit war[19]). Eine solche Bereitschaft des Bekl ist auf Grund des Sachverhalts nicht anzunehmen. Der Bekl kann daher sein deklaratives Anerkenntnis durch den Erfüllungsnachweis beseitigen. Der Anspruch des Klägers ist somit bereits erloschen.

---

[17]) Vgl *Riedler,* ZR I, AT[5], Rz 32/30; *P. Bydlinski,* BR I, AT[5], Rz 3/40; *M. Bydlinski* in *Rummel*[3], § 1497 Rz 2; *Mader/Janisch* in *Schwimann*[3], § 1497 Rz 2; vgl auch *R. Madl* in *Kletečka/Schauer,* ABGB-ON § 1497 Rz 11 f.

[18]) Zur Unterscheidung von deklarativem und konstitutivem Anerkenntnis *Riedler,* ZR II, SchRAT[4], Rz 19/6; *Dullinger,* BR II, SchRAT[4], Rz 5/14 f.

[19]) Vgl *Ertl* in *Rummel*[3], § 1380 Rz 7; *Heidinger* in *Schwimann*[3], § 1375 Rz 14 mN.

5. Fall

Der verkaufte Stier (Hausarbeit)

Sachverhalt

Der Landwirt Leopold und sein Nachbar und Berufskollege Bruno verhandeln über den Verkauf eines Stiers des Leopold. Nach verschiedenen Vorschlägen und Gegenäußerungen einigen sich die beiden schließlich, der Preis solle „$2^1/_2$" betragen. Bruno verspricht, zwei Tage später mit dem Kaufpreis vorbeizukommen. Er nimmt den Stier sofort mit und bringt ihn zum Fleischhauer Fritz, dem er ihn um Euro 2.300,– bar verkauft und übergibt. Als Bruno mit dem Kaufpreis wieder bei Leopold erscheint, stellt sich heraus, dass Leopold Euro 2.500,– verlangt, während Bruno nur bereit ist, Euro 2.125,–, nämlich Euro 2,50 pro Kilogramm Lebendgewicht des Stiers (850 kg) zu zahlen. Beide berufen sich auf die getroffene Abrede.

In der betreffenden Gegend ist beim Viehkauf sowohl die Vereinbarung eines Pauschal- wie eines Preises pro Kilogramm Lebendgewicht üblich. Der Verkehrswert des Stiers liegt bei etwa Euro 2.250,–.

Wie ist die Rechtslage?

Erforderliche Kenntnisse: Wie bei Fall 1–3; zusätzlich: culpa in contrahendo; Eigentumserwerb; Grundzüge des Bereicherungsrechts; dazu zB *Koziol/Welser* (Bearb *Kletečka*) I[13] 309 ff und (Bearb *Welser*) II[13] 16 ff, 272 ff; *P. Bydlinski,* BR I, AT[5], Rz 6/35 ff; *Dullinger,* BR II, Schuldrecht AT[4], Rz 1/25 ff; *Apathy/Riedler,* BR III, Schuldrecht BT[4], Rz 15/1 ff; *Iro,* BR IV, Sachenrecht[4], Rz 6/36 ff.

Ziel: Erwerb eines Überblicks über häufige Anspruchsgrundlagen (Anspruchsschema); *Schwerpunkt:* Reihenfolge der Prüfung von Anspruchsnormen.

I. Vorüberlegungen

1. Zu den Besonderheiten einer Hausarbeit

Dieser Fall weist den Schwierigkeitsgrad einer Hausarbeit auf; seine Lösung soll zugleich ein Muster für deren Anfertigung darstellen. Im Gegensatz zur Klausur, bei der idR nur der Gesetzestext zur Verfügung steht, hat der Verfasser einer Hausarbeit **auch die einschlägige Fachliteratur und Rspr** heranzuziehen und in sein Gutachten einzuarbeiten. Das erleichtert einerseits die Falllösung, erschwert sie aber andererseits. Die Erleichterung liegt darin, dass Sie nicht nur auf Ihr Wissen angewiesen sind, sondern auch „nachschauen" können. Hausarbeiten sind meist auf Rechtsprobleme zugeschnitten, für die bereits in Lehre und Rspr Lösungen angeboten werden. Erschwert wird die Falllösung aber dadurch, dass die Rechtsprobleme idR schwieriger und umstritten sind, also in der Literatur verschiedene Meinungen zu einer Rechtsfrage vertreten werden. Für den Gutachter bringt das drei Aufgaben mit sich: 1. Erkennen der Fallprobleme; 2. Möglichst vollständiges Auffinden der einschlägigen Literatur und Judikatur; 3. Entscheidung für eine der vertretenen Lösungen mit entsprechender Begründung.

Die erste Aufgabe ist von den früheren Fällen her bekannt; mit einer Kombination von Wissen und „Technik" ist sie auch bei Hausarbeiten zu bewältigen. Fleiß und Ausdauer braucht man, um die zweite Hürde, nämlich das Finden des „Materials", zu überwinden. Hinweise zumindest für den Einstieg sind hier aber möglich. Gleiches gilt für die Verwertung des gefundenen Materials. Im Anhang II wird die übliche Zitierweise dargestellt. Die dritte Aufgabe, Entscheidung eines umstrittenen Rechtsproblems, macht einen guten Teil der eigentlichen Kunst des Juristen aus. Abgesehen von formalen Fragen (Darstellung des Streitstandes; Wiedergabe der fremden Argumente) kann sie nicht durch abstrakte Anweisungen, sondern nur durch Anschauung und Übung erlernt werden. Je mehr Zeit Sie also während Ihres Studiums auf die Lektüre von Entscheidungen, Aufsätzen, auch des „Kleingedruckten" in den gängigen Lehrbüchern verwenden (und nicht nur auf Skripten oder sonstige bloße Vermittler im Wesentlichen unstreitigen Minimalwissens), desto eher werden Sie ein Gespür für überzeugende Argumente gewinnen. Der 6. und zT auch der 7. Fall dieser Sammlung werden im Übrigen diese Aufgabe nochmals schwerpunktmäßig behandeln.

2. Zur Frage

Gefragt ist wieder nach der Rechtslage, somit nach allen nach dem Sachverhalt möglichen Ansprüchen zwischen den Beteiligten.

Nach Aufspaltung des Sachverhalts in Zweipersonenverhältnisse ist – wie schon früher im DVD-Player-Fall (3. Fall) – die konkrete Interessenlage zu ermitteln, um das „was" der tatsächlichen Begehren feststellen zu können.

Versetzt man sich in die Rolle des L, so ist im Verhältnis zu B bereits nach dem Sachverhalt nahe liegend, dass L primär Zahlung von Euro 2.500,– fordern wird. In zweiter Linie wäre für L wohl die Herausgabe des Stiers von Interesse. Sollte das nicht möglich sein (weil B den Stier nicht mehr hat), könnte L zumindest einen geringeren Betrag als Euro 2.500,– von B verlangen wollen. In Frage kommen Euro 2.300,– (Erlös aus Verkauf an F), Euro 2.250,– (Verkehrswert des Stiers) und schließlich ein Betrag von Euro 2.125,–, den aber B ohnehin zu zahlen bereit ist.

Im Verhältnis zu F könnte L den Stier herausverlangen wollen, wenn er nicht Euro 2.500,– von B bekommen kann. Schon weil L nach dem Sachverhalt den Stier nur um Euro 2.500,– verkaufen wollte (subjektiver Wert), aber auch weil eine Herausgabe des Stiers eine Reihe anderer Ansprüche von vornherein ausschließen würde, wird das Herausgabebegehren gegenüber jeder Geldforderung, die unter Euro 2.500,– liegt, vorrangig zu prüfen sein. Damit ergibt sich für L folgende „Rangordnung“ seiner Begehren, die sich im Aufbau des Gutachtens niederschlägt:

1. Euro 2.500,– von B
2. Herausgabe des Stiers von B bzw F
3. allenfalls niedrigerer Betrag von B

Im Sachverhalt liegen keine Anhaltspunkte dafür vor, dass L von F etwas anderes als die Herausgabe des Stiers verlangen könnte (etwa weil dieser schon geschlachtet wäre: keine eigenmächtigen Sachverhaltsergänzungen!). Auch Gegenansprüche des F sind nicht erkennbar (zum an B gezahlten Kaufpreis vgl § 333; für Aufwandersatz, etwa wegen Fütterung, fehlen jegliche Sachverhaltsangaben).

Da B dem L den Kaufpreis noch nicht bezahlt hat, ist auch ein Rückforderungsanspruch des B gegen L nicht zu prüfen.

Nur wenn B an L für den Stier Euro 2.500,– zahlen müsste, könnte B an eine Rückforderung des Stiers von F denken, um den sonst erlittenen Verlust von Euro 200,– (zB durch einen günstigeren Verkauf an eine andere Person) zu vermeiden. F würde dann natürlich von B Euro 2.300,– zurückfordern; das übrigens auch, wenn F dem L den Stier herausgeben muss. Für darüber hinausgehende Ansprüche (zB zusätzlicher Schaden des F aus Fütterungskosten oä) fehlen neuerlich Hinweise im Sachverhalt.

3. Finden der Anspruchsnormen

Um gesetzliche Grundlagen für die genannten möglichen Ansprüche der Beteiligten auffinden zu können, braucht man bereits einen **Überblick über mögliche Anspruchsgrundlagen** im Allgemeinen. Eine Orientierungshilfe soll das anschließend dargestellte – vom fünften Fall im Prinzip unabhängige und keineswegs erschöpfende – Anspruchsschema bieten. Die meisten der genannten Anspruchsgrundlagen werden in Anfängerübungen noch nicht oder doch nicht im Detail behandelt werden. Jedenfalls die fett gedruckte Grobeinteilung sollte man aber auch als Anfänger schon vor Augen haben.

Wichtige Anspruchsgrundlagen

RECHTSGESCHÄFT

1. Einseitige Rechtsgeschäfte
Auslobung, §§ 860 ff
Letztwillige Erklärung: Testament, Vermächtnis, § 533, §§ 552 ff

2. Zwei- und mehrseitige Rechtsgeschäfte; insbesondere Verträge
a) Schenkung, §§ 938 ff
Verwahrung, §§ 957 ff
Leihe, §§ 971 ff
Darlehen, §§ 983 ff
Auftrag, §§ 1002 ff

Tausch, §§ 1045 ff
Kauf, §§ 1053 ff
Miete, Pacht, §§ 1090 ff; MRG
Dienst- und Werkvertrag, §§ 1151 ff
Gesellschaft, §§ 1175 ff
Ehepakt, §§ 1217 ff
Glücksverträge, §§ 1267 ff

b) ungeregelte bzw atypische Verträge, zB Leasing, Factoring, Franchising, Abbauvertrag, Fernlehrvertrag

GESETZ

1. Dingliche Rechtsstellung

a) Eigentum
   - aa) Herausgabe, § 366
   - bb) Unterlassung, §§ 354, 364 ff
   - cc) Beseitigung, §§ 354, 364 ff

b) Besitz, §§ 339 ff, 372[1])

c) Pfandrecht, §§ 458 ff

d) Servitut, §§ 482 ff

2. Familienrechtliche Stellung

Unterhalt zwischen Ehegatten, § 94
Abgeltung für Mitwirkung im Erwerb, § 98
Unterhalt nach Scheidung, §§ 66 ff EheG
Aufteilung des Gebrauchsvermögens und der Ersparnisse nach Scheidung, §§ 81 ff EheG
Unterhalt der Kinder, §§ 140 ff, 166
Ausstattung, § 1220

3. Gesetzliche Erbenstellung

Gesetzliche Erbfolge, §§ 727 ff
Pflichtteil, §§ 762 ff

4. Geschäftsführung ohne Auftrag

§§ 1035 ff

5. Schadenersatz

a) Verschuldenshaftung, §§ 1293 ff
b) Gefährdungshaftung, zB EKHG, RHG, PHG, AtomHG
c) Eingriffshaftung, zB § 364 a, § 1306 a

6. Bereicherung

a) Leistungskondiktionen, §§ 1431 ff, 1174, 921, 877, § 4 KSchG, § 27 Abs 3 MRG
b) Verwendungsanspruch, § 1041
c) Aufwandersatzanspruch, § 1042
d) Aufopferungsanspruch, § 1043

7. Regress

Gesamtschuldnerregress, § 896
Spezielle Regressnormen, zB § 1302, § 1313; DHG; § 332 ASVG

---

[1]) Ob der Besitz zu den dinglichen Rechten zählt (vgl § 308), ist freilich umstritten; vgl zB *Helmich* in *Kletečka/Schauer*, ABGB-ON § 308 Rz 3; *Kisslinger* in *Fenyves/Kerschner/Vonkilch*, Klang[3], § 308 Rz 6 mwN.

Als Auswahlkriterium ist bei obigem Schema insbesondere die Häufigkeit bzw Wahrscheinlichkeit der Relevanz der Anspruchsnormen in Klausuren, Hausarbeiten und mündlichen Prüfungen herangezogen worden. Genannt sind fast ausschließlich Anspruchsgrundlagen aus dem ABGB und eng damit zusammenhängenden Nebengesetzen; ein Überblick über die ungezählten Spezialtatbestände, etwa des Gesellschaftsrechts, des Arbeitsrechts, des Immaterialgüterrechts etc ist ganz unmöglich. Es ist aber zu bedenken, dass auch solche Ansprüche, abgesehen von ihrem Entstehungstatbestand, weitgehend den Regeln des allgemeinen bürgerlichen Rechts folgen (etwa bezüglich Fälligkeit, Verjährung, Stundung usw). Es muss auch nochmals betont werden, dass die nach dem jeweiligen Stichwort genannten Paragrafengruppen dem Leser nur das Auffinden erleichtern sollen, dass er aber selbst dann die möglichst spezielle Anspruchsnorm zu suchen hat[2]).

Von den – wie gesagt, nicht einmal vollständig – aufgezählten möglichen Anspruchsgrundlagen sind für den konkreten Fall nur einige wenige so nahe liegend, dass deren Prüfung überhaupt in Betracht zu ziehen ist. Über alle übrigen sollte man im schriftlichen Gutachten kein Wort verlieren.

Für das Begehren des L auf Zahlung von Euro 2.500,– kommt als Grundlage primär natürlich Kaufvertrag, konkret § 1062 gegenüber B, für die Herausgabe des Stiers § 366 (Eigentum) sowohl gegenüber B als auch gegenüber F in Betracht (L war nach dem Sachverhalt jedenfalls vor dem Verkauf Eigentümer des Stiers). Als Stütze für ein anderes Zahlungsbegehren des L (Euro 2.300,– oder Euro 2.250,–) gegenüber B bieten sich allenfalls bereicherungs- und schadenersatzrechtliche Normen an. Für die Rückforderung des Kaufpreises (Euro 2.300,–) von B durch F für den Fall, dass dieser den Stier an L herausgeben muss, kommt ebenfalls Bereicherung (Leistungskondiktion nach Wandlung, also Aufhebung des Kaufvertrages hier wegen Rechtsmangels, vgl § 923 iVm § 932) in Betracht.

4. Reihenfolge der Anspruchsprüfung

Hat man die möglichen Anspruchsgrundlagen erkannt, stellt sich die Frage, womit zu beginnen und in welcher Reihenfolge fortzusetzen ist. Es wurde schon angedeutet, dass die verschiedenen Ansprüche einander beeinflussen, voneinander abhängig sind. Besonders einleuchtend ist das am Beispiel des Verhältnisses zwischen vertraglichen und Bereicherungsansprüchen, also zB auf Kaufpreiszahlung einerseits, auf Rückgabe des Stiers wegen rechtsgrundloser Leistung (oder des für sie erzielten Erlöses oder ihres Wertes) andererseits. Ist der Kaufvertrag wirksam zustande gekommen, so ist die Leistung des Stiers zunächst nicht rechtsgrundlos. Die Vermögensverschiebung ist daher gerechtfertigt, sodass für einen Bereicherungsanspruch zu ihrer Rückabwicklung kein Raum ist, falls der Vertrag nicht etwa durch Anfechtung beseitigt werden

[2]) Vgl oben S XV, 15 und 60 f.

kann. Das genannte Beispiel illustriert aber auch, dass vertragliche Ansprüche und dingliche, insbesondere solche auf Grund des Eigentums, vielfach einander bedingen oder – öfter noch – ausschließen. Wenn der Verkäufer einen Anspruch auf Kaufpreiszahlung hat, wird er idR nicht zugleich vom Käufer Herausgabe der verkauften und übergebenen Sache verlangen können.

In Mehrpersonenverhältnissen können Ansprüche gegenüber verschiedenen Personen derart aufeinander wirken, dass bei Bejahung (Durchsetzung) eines Anspruchs gegen X der Anspruch gegen Y entfällt bzw erst entsteht. Dringt beispielsweise L gegenüber F mit der Eigentumsherausgabeklage durch, ist ein Bereicherungs- bzw Schadenersatzanspruch des L gegen B vermutlich ausgeschlossen. Umgekehrt kann durch die Herausgabe des Stiers an L ein Anspruch (Bereicherungsanspruch nach Wandlung, also Aufhebung des Kaufvertrages zwischen B und F) des F gegenüber B entstehen.

Als gewisse **Faustregel** kann gelten, dass die jeweilige **Anspruchsprüfung möglichst unbelastet von Vorfragen** sein soll (Bestehen des Kaufvertrages ist Vorfrage für die Leistungskondiktion). Damit erspart man sich allzu verschachtelte Gedankengänge. Weil die wechselseitigen Abhängigkeiten typischer Anspruchsgrundlagen meist gleichartig sind, haben sich Regeln für eine möglichst sinnvolle, logische und auch ökonomische Reihenfolge der Prüfung von Anspruchsnormen entwickelt[3]). Zwingend sind diese Richtlinien natürlich nicht; und da sie von der materiellen Rechtslage bestimmt sind, kann man Überlegungen zu einer fremden Rechtsordnung, hier insbesondere der deutschen, auch keinesfalls unbesehen übernehmen. So ist zB der Zusammenhang zwischen Kaufvertrag und Eigentumserwerb für das ABGB wegen des **Grundsatzes der kausalen Tradition** (lesen Sie §§ 380, 425 und 1053) anders als für das BGB, das zur Gültigkeit des Eigentumserwerbs einen Titel nicht erfordert. Aber auch im Rahmen der österreichischen Rechtsordnung können außergewöhnliche Umstände des Einzelfalls, eine besondere Interessenlage des Klägers, wie auch manchmal und in gewissen Grenzen der persönliche Geschmack des Gutachters eine andere Reihenfolge nahe legen.

Im Allgemeinen empfiehlt sich aber folgende Vorgangsweise:

a) Vorrangig sind **vertragliche Ansprüche** zu prüfen. Das erklärt sich daraus, dass durch Vereinbarung (lex contractus kraft Privatautonomie) die Beteiligten ihre Rechtsverhältnisse verbindlich gestalten, insbesondere auch das dispositive Recht ändern können. Wie sehr alle diese scheinbar formalen Regeln vom materiellen Recht bestimmt sind, mögen die folgenden Einzelbeispiele noch erläutern:

aa) Die Vorrangigkeit von Vertragsansprüchen gegenüber solchen aus Geschäftsführung ohne Auftrag (GoA) ergibt sich aus dem Wesen des Instituts

---

[3]) Vgl für das deutsche Recht zB *Medicus/Petersen*, Bürgerliches Recht[23], Rdnr 7 ff.

der GoA mit Notwendigkeit. Dessen Anwendung ist ausgeschlossen, wenn die Geschäftsführung durch vertragliche Vereinbarung gedeckt ist; vgl § 1035.

bb) Gegenüber dinglichen Ansprüchen sind Verträge zunächst schon deshalb vorrangig, weil sie einen Titel zur Veränderung der dinglichen Rechtslage darstellen können. Im konkreten Fall etwa hätte L bei wirksamem Kaufvertrag mit anschließender Übergabe sein Eigentumsrecht an dem Stier verloren (lesen Sie § 1063!).

Weiters können (obligatorische) Ansprüche aus Vertrag die dingliche Rechtsstellung – zumindest zeitweilig – beschränken, wenn etwa der Eigentümer das Benutzungsrecht vertraglich an einen Dritten übertragen hat, zB in Form der Miete. Durch Vertrag kann also ein Recht zur Innehabung oder zum Besitz eingeräumt sein, das auch gegenüber dem dinglichen Recht des Eigentümers durchgreift, den Herausgabeanspruch „blockiert".

cc) Durch Vertrag kann ein nach allgemeinem, aber dispositivem Recht bestehender Schadenersatzanspruch modifiziert sein; das kann zu einer Verstärkung, aber auch zu einer Abschwächung der Stellung des Geschädigten führen; etwa durch Vereinbarung einer Vertragsstrafe („Pönale") zur Verstärkung des gesetzlichen Ersatzanspruches; Beschränkung der Schadenersatzhaftung auf vorsätzliche und grob fahrlässige Handlung oä.

Das Vorliegen eines Vertrages ist vielfach auch für die Frage der Rechtswidrigkeit des Handelns maßgeblich. So können sich aus Vertrag gegenüber dem Partner Pflichten ergeben, die ohne Vertrag, bloß auf Grund des Deliktsrechts, also gegenüber jedermann sonst nicht bestehen. Umgekehrt berechtigt eine absichtliche Wertminderung einer Sache durch einen Dritten den Eigentümer im Allgemeinen zum Schadenersatz. Ein Mieter jedoch handelt bei normaler Abnützung der Sache durch Gebrauch nicht rechtswidrig.

Das Bestehen eines Vertrages kann zwischen Schädiger und Geschädigtem endlich auf die allgemeinen schadenersatzrechtlichen Zurechnungsregeln Einfluss haben; vgl insbesondere § 1298 (Beweislastumkehr); § 1313 a (verschärfte Gehilfenhaftung).

dd) Wie schon angedeutet, kann ein (wirksames) Vertragsverhältnis den Rechtsgrund für eine Vermögensverschiebung darstellen und somit Bereicherungsansprüche ausschließen.

Alle diese Gesichtspunkte sprechen also in ganz verschiedenen Fallgestaltungen dafür, in aller Regel mit vertraglichen Ansprüchen zu beginnen.

b) Nach den vertraglichen Ansprüchen pflegt man im Allgemeinen solche aus **Geschäftsführung ohne Auftrag** zu prüfen, weil diese die übrigen Ansprüche in ähnlicher Weise beeinflussen können (Rechtsgrund für Vermögensverschiebung; haftungsrechtliche Sonderregeln). Selbstverständlich sind Ansprüche aus GoA – wie auch alle übrigen – nur dann zu prüfen, wenn hinreichende Anhaltspunkte im Sachverhalt vorliegen. Erfahrungsgemäß kommen sie in Prüfungsfällen eher selten vor. Ebenso erfahrungsgemäß werden sie, wenn sie einmal vorkommen, zumeist übersehen.

c) An dritter Stelle werden allgemein die **dinglichen Ansprüche** geprüft. Deren Vorrang bei der Prüfung gegenüber Bereicherungs- und Schadenersatzansprüchen ist zunächst deshalb gerechtfertigt, weil die dingliche Rechtslage für solche Ansprüche sehr oft erst die Grundlagen liefert. So setzt zB der Verwendungsanspruch des § 1041 idR Eigentum des Klägers an der rechtsgrundlos verwendeten Sache voraus. Auch die Rechtswidrigkeit einer Handlung im Schadenersatzrecht gründet sich oft auf die (sorgfaltswidrige) Verletzung eines dinglichen Rechts. Schließlich enthalten die im Sachenrecht zu findenden Normen über das Eigentümer-Besitzer-Verhältnis vor allem für den Unredlichen besondere Schadenersatz- (vgl § 335) und Nutzungsregeln (§§ 329 ff).

d) Keine besondere Rangfolge wird üblicherweise – jedenfalls im Zweipersonenverhältnis – zwischen **Bereicherungs- und Schadenersatzansprüchen** angenommen, weil diese einander in den Anspruchsvoraussetzungen nicht bedingen.

Die angeführten Beispiele wechselseitiger Abhängigkeit von Anspruchsgrundlagen dürfen nicht zu dem Schluss verleiten, dass das Bestehen eines Anspruchs zwischen zwei Personen andere Ansprüche des gleichen oder ähnlichen Inhalts allgemein oder auch nur in der Regel ausschließen würde. Man kann für das Privatrecht geradezu von einem gegenteiligen Prinzip ausgehen: dem **Prinzip der** Anspruchskonkurrenz, besser, der **Anspruchsgrundlagenkonkurrenz**[4]). Danach gelten die verschiedenen, den gleichen sachlichen Anspruch begründenden Normen idR nebeneinander; ein Kläger kann sich also, soweit er sein Begehren überhaupt rechtlich qualifizieren will, auf alle seinen Anspruch stützenden Grundlagen berufen und die sie rechtfertigenden Tatsachen vorbringen. Das ist vor allem deshalb zweckmäßig, weil sich im Prozess vielleicht bezüglich der Voraussetzungen einer Anspruchsgrundlage Beweisschwierigkeiten ergeben könnten, weil ein Anspruch verjährt sein könnte usw. Selbstverständlich wird ein Anspruch, der sich auf mehrere Grundlagen (Normen) stützen kann, deswegen nicht mehrmals zugesprochen oder befriedigt.

Auch im Gutachten, das ja dazu dient, über die Rechtslage in Bezug auf die gestellte Frage möglichst vollständig zu informieren, darf der Bearbeiter sich also nicht zufrieden geben, wenn er eine Grundlage für einen Anspruch gefunden hat, sondern muss **alle in Betracht kommenden weiteren Anspruchsgrundlagen** ebenfalls prüfen.

Wendet man die vorgenannten Richtlinien auf den Stier-Fall an, so ergibt sich folgende **Reihenfolge für die Anspruchsprüfung: 1.** Anspruch des L gegen B auf Zahlung des Kaufpreises in der Höhe von Euro 2.500,– gemäß § 1062 (vertraglicher Anspruch).

[4]) Vgl *Koziol/Welser* (Bearb *Kletečka*) I[13] 35 f; *P. Bydlinski*, BR I, AT[5], Rz 1/33.

Für Ansprüche aus GoA fehlen Hinweise im Sachverhalt; daher: **2.** Anspruch des L gegen B auf Herausgabe des Stiers gemäß § 366 (dinglicher Anspruch).

Nach diesem dinglichen Anspruch gegen B könnte man alle übrigen, noch möglichen bereicherungs- bzw schadenersatzrechtlichen Ansprüche des L gegen B prüfen, um das Zweipersonenverhältnis L–B abschließen zu können (was sich im Allgemeinen empfiehlt), um dann auf das Verhältnis L–F einzugehen. Da in diesem aber ebenfalls ein dinglicher Anspruch gegen F in Frage steht, der möglicherweise für die außervertraglichen Ansprüche zwischen L und B von Bedeutung sein könnte (siehe schon oben), ist es ratsamer, **3.** den Anspruch des L gegen F auf Herausgabe des Stiers gemäß § 366 zu untersuchen. Diese Reihenfolge deckt sich zudem mit den (wahrscheinlichen) Prioritäten des L (vgl oben). Je nach Ergebnis des Herausgabeanspruches gegen F werden die Schadenersatz- bzw Bereicherungsansprüche des L gegen B bzw die Bereicherungsansprüche F gegen B zu untersuchen sein.

5. Erkennen der Fallprobleme

Dass im Verhältnis L–B ein Einigungs-, also Vertragsschlussproblem zu untersuchen sein wird, ist nach dem Sachverhalt unschwer zu erkennen. Darauf weisen insbesondere die verschiedenen Behauptungen von L und B hin. Da B den Stier bereits weiterveräußert hat, ist ein Eigentumsherausgabeanspruch des L vor allem wegen fehlender Innehabung des B fraglich. Weil dieses Tatbestandsmerkmal des § 366 offensichtlich fehlt, liegt es nahe, den Herausgabeanspruch nur mit diesem Argument abzulehnen. Damit erspart man sich die üblicherweise vorrangige Prüfung des Eigentums des L. Diese wird dann erst im Rahmen des dinglichen Anspruchs des L gegen F erforderlich.

L könnte sein Eigentum durch die beiden Kaufverträge (L–B; B–F) samt Übergabe verloren haben. Der Bearbeiter wird dabei, wenn er einen Erwerb des B verneint hat, die Frage des gutgläubigen Erwerbs durch F gemäß § 367 leicht erkennen.

Wesentlich schwieriger zu entdecken sind schon die schadenersatzrechtlichen Probleme im Verhältnis L–B. Die Frage der Haftung aus culpa in contrahendo bei Dissens wird dem Anfänger kaum geläufig sein.

Noch komplexer ist die bereicherungsrechtliche Haftung des B. Ohne eingehenderes Studium der einschlägigen Literatur und Rspr sind die Fragen, ob und in welcher Höhe B allenfalls Wertersatz als Bereicherungsausgleich zu leisten hat, kaum zu beantworten.

Vor Lektüre der folgenden Falllösung sollten Sie wieder zuerst selbst versuchen, mit Hilfe von Literatur und Rspr[5]) alle angedeuteten Rechtsfragen zu

[5]) Beachten Sie die entsprechenden Hinweise im Anhang II.

lösen. Ein anschließender Vergleich Ihres mit unserem Gutachten soll als Kontrolle dienen.

6. Zur Gliederung des Gutachtens (der Hausarbeit)

Die bei jedem Hausarbeitsgutachten **voranzustellende Gliederung** bezweckt, einen **Überblick über Gegenstand und Aufbau der Untersuchung** zu geben. Ergebnisse sollen dabei nicht vorweggenommen, Frageform möglichst vermieden werden. Zumeist erweist sich eine Gliederung nach den verschiedenen Ansprüchen als die zweckmäßigste; so auch hier.

Vor diese Gliederung stellen Sie in der Hausarbeit allerdings noch das **Literaturverzeichnis.** Darin sind **die im Gutachten zitierten** (nur diese!) **Werke** bibliografisch vollständig (vgl Anhang II) anzuführen; der Übersicht halber alphabetisch gereiht; bei einer längeren Liste allenfalls nach Kommentaren, Lehrbüchern und monographischen Abhandlungen gegliedert. Bei größeren Arbeiten erleichtert man sich die Erstellung des Literaturverzeichnisses dadurch, dass man sich von jedem Werk, das man in die Hand nimmt, sogleich alle nötigen Angaben (elektronisch oder auf Karteikarten) notiert[6]). Das Verzeichnis dient dem Leser dazu, einen raschen Überblick über die von Ihnen verwendete Literatur zu gewinnen; für Sie selbst hat es den Vorteil, dass Sie im Gutachten die betreffenden Werke mit einem **Kurztitel** zitieren können (vergleichen Sie das folgende Literaturverzeichnis und die Fußnoten 1 und 5; blättern Sie unter diesem Aspekt auch noch einmal die früheren Seiten dieses Buches durch und achten Sie auf die Zitierweise sowie unser Literaturverzeichnis S 123f. Selbstverständlich sollten Sie die jeweils **neueste Auflage** verwenden. **Einzelne Entscheidungen, Gesetzesausgaben, Zeitschriften als solche haben im Literaturverzeichnis nichts verloren!**

Wann muss zitiert werden? Immer dann, wenn Sie eine fremde Meinung zu einer Ihrer Ansicht nach zweifelhaften Frage wiedergeben oder übernehmen. Aussagen, die sich (Ihrer Meinung nach) eindeutig aus dem Gesetz ergeben, brauchen nicht auch noch mit Literatur- oder Rechtsprechungszitaten belegt zu werden. Andererseits ist es ein Gebot der Redlichkeit, sich nicht mit fremden Federn zu schmücken (und der Prüfer entdeckt solche Sünden auch in aller Regel!). Die Zitate können nur eine Rechtsansicht belegen, nicht eine Frage des konkreten Falles. Es kann also niemals heißen: „X hat den Y rechtswidrig bedroht[1])" und dann in der Fußnote: „[1]) *Koziol/Welser* (Bearb *Kletečka*) I[13] 167f", auch wenn dort die Ausführungen zur Drohung zu finden sind, denn jedenfalls steht ja dort nichts über die Herren X und Y. Vielmehr könnte nur zu lesen sein: „X hat Y bedroht. Die Drohung war rechtswidrig, weil X zwar ein rechtmäßiges Mittel eingesetzt hat, aber zu dem Zweck, den Y zu einem

---

[6]) Als Hilfe dazu sei auf das Juscript für Judikatur- und Literatureinträge der CD-ROM *Kerschner*, Wissenschaftliche Arbeitstechnik und Methodenlehre für Juristen[5], verwiesen.

Geschäftsabschluss zu bringen[1]), auf den er keinen Anspruch hatte". Fußnote: „[1]) Zur Rechtswidrigkeit der Drohung vgl insofern *Koziol/Welser* (Bearb *Kletečka*) I[13] 167 f".

Das Zitat sollte genau, aber soweit möglich in eigenen Worten des Gutachters die zitierte Meinung wiedergeben. Wörtliche Übernahme ist durch Anführungszeichen kenntlich zu machen; sie soll nur dann erfolgen, wenn es auf die vom zitierten Autor gebrauchten einzelnen Worte ankommt. Lange wörtliche Zitate sind tunlichst überhaupt zu vermeiden. Vollkommen verpönt – und wissenschaftlich unredlich – ist eine „Copy and paste"-Technik, bei der ein bestimmter Textblock (zB ein ganzer Absatz) aus einer Originalquelle in die eigene Arbeit hineinkopiert wird. Daran ändert auch der Umstand nichts, dass am Ende eines solchen Textblocks eine Fußnote mit Quellenangabe gesetzt wird, weil der Leser in einem solchen Fall nicht erkennen kann, dass es sich um eine wörtliche Wiedergabe eines fremden Textes handelt, und dass der gesamte Textblock aus dieser Quelle stammt. Der Leser wird nämlich in der Regel dazu neigen, das Zitat in der Fußnote lediglich auf jenen Satz zu beziehen, an dessen Ende sie steht. Ist eine fremde Ansicht ausführlicher darzustellen, was in Hausarbeiten seltener, jedoch in Seminararbeiten eher vorkommen wird, dann sollte dies in der Regel in indirekter Rede geschehen. Stets ist durch die Zitierung in eindeutiger Weise offenzulegen, welche Gedanken der fremden Quelle entnommen sind. Als Faustregel gilt: Besser ein Zitat zu viel als eines zu wenig, damit der Verdacht einer unredlichen Arbeitstechnik gar nicht erst entstehen kann.

Ihre Hausarbeit zum Stier-Fall sähe also insgesamt wie folgt aus (die folgenden Regeln gelten grundsätzlich ohne Rücksicht darauf, ob Sie die Arbeit auf Papier einreichen oder lediglich elektronisch, zB als pdf-Dokument, übermitteln): Vorweg das **Deckblatt** mit Ihrem Namen, Anschrift (einschließlich E-Mail-Adresse), Semester, Matrikel-Nummer, Bezeichnung der Arbeit (etwa: „Übung aus bürgerlichem Recht für Anfänger, SS 2012, Univ.-Prof. Dr ..., 1. Hausarbeit"). Dann auf einer neuen Seite der **Sachverhalt** (Sie können den ausgegebenen Originaltext in Kopie beilegen oder elektronisch in die Arbeit kopieren). Es folgt das:

II. Literaturverzeichnis

Apathy, Das Recht des redlichen Besitzers an den Früchten, JBl 1978, 517 ff.

P. Bydlinski, Bürgerliches Recht I Allgemeiner Teil[5] (2010).

Dullinger, Bürgerliches Recht II Schuldrecht Allgemeiner Teil[4] (2010).

Ehrenzweig, Armin, System des österreichischen allgemeinen Privatrechts I[2], 1. Hälfte: Allgemeiner Teil (1951); II[2], 1. Hälfte: Das Recht der Schuldverhältnisse (1928).

Fischer-Czermak, Zum Verwendungsanspruch gegen den redlichen Besitzer, FS 200 Jahre ABGB (2011) 955 ff.

Flume, Allgemeiner Teil des bürgerlichen Rechts, II, Das Rechtsgeschäft[4] (1992).

Gschnitzer, Lehrbuch des österreichischen bürgerlichen Rechts, Allgemeiner Teil², bearb von *Faistenberger/Barta* ua (1992); Schuldrecht Allgemeiner Teil², bearb von *Faistenberger/Barta/Eccher* (1986); Schuldrecht Besonderer Teil und Schadenersatz², bearb von *Faistenberger/Barta/Eccher* (1988).

Iro, Bürgerliches Recht IV Sachenrecht⁴ (2010).

Kalss/Schauer/Winner, Allgemeines Unternehmensrecht (2011).

Kerschner, Irrtumsanfechtung insbesondere beim unentgeltlichen Geschäft (1984).

Klang, Kommentar zum ABGB² (hrsg von *Klang* und *Gschnitzer)* (1951–1978).

Kletečka/Schauer (Hrsg), ABGB-ON – Kommentar zum Allgemeinen Bürgerlichen Gesetzbuch (2010).

Koziol/Welser (Bearb *Kletečka*), Bürgerliches Recht I¹³ (2006); (Bearb *Welser*) II¹³ (2007).

Krejci (Hrsg), Kommentar zu den durch das HaRÄG 2005 eingeführten Neuerungen im Unternehmensgesetzbuch und im Allgemeinen bürgerlichen Gesetzbuch (2007).

Ostheim, Zur Haftung für culpa in contrahendo bei grundloser Ablehnung des Vertragsschlusses, JBl 1980, 522ff.

Reischauer, Willensmängel, Geschäftsfähigkeit und unwirksame Veräußerungen als Probleme des Anvertrauens (§ 367 ABGB), JBl 1973, 589ff.

Reischauer, Verschulden und Beweislast, ZVR 1978, 134ff.

Rummel, Kondiktion bei verbotenen und sittenwidrigen Rechtsgeschäften, ÖJZ 1978, 253ff.

Rummel (Hrsg), Kommentar zum ABGB I³ (2002).

Schuhmacher, Verbraucherschutz bei Vertragsanbahnung (1983).

Schwimann (Hrsg), Praxiskommentar zum ABGB³ (2005).

Stubenrauch, Kommentar zum ABGB⁸ (1902/03).

Vonkilch, Kennt das ABGB eine Haftung für die sorgfaltswidrige Abgabe einer wegen Willensmangel anfechtbaren Willenserklärung? JBl 2004, 759ff.

Welser, Vertretung ohne Vollmacht (1970).

Auch elektronisch zugängliche Quellen können zitiert werden, sofern sie wissenschaftlichen Anforderungen genügen (also zB nicht Wikipedia). Für die Zitierung gelten grundsätzlich dieselben Regeln; freilich mit der Besonderheit, dass die Web-Adresse anzuführen ist, unter der die elektronische Quelle zugänglich ist. Ferner muss – wegen der Veränderlichkeit der Inhalte – in den Fußnoten, in denen das Zitat erscheint, auch das Datum der Abfrage angeführt werden.

Nach dem Literaturverzeichnis folgt die:

III. Gliederung

1. Anspruch des L gegen B auf Zahlung von Euro 2.500,– aus Kaufvertrag (§ 1062)
2. Anspruch des L gegen B auf Herausgabe des Stiers gemäß § 366
3. Anspruch des L gegen F auf Herausgabe des Stiers gemäß § 366
   a) Eigentumsverlust des L durch Veräußerung an B
   b) Eigentumsverlust des L durch Veräußerung des B an F

4. Sonstige Ansprüche des L gegen B auf Zahlung
   a) Schadenersatz (culpa in contrahendo)
   b) Bereicherung, §§ 877, 1431 ff
      aa) Rechtsgrund des Anspruchs
      bb) Höhe des Anspruchs

5. Anspruch des F gegen B auf Rückzahlung von Euro 2.300,– aus Bereicherung

IV. Gutachten

1. Anspruch des L gegen B auf Zahlung von Euro 2.500,–

Leopold (L) könnte gegen Bruno (B) einen Anspruch auf Zahlung von Euro 2.500,– gemäß § 1062 haben, wenn zwischen beiden ein gültiger Kaufvertrag zustande gekommen ist und der vereinbarte Kaufpreis Euro 2.500,– beträgt. Ein solcher Kaufvertrag (§ 1053) setzt nach § 1054 die Vereinbarung eines bestimmten Preises voraus; im Übrigen gelten für das Zustandekommen die allgemeinen Regeln (§§ 861 ff).

Im vorliegenden Fall ist zweifelhaft, ob die Preisvereinbarung „$2^{1}/_{2}$“ die nach §§ 1054, 869 erforderliche Bestimmtheit aufweist. Dem Wortlaut nach sind L und B „einig geworden“. Es stellt sich aber heraus, dass jeder unter „$2^{1}/_{2}$“ etwas anderes verstanden hat. Ein solches Missverständnis veranlasst zur Frage, ob die Parteien die für einen Vertragsschluss nötige Einigung erzielt haben. Das ist dann der Fall, wenn die Erklärungen der Parteien einen objektiv eindeutigen, übereinstimmenden Inhalt haben (und zumindest eine Partei auch auf diesen Inhalt vertraut hat)[1]).

Auch wenn sich ein solcher objektiv eindeutiger Inhalt nicht feststellen lassen sollte, könnte ein Vertragsschluss vorliegen, wenn die Parteien die – wenn auch objektiv unbestimmte oder mehrdeutige – Erklärung im gleichen Sinne aufgefasst haben[2]). Das ist nach dem Sachverhalt aber nicht der Fall.

Es ist also zu prüfen, ob die Erklärung „$2^{1}/_{2}$“ einen eindeutig bestimmten Inhalt hat. Wäre das nicht der Fall, so läge mangels übereinstimmenden Verständnisses der Parteien in Wahrheit keine Einigung vor (versteckter Dissens). Es müssen daher die Erklärungen, um „$2^{1}/_{2}$“ kaufen bzw verkaufen zu wollen, ausgelegt werden; dabei ist „auf die im Verkehr geltenden Gewohnheiten und Gebräuche Rücksicht zu nehmen“ (§ 863; vgl auch § 914 zur Auslegung von

---

[1]) *Rummel* in *Rummel*[3], § 861 Rz 4 und § 863 Rz 8; *Wiebe* in *Kletečka/Schauer,* ABGB-ON § 869 Rz 4.

[2]) *Koziol/Welser* (Bearb *Kletečka*) I[13] 128; *P. Bydlinski,* BR, AT[5], Rz 6/15; *Ehrenzweig,* System[2] I/1, 240; *Rummel* in *Rummel*[3], § 871 Rz 6; *Wiebe* in *Kletečka/Schauer,* ABGB-ON § 869 Rz 6.

Verträgen). Die Erklärung „$2^{1}/_{2}$" ist demgemäß so auszulegen, wie sie ein redlicher Erklärungsempfänger in der konkreten Situation mit Rücksicht auf die Verkehrssitte verstehen durfte und musste. Diese Auslegung ergibt nach den Angaben im Sachverhalt, dass die Erklärung auch objektiv in der betreffenden Gegend keinen eindeutig bestimmten Aussagewert hat: Der Gebrauch in beiden von den Parteien gemeinten Bedeutungen ist möglich und üblich. Auch der Verkehrswert des Stiers, nämlich Euro 2.250,–, gibt keine Anhaltspunkte, da keine der von den Parteien genannten Zahlen so unwahrscheinlich ist, dass die ihr zugrunde liegende Berechnungsmethode für einen verständigen Geschäftspartner von vornherein ausscheiden müsste. Die somit objektiv mehrdeutige Erklärung könnte noch gemäß § 915 Satz 2 zu Lasten jener Partei ausgelegt werden, die sich der undeutlichen Erklärung bedient hat. § 915 Satz 2 ist aber nur anwendbar, wenn man feststellen kann, wer sich der fraglichen Erklärung „bedient" hat, wenn die Erklärung „$2^{1}/_{2}$" also eindeutig entweder dem L oder dem B allein zuzurechnen ist[3]). Das ist nach dem Sachverhalt nicht der Fall. Dann spricht die Vermutung dafür, dass sich beide der Erklärung in gleicher Weise bedient haben[4]). Da nun jede Partei jeweils die andere, ihr günstigere Bedeutung ihrer Erklärung gemeint hatte, liegt weder subjektiv noch objektiv Einigung in einer der möglichen Richtungen vor.

Die Rechtsfolge richtet sich nach § 869: Es „entsteht kein Vertrag". Daher ist ein Anspruch des L auf Kaufpreiszahlung gemäß § 1062 in Höhe von Euro 2.500,– nicht gegeben.

2. Anspruch des L gegen B auf Herausgabe des Stiers gemäß § 366

Dieser Anspruch ist jedenfalls deshalb abzulehnen, weil B nach Weiterveräußerung des Stiers nicht mehr deren Inhaber ist, sodass ein Tatbestandsmerkmal des § 366 offensichtlich nicht erfüllt ist. Auf die Frage des Eigentums des L braucht daher an dieser Stelle nicht eingegangen zu werden.

3. Anspruch des L gegen F auf Herausgabe des Stiers

L könnte gegen den Fleischhauer Fritz (F) als derzeitigen Inhaber des Stiers einen Eigentumsherausgabeanspruch gemäß § 366 haben, wenn er (L) noch Eigentümer ist. Da er einmal Eigentümer des Stiers war (im Sachverhalt wird von dem „Stier des Leopold" gesprochen), ist zu prüfen, ob L sein Eigentum später verloren hat.

a) Die Übergabe des Stiers von L an B konnte mangels eines gültigen Titels (§§ 380, 423 f) nicht zum Eigentumserwerb des B führen. L blieb weiterhin Eigentümer.

---

[3]) Vgl *Ehrenzweig*, System[2] I/1, 262 f; ausführlich dazu auch *Heiss* in *Kletečka/Schauer*, ABGB-ON § 915 Rz 17 ff.

[4]) *Rummel* in *Rummel*[3], § 915 Rz 4.

b) Dagegen könnte L sein Eigentum durch das Geschäft zwischen B und F verloren haben. Da der Veräußerer B nicht Eigentümer der verkauften Sache war, kommt nur gutgläubiger Erwerb des F gemäß § 367 in Betracht. F hat auf Grund gültigen Kaufvertrages von B den Stier erhalten. Ein gutgläubiger Eigentumserwerb ist nach § 367 Abs 1 möglich, wenn der Veräußerer dabei als Unternehmer im gewöhnlichen Betrieb seines Unternehmens gehandelt hat. B ist als Landwirt vom Unternehmerbegriff des § 1 UGB erfasst[5]). Dagegen ist fraglich, ob B bei der Veräußerung des Stiers im gewöhnlichen Betrieb seines Unternehmens handelt. Dies wird man bei einem Landwirt jedenfalls dann bejahen müssen, wenn er zugleich einen Viehhandel betreibt; bei bloßer Viehzucht ist die Zugehörigkeit eines solchen Geschäfts zum gewöhnlichen Betrieb des Unternehmens jedoch zweifelhaft. Insofern bietet der Sachverhalt keine hinreichend klaren Anhaltspunkte, um die Verwirklichung dieses Tatbestandsmerkmals eindeutig bejahen zu können.

Dagegen ist die dritte Variante des § 367, nämlich die des „Anvertrauens" erfüllt. Unter Anvertrauen ist jede freiwillige Übertragung der ausschließlichen Gewahrsame durch den Eigentümer an den nunmehrigen Veräußerer zu verstehen. Der Rechtsgrund spielt dabei keine Rolle; die Übertragung der Gewahrsame kann zB auf Miete oder Leihe beruhen, aber auch auf einem unwirksamen oder anfechtbaren Kaufvertrag[6]). Dadurch, dass L dem B den Stier in Erfüllung seiner vermeintlichen Pflicht aus dem – wegen Dissens freilich unwirksamen – Kaufvertrag übergeben hat, hat er ihn dem B „anvertraut". F hat daher gutgläubig iSd § 367 Eigentum erworben, da mangels gegenteiliger Angaben im Sachverhalt auch von seiner Redlichkeit auszugehen ist (§ 328). Da F Eigentümer des Stiers geworden ist, besteht kein Herausgabeanspruch des L nach § 366.

4. Sonstige Ansprüche des L gegen B auf Zahlung

a) Ein Anspruch des L gegen B auf Zahlung einer Geldsumme, deren Höhe erst nach Prüfung des Anspruchsgrundes geklärt werden kann, könnte sich aus dem Titel des Schadenersatzes wegen Verschuldens beim Vertragsschluss ergeben (culpa in contrahendo). Dieser von Lehre und Rspr in Analogie zu den §§ 874, 932 Abs 1 Satz 2, 1003 entwickelte Anspruch[7]) ist möglicherweise gegeben, wenn B sich schuldhaft (nach dem Sachverhalt allenfalls: fahrläs-

---

[5]) Vgl *Kalss/Schauer/Winner,* Unternehmensrecht, Rz 2/47; *Dehn* in *Krejci* (Hrsg), Reform-Kommentar UGB–ABGB (2007) § 1 Rz 44ff.

[6]) Dazu etwa *Holzner* in *Kletečka/Schauer,* ABGB-ON § 367 Rz 9.

[7]) Statt vieler: *Gschnitzer* in *Klang*[2] IV/1, 173ff; *Koziol/Welser* (Bearb *Welser*) II[13] 16ff; *Welser,* Vertretung 56ff; *Ostheim,* JBl 1980, 522ff; gegen das Institut der culpa in contrahendo in seiner von der hL vertretenen Verallgemeinerung, wohl aber für Haftung wegen Erklärungsfahrlässigkeit (Analogie zu § 878) *Reischauer,* ZVR 1978, 134ff; *ders* in *Rummel*[3], vor § 918 Rz 14ff; kritisch auch *Schuhmacher,* Verbraucherschutz 180ff.

sig) eines mehrdeutigen Ausdrucks bedient haben sollte und dem L dadurch ein Schaden entstanden wäre.

Als Schaden des L könnte man ansehen, dass er seinen Stier hergegeben und im Ergebnis das Eigentum an ihm verloren hat, ohne einen vertraglichen Anspruch auf eine Gegenleistung zu erlangen. Diesen Schaden hätte B durch sein schuldhaftes Verhalten verursacht, wenn man davon ausginge, dass er als Landwirt die Zweideutigkeit seiner Erklärung hätte kennen müssen (Erklärungsfahrlässigkeit).

Es ist aber umstritten, ob beim Tatbestand des Dissenses eine Haftung wegen Erklärungsfahrlässigkeit überhaupt in Betracht kommt. § 869 letzter Satz sieht nämlich ausdrücklich nur eine Haftung für den Fall vor, dass sich jemand *absichtlich* einer undeutlichen Erklärung bedient. Das ist nach dem Sachverhalt aber sicher nicht der Fall. Zu erwägen bleibt freilich eine nun zunehmend vertretene Analogie zur Erklärungshaftung nach § 878 Satz 3. Ohne das Verhältnis zwischen den §§ 869 und 878, die allenfalls auf verschiedenen Wertungen beruhen, klären zu müssen, kann man auch eine Haftung des B analog § 878 ausschließen. Setzt man nämlich den Sorgfaltsmaßstab für B so hoch an, dass er die Mehrdeutigkeit der Erklärung „$2^{1}/_{2}$“ hätte erkennen müssen, muss man dasselbe auch für L annehmen. Beide sind bezüglich des Viehkaufs auf gleicher „Sachverständigenstufe“ einzuordnen. § 878 bejaht eine Ersatzpflicht nämlich nur, „falls von diesem“ (also dem Geschädigten) „nicht dasselbe gilt“ (Kulpakompensation). Insoweit liegt **nach (noch) hA** eine Abweichung von der allgemeinen Regel des § 1304 vor, wonach bei gleichem Verschulden Schadensteilung einzutreten hätte[8]). Daher kann die allgemeine Frage der Haftung wegen Fahrlässigkeit bei Dissens hier offen bleiben[9]). Ein Anspruch des L gegen B aus culpa in contrahendo ist daher abzulehnen.

b) Fraglich ist, ob L gegen B Bereicherungsansprüche geltend machen kann. Als Rechtsgrundlage für solche Ansprüche kommen §§ 877, 1431 ff und 1041 in Betracht.

aa) Sowohl § 877 als auch §§ 1431 ff enthalten die Regelung von Leistungskondiktionen, wobei § 877 eine allgemeine condictio sine causa regelt, die

---

8) *Koziol/Welser* (Bearb *Kletečka*) I[13] 170 f; kritisch *Apathy/Riedler*, BR III, Schuldrecht BT[4], Rz 13/67; *Kerschner*, Irrtumsanfechtung 118; diesem zustimmend *Apathy/Riedler* in *Schwimann*[3], § 878 Rz 13; wie im Text *Rummel* in *Rummel*[3], § 878 Rz 6.

9) Ablehnend *Gschnitzer* in *Klang*[2] IV/1, 97 f; vgl auch *Welser*, Vertretung 66 FN 43; *Apathy/Riedler* in *Schwimann*[3], § 869 Rz 16 (nur bei Vorsatz); ebenso für das deutsche Recht *Flume*, Rechtsgeschäft[4], 626; anders *Kerschner*, Irrtumsanfechtung 116; OGH SZ 57/94 = JBl 1986, 177 mit insoweit zust Anm von *Wilhelm; Rummel* in *Rummel*[3], § 869 Rz 11; *Gschnitzer*, Allg Teil[2], 661; ausführlich *Vonkilch*, Kennt das ABGB eine Haftung für die sorgfaltswidrige Abgabe einer wegen Willensmangel anfechtbaren Willenserklärung? JBl 2004, 759 ff.

nach hL auch auf Vertragsnichtigkeit wegen Dissenses anwendbar ist[10]). Diese Auffassung wird allerdings bestritten[11]), weil es keinen Grund gebe, bei Dissens auf das Irrtumserfordernis der §§ 1431, 1432 zu verzichten. Diese Frage kann hier ebenfalls offen bleiben, da L den Stier in Unkenntnis des Dissenses geleistet hat, sodass auch nach § 1432 eine Rückforderung gemäß § 1431 nicht ausgeschlossen wäre. Da § 877 keine nähere Regelung der Rechtsfolgen enthält, sind für diese jedenfalls §§ 1431 ff heranzuziehen.

Danach ist der Empfänger der rechtsgrundlosen Leistung gemäß § 1437 wie ein redlicher oder unredlicher Besitzer zu behandeln, je nachdem, ob er vom Fehlen des Rechtsgrundes wissen konnte oder nicht. Da B mangels weiterer Anhaltspunkte im Sachverhalt im Einklang mit der Vermutung des § 328 als redlich anzusehen ist, wäre er nach dem Wortlaut des § 1437 in Verbindung mit § 330 nicht zur Herausgabe von „Nutzungen" verpflichtet. Die Lehre vermeidet für den Erlös aus der Veräußerung der fremden Sache dieses – insofern zweifellos untragbare und vom Gesetzgeber nicht gewollte – Ergebnis, indem sie neben § 330 noch § 1041 für anwendbar hält[12]) und damit den durch die Veräußerung erzielten Erlös dem früheren Eigentümer zuweist, oder aber, indem sie den in das Vermögen des Bereicherten gelangten Geldwert der Sache schon nach § 1431 schlechthin für geschuldet ansieht, ohne insofern die Regeln der §§ 1437, 330 anzuwenden[13]). Der Veräußerungserlös wäre danach vom Begriff der Nutzungen im § 330 nicht erfasst; auch die Regel des § 329 schließt nach den genannten Autoren nur Schadenersatz-, nicht Bereicherungsansprüche aus.

Da jedenfalls über das Ergebnis, dass der Erlös aus der Veräußerung nach Kondiktionsgrundsätzen herauszugeben sei, Einigkeit besteht, bedarf es einer Entscheidung über die Konstruktion des Ergebnisses nicht. L hat also einen Anspruch auf Herausgabe des aus der Veräußerung erzielten Nutzens gegen B.

---

[10]) *Ehrenzweig,* System² II/1, 743; *Gschnitzer* in *Klang²* IV/1, 155; *Gschnitzer,* Schuldrecht, Bes Teil und Schadenersatz² 404.

[11]) Vgl *Rummel,* ÖJZ 1978, 255; zust *Koziol/Welser* (Bearb *Welser*) II¹³ 277 f; *Honsell/ Mader* in *Schwimann³*, Vorbem zu §§ 1431 ff Rz 10; *Apathy/Riedler,* BR III, Schuldrecht BT⁴, Rz 15/13.

[12]) *Gschnitzer,* Schuldrecht, Bes Teil und Schadenersatz 135 (anders die 2. Auflage, 399); *Ehrenzweig,* System² II/1, 729; *Koziol/Welser* I¹⁰ 425, 437 (anders die 13. Auflage, II 259 f); vgl *Apathy,* JBl 1978, 531 f; *Fischer-Czermak,* FS 200 Jahre ABGB 965; aA allerdings OGH JBl 2002, 451 mit zutreffender kritischer Anmerkung *Wagner.*

[13]) So zB *Stubenrauch,* Kommentar II⁸, 875; auch *Wilburg* in *Klang²* VI 474 f nimmt an, dass wegen §§ 1437, 330 eine Forderung des Erlöses vom gutgläubigen Veräußerer nicht ausgeschlossen sei; seine Argumente gehen dahin, dass der Ausschluss der Rückforderung der Nutzungen nach §§ 330, 1437 nur für den Fall gedacht gewesen sei, dass der Bereicherte seinerseits für die Erlangung der Sache einem Dritten einen (nunmehr möglicherweise verlorenen) Preis gezahlt habe. Das treffe bei der Kondiktion, bei der der Bereicherte die Sache vom Eigentümer erlangt hat, nicht zu; vgl auch *Mader* in *Schwimann³*, § 1437 Rz 3; *Rummel* in *Rummel³*, § 1437 Rz 3 ff.

bb) Was die Höhe des Anspruchs angeht, so kommt entweder (vgl § 1041) der gemeine Wert Euro 2.250,– oder eine höhere Summe bis zum von B erzielten Erlös von Euro 2.300,– in Betracht.

Geht man mit dem Sachverhalt davon aus, dass der Stier objektiv Euro 2.250,– wert ist, fragt sich, aus welchem Grund dem Eigentümer L mehr, nämlich der volle Erlös zufallen sollte[14]). Dagegen spricht sich etwa *Wilburg*[15]) aus, der an eine Aufteilung des Erlöses in dem Verhältnis denkt, in dem der Erlös teils auf der geleisteten Sache, teils auf Werten beruht, die der Empfänger selbst zum Erfolg beiträgt.

In einem Falle wie dem vorliegenden, in dem der Gewinn des B offenbar allein auf seiner Verkaufstätigkeit beruht, ist zweifelhaft, ob man diesen Mehrerlös dem L zuweisen kann. Andererseits erhöht natürlich die Aussicht, den Gewinn behalten zu dürfen, den Anreiz, über fremde Sachen zu verfügen und dann nur den (Einkaufs-)Wert zu ersetzen. Das Problem ist gesetzlich nicht geregelt; was man unter Wert in § 1041 zu verstehen hat, ist ebenso offen wie die Formulierung des § 1431, dass „in der Regel“ die Sache verlangt werden könne. Auch die Worte des § 330 „alle aus der Sache entspringende Früchte“ geben insofern keinen weiteren Aufschluss. Man wird wohl in der Regel, wenn der Erlös durch eigenen Verdienst des Bereicherten mitverursacht ist, danach unterscheiden müssen: Ist der Verwendende redlich, so hat er nur den Wert der Sache zu ersetzen, hier also Euro 2.250,–. Der restliche Erlös beruht auf seinem Einsatz und gebührt daher ihm selbst[16]). Anders bei Unredlichkeit, um den Anreiz des Spekulierens mit fremden Sachen zu nehmen: Dann ist grundsätzlich alles Erlangte (abzüglich nützlich gemachten Aufwandes) herauszugeben[17]).

Demnach kann L von B die Zahlung von Euro 2.250,– nach den §§ 877, 1431, 1437, 1041 verlangen.

5. Anspruch des F gegen B auf Rückzahlung von Euro 2.300,–

Da nach dem oben Ausgeführten F nicht zur Herausgabe des Stiers verpflichtet ist, kommt ein sonst denkbarer Anspruch des F gegen B auf Rückzahlung des geleisteten Kaufpreises nicht in Betracht.

---

14) So etwa *Stanzl* in *Klang*² IV/1, 920.

15) In *Klang*² VI 475.

16) Ebenso etwa *Fischer-Czermak*, FS 200 Jahre ABGB 965 f; *Lurger* in *Kletečka/Schauer*, ABGB-ON § 329 Rz 6.

17) Vgl aber *Bydlinski*, JBl 1969, 255, der auch beim Unredlichen im Prinzip für eine Aufteilung eintritt; ebenso *Koziol/Welser* (Bearb *Welser*) II¹³ 295.

6. Fall

Die verpfuschte Renovierung

Sachverhalt

Romantikus hat sich einen langersehnten Wunsch erfüllt und im oberen Mühlviertel ein altes Bauernhäuschen erstanden, das jedoch stark renovierungsbedürftig ist. Da er bereits den Großteil seiner Ersparnisse für den Ankauf verwendet hat, überlegt er sich, wie er nun die anfallenden Renovierungsarbeiten am günstigsten finanzieren könne. Schließlich gibt er ein Inserat mit folgendem Wortlaut auf: „Suche zur Renovierung eines alten Hauses gelernten Maurer und Maler."

Auf die Anzeige hin meldet sich Wifzack, der als Maurer beim Baumeister Bauwolf beschäftigt ist und in seiner Freizeit des Öfteren Maurer-, aber auch Malerarbeiten als „private Aufträge" übernimmt. An Ort und Stelle erklärt sich Wifzack bereit, für einen Preis von Euro 7.000,– das Haus zu renovieren. Romantikus ist damit einverstanden. Er weiß natürlich, dass Wifzack keine entsprechenden Gewerbeberechtigungen besitzt und derartige Arbeiten in seiner Freizeit häufig durchführt, doch das stört ihn nicht weiter. In der Folge führt Wifzack die Arbeiten zügig durch. Nach Beendigung erhält er von Romantikus den vereinbarten Betrag.

Drei Wochen nach Fertigstellung beginnt an mehreren der renovierten Stellen der Putz abzubröckeln. Romantikus begehrt daher von Wifzack – gestützt auf Gewährleistung – primär Verbesserung der Mängel, in eventu Preisminderung und zuletzt Rückforderung des gesamten Entgelts. Die Mängelbehebung – durchgeführt von einem Unternehmer mit Gewerbeberechtigung – würde Euro 5.400,– kosten.

Wird Romantikus Erfolg haben?

Variante: Welche Rechtsbehelfe stehen Romantikus zur Verfügung, wenn er von der mangelnden Berechtigung des Wifzack nichts gewusst hat und die Arbeiten jedenfalls von einem befugten Unternehmer ausführen lassen wollte?

Erforderliche Kenntnisse: Erlaubtheit von Rechtsgeschäften; Willensmängel; Grundzüge des Gewährleistungs- und Schadenersatzrechts; vgl dazu *Koziol/Welser* (Bearb *Kletečka*) I[13] 174–184, (Bearb *Welser*) II[13] 63 ff, 87 ff; *P. Bydlinski,* BR I, AT[5], Rz 7/1 ff; Rz 8/1 ff; *Dullinger,* BR II, Schuldrecht AT[4], Rz 3/1 ff; *Apathy/Riedler,* BR III, Schuldrecht BT[4], Rz 13/1 ff.

Ziel: Erlernen des Auffindens und Auswertens von Literatur und Rspr zu einem umstrittenen Rechtsproblem.

I. Vorüberlegungen

1. Zum Sachverhalt und zur Fragestellung

Im **Grundsachverhalt** sind die zu prüfenden Begehren bereits konkretisiert: Romantikus will von Wifzack gestützt auf Gewährleistung primär Verbesserung, in eventu Preisminderung und zuletzt Rückforderung des gesamten Entgelts. Die Antwort auf die erste Überlegung: **„Wer will was von wem aus welchem Grund?"** kann daher schon der Fragestellung entnommen werden. Da nach dem Sachverhalt zwischen Romantikus und Wifzack ein Werkvertrag vorliegen dürfte, ergibt sich als konkrete Anspruchsgrundlage § 1167 iVm §§ 922 ff. Auch die Reihenfolge der Anspruchsprüfung ist bereits dem Sachverhalt entnehmbar: „primär" Verbesserung, „in eventu" Preisminderung, „zuletzt" Rückzahlung des gesamten Entgelts. Um die Berechtigung dieser Begehren zu prüfen, sind zunächst die Voraussetzungen von Gewährleistungsrechten im Allgemeinen zu klären. Dabei wird unschwer zu erkennen sein, dass Gewährleistung das Zustandekommen eines gültigen Vertrags voraussetzt. Genau das ist aber hier problematisch. Wer also das Zustandekommen eines Vertrags unreflektiert bejaht (oder gar nicht darauf eingeht) und die Gewährleistung bis ins letzte Detail prüft, wird das Ziel verfehlen. Maßgeblich für eine erfolgreiche Lösung ist also das Erkennen des Problems (vgl dazu gleich unten).

Gelangt man zum Ergebnis, dass es bereits am gültigen Zustandekommen eines Vertrags mangelt, so ergäbe sich daraus zweierlei:

Erstens bliebe sämtlichen der von Romantikus gestellten Gewährleistungsbegehren der Erfolg verwehrt. Zweitens ergäbe sich aus der Einschränkung der gutachterlichen Fragestellung auf Rechtsbehelfe der Gewährleistung, dass auf allfällige Schadenersatz- und Bereicherungsansprüche nicht näher eingegangen zu werden braucht.

In der **Variante** dagegen ist nach sämtlichen Rechtsbehelfen des Romantikus gefragt. Nur das „Wer" ist vorgegeben (Romantikus). Nach den konkret möglichen Begehren, also dem „Was", ist der Sachverhalt genau zu durchforsten. Auch mangelt es an einer Vorgabe für die Passivlegitimation: Zumindest auf den ersten Blick könnte dabei selbst Bauwolf als Anspruchsgegner „verdächtig" sein. Dieser Verdacht stellt sich jedoch spätestens auf den zweiten Blick als unbegründet heraus.

2. Zur Einordnung des Problems

Unschwer zu erkennen ist, dass Wifzack etwas Verbotenes unternimmt: Er arbeitet schwarz („im Pfusch"), also ohne über eine nach dem Gesetz (Gewerbeordnung) erforderliche Gewerbeberechtigung zu verfügen. Fraglich ist, wie dieser Verstoß gegen die Gewerbeordnung auf die Gültigkeit des Vertrags wirkt. Die Erlaubtheit von Verträgen ist in § 879 geregelt. Wer dies nicht weiß, wird zu diesem normativen Sitz des Problems gelangen, wenn er im Sachverzeichnis des

„*Koziol/Welser*“ Band I, 13. Auflage, unter „Schwarzarbeiter“ nachsieht: Dort wird er auf Seite 175 und damit auf das Kapitel über die Erlaubtheit der Rechtsgeschäfte verwiesen[1]). Damit ist der erste Einstieg in weiterführende Literatur und Judikatur schon gelungen.

Im Rahmen der Literatursuche können auch Rechtsdatenbanken zu Hilfe genommen werden[2]). Gibt man als Suchwort „Schwarzarbeit*“ ein, so werden sämtliche Dokumente abgerufen, die das gewünschte Wort oder Zusammensetzungen davon (zB „Schwarzarbeitsverträge“) enthalten. Allein in der RDB erschienen im Zeitpunkt der Abfrage[3]) in unserem Fall 1322 Dokumente. Beschränkt man die Abfrage auf „Literatur“, so erhält man in der RDB immer noch 245 Dokumente. Filtert man unter den in den Datenbanken zugänglichen Dokumenten die am besten passenden heraus, so erweisen sich einige Aufsätze[4]) im Rahmen der vorliegenden Hausarbeitsproblematik als „Volltreffer“. Sie enthalten weiterführende Literatur und Rspr zu Schwarzarbeiterverträgen. Soweit das nicht schon durch die Lektüre von *P. Bydlinski* oder *Koziol/Welser* erfolgt ist, wird man sehr bald auf die in Österreich herrschende Ansicht zur Erlaubtheit von Rechtsgeschäften (§ 879) im Allgemeinen stoßen: Die hM nimmt Vertragsnichtigkeit nur dann an, wenn es der Verbotszweck erfordert. Dies sei aber bei Verstößen gegen die GewO nicht der Fall. Die geforderte Leistung im Rahmen dieser Hausarbeit ist es jedoch, sich mit unterschiedlichen Meinungen zum Problem auseinander zu setzen. Dabei sind sämtliche rechtswissenschaftliche Auslegungsmethoden heranzuziehen[5]). Insbesondere auf der Suche nach dem Verbotszweck der GewO wird die teleologische Interpretation eine wesentliche Rolle spielen. Schließlich kann auch die Rechtsvergleichung zur Problemlösung herangezogen werden: Ein Rechtsproblem kann sich in gleicher und ähnlicher Weise auch in anderen Rechtsordnungen stellen und dort bereits gelöst oder

---

[1]) Vgl auch *P. Bydlinski*, BR I, AT[5], Rz 7/36 (im Stichwortverzeichnis allerdings nicht unmittelbar zutreffend Rz 7/37).

[2]) Von kommerziellen Anbietern gibt es derzeit folgende Datenbankprodukte: „RDB (Die Rechtsdatenbank)“: www.rdb.at; „LexisNexis Online“: zugänglich über www.lexisnexis.at; „Rechts-Index & Datenbank“: www.rida.at. Kostenlos zugänglich ist das Rechtsinformationssystem des Bundes (RIS), über das vor allem Bundes- und Landesgesetzblätter sowie Rspr abgefragt werden kann (www.ris.bka.gv.at). Ferner gibt es eine Reihe – häufig kostenlos zugänglicher – Datenbanken mit bestimmten thematischen Schwerpunkten (vgl zB zum UN-Kaufrecht: www.globalsaleslaw.org). Zur Verwendung von Datenbanken vgl allgemein *Kerschner*, Wissenschaftliche Arbeitstechnik und Methodenlehre[5] (2006) 151 ff.

[3]) Abgefragt am 23. 7. 2012.

[4]) Nämlich *Iro*, Bekämpfung der Schwarzarbeit mit privatrechtlichen Sanktionen, RdW 1984, 366 f; *ders*, Zivilrechtliche Probleme bei Verträgen mit Schwarzarbeitern, JBl 1987, 1 ff; *ders*, Entgeltsanspruch für Schwarzarbeit, RdW 1999, 453 ff; *Warto*, Schwarzarbeit und die zivilrechtlichen Folgen, Zak 2008/564, 323.

[5]) Vgl dazu *P. Bydlinski*, AT[5], Rz 1/36 ff; *Koziol/Welser* (Bearb *Kletečka*) I[13] 22 ff; *Kerschner*, Wissenschaftliche Arbeitstechnik[5] 33 ff (insb 48 ff).

doch wenigstens eingehend erörtert sein. Freilich muss man in diesem Zusammenhang stets beachten, dass den ausländischen Problemlösungen möglicherweise eine andere Rechtslage zugrunde liegt. Schon aus sprachlichen, aber auch aus anderen Gründen mag ein Blick in die deutsche Rechtsordnung nützlich sein. Er ist auch in der österreichischen Rechtswissenschaft und Praxis durchaus üblich. In der Tat ist in Deutschland das Rechtsproblem der Schwarzarbeit schon lange Zeit Gegenstand heftiger Diskussion in der Literatur.

3. Ausarbeitung und Darstellung

Wir wissen bereits vom 5. Fall: Im Rahmen der Ausarbeitung und Darstellung wissenschaftlicher Arbeiten sind bestimmte Regeln zu beachten. Im Einzelnen ist nochmals auf einschlägige Literatur zu verweisen[6]). Hervorgehoben sei nur, dass die unsystematische Aufzählung von Lehrmeinungen vermieden werden sollte. Vielmehr sind die einzelnen Ansätze nach inhaltlichen Kriterien zusammenzufassen und in diesem Rahmen zu erörtern. Die bloß aufzählende Wiedergabe von Meinungen zeigt zwar, dass der Bearbeiter die einschlägige Literatur aufgefunden hat, nicht aber, ob er sich damit auch inhaltlich auseinander gesetzt hat.

II. Literaturverzeichnis

P. Bydlinski, Bürgerliches Recht I Allgemeiner Teil[5] (2010).

Canaris, Gesetzliches Verbot und Rechtsgeschäft (1983).

Dullinger, Bürgerliches Recht II Schuldrecht Allgemeiner Teil[4] (2010).

A. Ehrenzweig, System des österreichischen allgemeinen Privatrechts II, 1. Hälfte[2] (1928).

Fricke, Zivilrechtliche Folgen von Verstößen gegen das SchwarzArbG (2005).

Flume, Allgemeiner Teil des Bürgerlichen Rechts, II, Das Rechtsgeschäft[4] (1992).

Iro, Bekämpfung der Schwarzarbeit mit privatrechtlichen Sanktionen, RdW 1984, 366f.

Iro, Zivilrechtliche Probleme bei Verträgen mit Schwarzarbeitern, JBl 1987, 1ff.

Kern, Die zivilrechtliche Beurteilung von Schwarzarbeitsverträgen, FS Gernhuber (1993) 191ff.

Kerschner/Riedler, Der Vertragsschluß, JAP 1995/96, 8ff.

Kerschner/P. Bydlinski, Bürgerliches Recht für Fortgeschrittene – Fälle und Lösungen[5] (2008).

Kerschner, Wissenschaftliche Arbeitstechnik und Methodenlehre für Juristen[5] (2006).

Klang, Kommentar zum Allgemeinen Bürgerlichen Gesetzbuch IV, 1. Halbband und V[2] (1968, 1954).

Kletečka/Schauer (Hsrg), ABGB-ON (2010).

Köhler, Schwarzarbeitsverträge: Wirksamkeit, Vergütung, Schadenersatz, JZ 1990, 466ff.

Koziol/Welser, Bürgerliches Recht (Bearb *Kletečka*) I[13] (2006), (Bearb *Welser*) II[13] (2007).

[6]) *Kerschner*, Wissenschaftliche Arbeitstechnik[5].

Palandt, Bürgerliches Gesetzbuch[71] (2012).

Reischauer, Das neue Gewährleistungsrecht und seine schadenersatzrechtlichen Folgen, JBl 2002, 141 ff.

Rixecker/Söcker (Hrsg), Münchner Kommentar zum Bürgerlichen Gesetzbuch I/1, Allgemeiner Teil[6] (2012).

Rummel, Kondiktion bei verbotenen und sittenwidrigen Rechtsgeschäften, ÖJZ 1978, 253 ff.

Rummel, Kommentar zum ABGB I[3] (2000).

Schwimann, Praxiskommentar zum ABGB[3], V (2006) und VII (2005).

Sonnenschein, Schwarzarbeit, JZ 1976, 497 ff.

von Staudinger, Kommentar zum Bürgerlichen Gesetzbuch mit Einführungsgesetz und Nebengesetzen. Erstes Buch. Allgemeiner Teil. §§ 134–138; Anh zu § 138; ProstG (Neubearbeitung 2011).

Warto, Schwarzarbeit und die zivilrechtlichen Folgen, Zak 2008/564, 323.

Welser/B. Jud, Die neue Gewährleistung (2001).

Westphal, Zivilrechtliche Vertragsnichtigkeit wegen Verstoßes gegen gewerberechtliche Verbote (1985).

III. Gliederung

A. Grundsachverhalt:
Anspruch des Romantikus gegen Wifzack auf Verbesserung gemäß § 1167 iVm § 932
1. Willenseinigung
2. Folgen der fehlenden Gewerbeberechtigung
   a) Allgemeines
   b) Verstoß gegen die Gewerbeordnung
   c) Schutzzwecke der Gewerbeordnung
   d) Rechtsvergleichende Argumente
   e) Ergebnis

B. Variante:
I. Anspruch des Romantikus gegen Wifzack auf Verbesserung gemäß § 932 Abs 2
   1. Allgemeine Voraussetzungen des Gewährleistungsanspruchs
      a) Art des Mangels
      b) Rechtsfolgen
   2. Recht auf Verbesserung oder auf Austausch der Sache
II. Anspruch des Romantikus gegen Wifzack auf Rückzahlung eines Teils des Entgelts gemäß § 1435 nach Preisminderung gemäß § 932 Abs 4
III. Anspruch des Romantikus gegen Wifzack auf Rückzahlung von Euro 7.000,– gemäß § 1435 nach erfolgter Wandlung gemäß § 932 Abs 4
IV. Anspruch des Romantikus gegen Wifzack auf Rückzahlung von Euro 7.000,– gemäß § 877
   1. Anfechtung wegen Irrtums
   2. Anfechtung wegen List
   3. Ergebnis
V. Anspruch des Romantikus gegen Wifzack auf Schadenersatz gemäß § 933a Abs 1

IV. Gutachten

A. Grundsachverhalt

Anspruch des Romantikus gegen Wifzack auf Verbesserung gemäß § 1167 iVm § 932

Der Gewährleistungsanspruch setzt voraus, dass ein gültig begründetes Schuldverhältnis mangelhaft erfüllt wurde[1]). Es ist daher zunächst zu prüfen, ob ein gültiger Vertrag zwischen Romantikus und Wifzack zustande gekommen ist.

1. Willenseinigung

Zwischen Romantikus und Wifzack soll ein Werkvertrag (§§ 1165 ff) abgeschlossen werden: Dabei verpflichtet sich der Werkunternehmer (gegen Entgelt), ein den Vorstellungen des anderen Teils entsprechendes Werk entweder persönlich selbstständig herzustellen oder unter persönlicher Verantwortung durch Dritte herstellen zu lassen.

Das Inserat des Romantikus stellt noch kein Angebot zum Abschluss eines Werkvertrags dar, da es am Bindungswillen jedenfalls fehlt. Die Anzeige ist lediglich als eine Aufforderung zur Stellung eines Angebotes[2]) und nicht als ein wirksames Angebot zu sehen.

Als gültige Offerte könnte die Erklärung des Wifzack zu sehen sein, „für einen Preis von Euro 7.000,– das Haus zu renovieren". Werkleistung (Hausrenovierungsarbeiten) und Preis sind bestimmt. Auch Bindungswille ist vorhanden. Die mündliche Erklärung des Wifzack geht dem anwesenden Romantikus sofort zu. Es liegt daher ein gültiges Angebot des Wifzack vor.

Romantikus hat das Angebot angenommen („ist damit einverstanden").

Romantikus und Wifzack haben somit zwei übereinstimmende Willenserklärungen abgegeben, die Tatbestandsmerkmale eines Werkvertrages gemäß § 1151 iVm §§ 1165 ff liegen vor.

2. Folgen der fehlenden Gewerbeberechtigung

Es stellt sich aber die Frage, welche Auswirkungen die fehlende Gewerbeberechtigung des Wifzack auf die Gültigkeit des Vertrages hat. Insoferne könnte der Vertrag gegen ein gesetzliches Verbot iSv § 879 verstoßen.

a) Allgemeines

Gemäß § 879 Abs 1 sind Verträge, die gegen ein gesetzliches Verbot oder gegen die guten Sitten verstoßen, nichtig. Dies erweckt zunächst – nach dem

---

[1]) Vgl *Koziol/Welser* (Bearb *Welser*) II[13] 45; *Dullinger,* BR II, Schuldrecht AT[4], Rz 3/1 f.

[2]) *Kerschner/Riedler,* Der Vertragsschluß, JAP 1995/96, 9; *P. Bydlinski,* BR I, AT[5], Rz 6/8.

Wortlaut der Bestimmung – den Anschein, als ob jedes Geschäft, das mit einer Verbotsnorm in Widerspruch steht, von der Nichtigkeitssanktion erfasst würde. Auch die historische Auslegung der Bestimmung anhand der Materialien der III. Teilnovelle[3]) führt zu keinem anderen, über die Wortinterpretation hinausgehenden Ergebnis[4]).

Die Bestimmung wird aber von der hA[5]) auf Grund teleologischer Erwägungen dahingehend reduziert, dass ein Rechtsgeschäft nur dann nichtig ist, wenn Nichtigkeit ausdrücklich als Rechtsfolge angeordnet ist oder es der Schutzzweck der Verbotsnorm verlangt. Begnügt sich jedoch die verletzte Norm mit der Verhängung anderer Rechtsfolgen, etwa mit der Bestrafung eines oder aller Beteiligten, so ist das Geschäft gültig. Nicht jedes verbotene Geschäft ist daher nichtig.

Vielmehr ergibt sich nach hA in Österreich aus § 879 – anders als nach deutscher Rechtslage aus § 134 BGB[6]) – grundsätzlich die Vermutung für und nicht gegen die Gültigkeit des Vertrages, es sei denn, der Verbotszweck lasse auf das Gegenteil schließen[7]). Dem hat sich die Rspr angeschlossen[8]).

b) Verstoß gegen die Gewerbeordnung

Es ist daher zunächst zu prüfen, ob der Vertrag zwischen Wifzack und Romantikus gegen ein gesetzliches Verbot verstößt und, wenn ja, ob ausdrücklich Nichtigkeit angedroht ist[9]). Fehlt es daran, so ist zu fragen, welchen Zweck die Verbotsnorm verfolgt, insbesondere ob sie die Ungültigkeit des Vertrags erfordert.

---

[3]) Kaiserliche Verordnung vom 19. 3. 1916, RGBl Nr 69 über die dritte Teilnovelle zum ABGB; Bericht der Kommission für Justizgegenstände über die Gesetzesvorlage betreffend die Änderung und Ergänzung einiger Bestimmungen des ABGB Nr 78 der BlgHH XXI. Session 1912.

[4]) Vor der Novelle 1916 war die Unerlaubtheit Bestandteil des § 878, der wie folgt lautete: „. . . was geradezu unmöglich oder unerlaubt ist, kann kein Gegenstand eines gültigen Vertrags werden." Die Novelle trennte die Vorschriften über Unmöglichkeit und Unerlaubtheit, zerlegte die Unerlaubtheit in Verstoß gegen gesetzliches Verbot und Verstoß gegen die guten Sitten, ohne dass das eine inhaltliche Änderung bedeutete.

[5]) Vgl *Krejci* in *Rummel*[3], § 879 Rz 26, 28; *Apathy* in *Schwimann*[3], § 879 Rz 3; *Koziol/Welser* (Bearb *Kletečka*) I[13] 175; *Gschnitzer* in *Klang*[2] IV/I, 179; *Rummel*, Kondiktion bei verbotenen und sittenwidrigen Rechtsgeschäften, ÖJZ 1978, 253; vgl auch *G. Graf* in *Kletečka/Schauer*, ABGB-ON § 879 Rz 5.

[6]) Danach spricht die Vermutung für die Nichtigkeit des Rechtsgeschäfts. Siehe dazu im Einzelnen S 88 ff.

[7]) *Gschnitzer* in *Klang*[2] IV/1, 179.

[8]) OGH SZ 19/160; JBl 1968, 624; bbl 2003/22.

[9]) *Krejci* (in *Rummel*[3], § 879 Rz 27) will selbst im Falle der ausdrücklich angeordneten Nichtigkeit eine Reduktion der Rechtsfolgenanordnung auf Grund des Verbotszwecks vornehmen, sodass dieser die Nichtigkeitsanordnung relativieren bzw modifizieren könnte.

Die Frage, ob die übertretene Norm tatsächlich ein Verbot iSd § 879 darstellt, ist aus der betreffenden Norm im Zusammenhang mit eventuellen Strafbestimmungen zu beantworten[10]).

Als übertretene Normen, die dem Vertrag zwischen Wifzack und Romantikus entgegenstehen könnten, kommen Bestimmungen der GewO in Frage. Laut Sachverhalt verpflichtet sich Wifzack zur Ausführung von Maler- und Maurerarbeiten. Wifzack handelt gewerbsmäßig iSd § 1 GewO, da er nach dem Sachverhalt solche Tätigkeiten regelmäßig ausübt (§ 1 Abs 4 GewO). Gemäß § 5 GewO dürfen Gewerbe – sofern die GewO nichts anderes bestimmt – grundsätzlich nur auf Grund vorheriger Anmeldung ausgeübt werden, wobei die für die Gewerbeausübung vorgeschriebenen allgemeinen und besonderen Voraussetzungen erfüllt sein müssen. Gewerbliche Arbeiten als Maler oder Anstreicher dürfen grundsätzlich nur im Rahmen des Maler- oder Anstreichergewerbes (§ 94 Z 47 GewO) erbracht werden. Für Malerarbeiten müsste Wifzack also über eine diesbezügliche Berechtigung verfügen, die ihm jedoch als beim Baumeister Bauwolf angestelltem Maurer offenbar fehlt[11]). Aber auch zur Erbringung selbstständiger Maurerarbeiten ist Wifzack nicht berechtigt. Die Tätigkeit als Maurer kann nach der GewO als eigenes Gewerbe gar nicht ausgeübt werden[12]).

Aus den angeführten Bestimmungen der GewO im Zusammenhang mit der Strafbestimmung des § 366 Abs 1 Z 1 GewO, wonach die Ausübung eines Gewerbes ohne die erforderliche Gewerbeberechtigung eine Verwaltungsübertretung darstellt, die mit Geldstrafe bis zu Euro 3.600,– zu bestrafen ist, ergibt sich somit ein Verbot unberechtigter Gewerbeausübung. Es handelt sich bei den genannten Vorschriften um Verbotsgesetze iSd § 879 Abs 1[13]).

Da Wifzack keinerlei Gewerbeberechtigung für die Erbringung der mit Romantikus vereinbarten Maler- und Maurerleistungen besitzt, hat er gegen die Gewerbeordnung verstoßen. Ihm droht jedenfalls eine Verwaltungsstrafe.

c) Schutzzweck der Gewerbeordnung

Fraglich ist nun, ob der Verstoß gegen die GewO auch eine zivilrechtliche Sanktion, nämlich die Nichtigkeit des Vertrages, nach sich zieht. Eine ausdrückliche Nichtigkeitsanordnung enthält die Gewerbeordnung nicht. Es ist daher

---

[10]) *Iro*, Zivilrechtliche Probleme bei Verträgen mit Schwarzarbeitern, JBl 1987, 1 (6).

[11]) Das Maler- und Anstreichergewerbe gehört zu den reglementierten Gewerben (§ 94 Z 47 GewO). Bei diesen bedarf es im Rahmen der besonderen Voraussetzungen der Erbringung eines Befähigungsnachweises zB in der Form einer Meisterprüfung oder eines der in § 18 GewO angeführten Zeugnisse.

[12]) Baugewerbe gehören zu den reglementierten Gewerben (§ 94 Z 5 GewO), die im Rahmen der besonderen Voraussetzungen eines Befähigungsnachweises nach § 18 GewO bedürfen (vgl dazu die Baumeister-Verordnung, BGBl II 2003/30 idgF).

[13]) *Iro*, JBl 1987, 6.

nach dem Schutzzweck der GewO zu ermitteln, welche Rechtsfolgen der Gesetzesverstoß nach sich zieht.

Zweck der Gewerbeordnung ist die Regelung des Marktzutritts und der Ausübung gewerblicher Tätigkeiten im Interesse der Allgemeinheit, insbesondere zur Erhaltung eines leistungsfähigen Gewerbestands. Ferner dienen einzelne Bestimmungen der Gewerbeordnung auch dem Schutz von Leben und Gesundheit[14]), von Fiskalinteressen und von Verbraucherinteressen.

Die hier in concreto übertretenen Bestimmungen (Erfüllung der Befähigungserfordernisse) dienen sowohl zur Sicherung eines gewissen Leistungsstandards im Interesse der Verbraucher und all jener, die mit der Leistung in Kontakt kommen, wie auch zum Schutz der Gewerbetreibenden gegen die Konkurrenz durch schlechtere, allenfalls deren Preise unterbietende Leistungen[15]).

Aus diesen Zwecken lässt sich allerdings noch nicht zwingend auf die Rechtsfolge der Nichtigkeit von Verträgen über Schwarzarbeit schließen. In der Lehre haben sich verschiedene Ansätze herauskristallisiert, die einen Bezug der Vertragswirksamkeit zum Verbotszweck herstellen, indem sie diesen durch konkretisierende Kriterien präzisieren:

Zum einen wird darauf abgestellt, ob sich das Verbot gegen den Inhalt des Vertrags („Inhaltsverbot") oder nur gegen Umstände richtet, die das Zustandekommen des Vertrags betreffen („Abschlussverbot")[16]). In der Regel seien Rechtsgeschäfte gültig, wenn das Verbot nicht den Inhalt des Geschäftes, sondern nur Art, Ort und Zeit des Abschlusses betrifft. Nicht gegen den Inhalt des Geschäftes richten sich zB die Ladenschlussvorschriften und derartige die Ausübung des Gewerbes im Einzelnen regelnde Bestimmungen.

Weiters wird danach unterschieden, ob sich das Verbot nur an eine Vertragsseite wendet oder es beide Vertragsparteien betrifft[17]). So sei es zwar dem Kaufmann verboten, gewisse Waren am Sonntag zu verkaufen[18]), nicht aber dem Publikum, dieselben zu kaufen, wenn sie trotzdem feilgeboten werden.

Auch ein nach Rechtsgebieten gegliederter Ansatz wird vertreten, nämlich dass bei zivilrechtlichen Verboten eher Nichtigkeit anzunehmen sei „als bei strafrechtlichen und besonders bei verwaltungsrechtlichen und polizeilichen, die mit der Strafe meist allein ihren Zweck erreichen können und wollen"[19]).

---

[14]) Vgl §§ 74 ff GewO.

[15]) *Iro*, JBl 1987, 10.

[16]) So *Koziol/Welser* (Bearb *Kletečka*) I[13] 175; krit *G. Graf* in *Kletečka/Schauer*, ABGB-ON § 879 Rz 6.

[17]) *Apathy/Riedler* in *Schwimann*[3], § 879 Rz 3; *Koziol/Welser* (Bearb *Kletečka*) I[13] 175; aA *G. Graf* in *Kletečka/Schauer*, ABGB-ON § 879 Rz 6.

[18]) Vgl dazu das Öffnungszeitengesetz 2003, BGBl I 2003/48 idgF.

[19]) So *Gschnitzer* in *Klang*[2] IV/1, 180.

Überträgt man diese Überlegungen auf den hier interessierenden Fall des Verstoßes gegen die GewO auf Grund mangelnder Gewerbeberechtigung, so gelangt man zu folgendem Ergebnis: Das Erfordernis der Gewerbeberechtigung richtet sich – zumindest vordergründig – lediglich an eine der beiden Vertragsparteien, nämlich an Wifzack. Auch handelt es sich um ein verwaltungsrechtliches Verbot, das ohnehin mit Geldstrafen sanktioniert ist, womit dem Normzweck schon entsprochen sein könnte. Außerdem wird argumentiert[20]), dass es sich in den Fällen des Vertragsschlusses mit einem Kontrahenten ohne Gewerbeberechtigung um ein bloßes Abschlussverbot handle. Sämtliche bislang dargelegten Ansätze gelangen daher im Fall des mit einem nicht befugten Gewerbsmann abgeschlossenen Vertrages zu dessen Gültigkeit[21]).

Auch die Rspr[22]) nahm bisher immer wieder die Gültigkeit von „Pfuscherverträgen" an. Der Zweck der gewerberechtlichen Normen, allzu große Berufskonkurrenz und die Ausübung des Berufes durch ungeeignete Personen zu verhindern, werde durch Bestrafung nach der Gewerbeordnung erreicht[23]). Es gehe nur um die Ahndung der Verletzung öffentlich-rechtlicher Vorschriften. Der Vertragspartner würde einen ungerechtfertigten Vorteil ziehen, sofern dem „Schwarzarbeiter" der Lohn versagt würde[24]). Die Anzahl der an den OGH herangetragenen Fälle ist jedoch im Verhältnis zum Gesamtausmaß der Schwarzarbeit eher gering. Dies lässt sich insbesondere in den Fällen des beiderseits bewussten Verstoßes damit erklären, dass das gemeinsame verbotswidrige Verhalten die Parteien eint. Außerdem ist gemäß § 367 Z 54 GewO auch der Besteller der Schwarzarbeit unter bestimmten Voraussetzungen[25]) wegen einer Teilnahme an einer unbefugten Gewerbeausübung mit Geldstrafe bis zu Euro 2.180,– zu bestrafen. Daher streben die Parteien im Falle einer Störung in der Abwicklung des Schuldverhältnisses eher eine außergerichtliche Lösung an, als die Zivilgerichte zu bemühen[26]).

---

20) *Koziol/Welser* (Bearb *Kletečka*) I[13] 175.

21) So im Ergebnis auch *Krejci* in *Rummel*[3], § 879 Rz 169; *Apathy/Riedler* in *Schwimann*[3], § 879 Rz 5.

22) OGH SZ 54/56; vgl aus neuerer Zeit auch SZ 72/54; dazu zu Recht kritisch *Iro*, RdW 1999, 453.

23) OGH JBl 1954, 591.

24) OGH SZ 9/27.

25) Nach der angeführten Bestimmung ist strafbar, wer, „ohne sein Verhalten durch triftige Gründe rechtfertigen zu können, sich durch einen anderen eine Tätigkeit besorgen lässt oder einen anderen zu einer Tätigkeit veranlasst, obwohl er wissen musste, dass der andere durch die Ausübung dieser Tätigkeit eine Verwaltungsübertretung nach § 366 Abs 1 Z 1 begeht, oder dies nach seinem Beruf oder seiner Beschäftigung bei Anwendung entsprechender Aufmerksamkeit wissen konnte, und zwar auch dann, wenn der andere nicht strafbar ist."

26) So auch für die deutsche Rechtslage *Westphal*, Zivilrechtliche Vertragsnichtigkeit wegen Verstoßes gegen gewerberechtliche Verbote (1985) 142.

Aus dem bisher Gesagten könnte sich ergeben, dass das Zivilrecht mangels privatrechtlicher Sanktionen ein ungeeignetes Mittel zur Bekämpfung von Schwarzarbeit ist[27]).

Eine differenzierte Sichtweise bezüglich der Beurteilung der zivilrechtlichen Gültigkeit von Schwarzarbeiterverträgen vertritt *Iro*[28]). Gestützt auf die Bestimmung des § 873 Satz 2 sowie auf Ansätze in der deutschen Lehre und auf die Rspr des BGH[29]) stellt er auf die Kenntnis bzw Unkenntnis des Bestellers vom Fehlen der verwaltungsrechtlichen Befugnis ab. Ist der Besteller diesbezüglich in Unkenntnis, bleibe der Vertrag gültig, eine Irrtumsanfechtung gemäß § 873 Satz 2 sei zulässig. Wisse der Besteller jedoch über die mangelnde Befugnis des Ausführenden Bescheid, solle der Vertrag nichtig sein. Der Ausweg, der Vertrag könne jedenfalls von einem befugten Gewerbetreibenden erfüllt werden, scheide aus, da „es ja gerade einvernehmlicher Wille der Parteien“[30]) sei, die Arbeit „schwarz“ durchzuführen. Es bestehe daher kein Vertrauen auf das Vorliegen der rechtlichen Voraussetzungen der Leistung und auf eine durchsetzbare Erfüllungspflicht des Unternehmers.

Die Lösung *Iros* würde im vorliegenden Fall bedeuten, dass der Vertrag zwischen Romantikus und Wifzack nichtig wäre, da Romantikus von der fehlenden Berechtigung des Wifzack weiß. Die von *Iro* vorgeschlagene Differenzierung ist jedoch bislang in der österreichischen Literatur vereinzelt geblieben[31]). Da sie sich unter anderem auf § 873 Satz 2 beruft, ist auf die Bedeutung dieser Bestimmung für die Beurteilung der Rechtsfolgen von Schwarzarbeiterverträgen näher einzugehen:

Durch das KSchG 1979 wurde der Irrtum über die verwaltungsrechtliche Befugnis in Form einer Novelle zum ABGB besonders geregelt. § 873 Satz 2 sieht seither eine Irrtumsanfechtung für den Fall vor, dass sich der Vertragspartner „über das Vorhandensein einer erforderlichen verwaltungsrechtlichen Befugnis zur Erbringung der Leistung“ irrt. Für eine Irrtumsanfechtung ist jedoch ein gültig zustande gekommener Vertrag notwendig. Diese Norm wäre überflüssig, wenn der Vertrag ohnehin nichtig wäre. Intention der Bestimmung war es, durch engere Bindung an verwaltungsrechtliche Vorschriften zu einem stärkeren Konsumentenschutz zu gelangen[32]). Die Konsumenten seien nämlich beim Abschluss mit Unternehmern, denen die erforderliche Gewerbeberechtigung fehlt, insbesondere dann schutzbedürftig, wenn der Unternehmer seine Gewährleis-

---

[27]) So *Iro,* Bekämpfung der Schwarzarbeit mit privatrechtlichen Sanktionen, RdW 1984, 366; vgl nun auch *P. Bydlinski,* BR I, AT^5, Rz 7/36.

[28]) *Iro,* JBl 1987, 1 ff.

[29]) Vgl dazu unten d).

[30]) *Iro,* JBl 1987, 10.

[31]) Wohl zustimmend nun aber *P. Bydlinski,* BR I, AT^5, Rz 7/36; vgl neuerdings auch *Warto,* Zak 2008/564, 325.

[32]) RV 744 BlgNR 14. GP 45.

tungspflichten nicht ordnungsgemäß erfüllt. In diesem Fall erscheine eine auf Erfüllung gerichtete Rechtsverfolgung aussichtslos, weshalb die Verbraucher anderer Rechtsbehelfe bedürften. Dabei soll es – so die Materialien wörtlich – „beim Grundsatz bleiben, dass ein derartiges, etwa ein gewerberechtliches Verbot einen Vertrag nicht nichtig (im Sinne des § 879 Abs. 1) macht". Eine solche Nichtigkeit würde dem Konsumenten nämlich „mehr schaden als nützen".

Aus den Materialien zu § 873 Satz 2 ist also – freilich vor dem Hintergrund der bis dahin herrschenden Meinung – eindeutig entnehmbar, dass in den Fällen der Schwarzarbeit der Vertrag gültig sein solle. Wenn der Werkbesteller jedoch um den Mangel der Berechtigung wusste, soll ihm mangels Irrtums das Recht der Irrtumsanfechtung abgeschnitten sein[33]). Da eine eindeutige Anordnung der Vertragsgültigkeit in Fällen beiderseitigen Wissens um die fehlende Gewerbeberechtigung fehlt, ist jedoch fraglich, ob die bloße diesbezügliche Annahme der Gesetzesverfasser bei Erlassung des § 873 Satz 2 eine andere Auffassung zwingend ausschließt.

Es zeigt sich, dass tragender Grundsatz der Bestimmung des § 873 Satz 2 die Schutzwürdigkeit des Konsumenten ist. Dass dieser jedoch überhaupt des Schutzes durch Annahme der Vertragsgültigkeit bedarf, wenn er im Bewusstsein der fehlenden Gewerbeberechtigung einen „Pfuschervertrag" abschließt, erscheint – ungeachtet anderer Anhaltspunkte in den Materialien – sachlich nicht gerechtfertigt. Ganz im Gegenteil: Damit würde ja gerade ein zusätzlicher Anreiz geschaffen, Pfuscher zu beschäftigen. Mit *Iro* ist davon auszugehen, dass derjenige, der sich auf einen Pfuschervertrag einlässt, mit Schwierigkeiten in der Vertragsabwicklung rechnen muss und dass ihm daher nicht die bei gültigen Verträgen vorgesehenen Rechtsbehelfe (Erfüllungsansprüche, Gewährleistung) zur Verfügung stehen sollen.

Als weiteres Argument gegen die Gültigkeit von Schwarzarbeiterverträgen können general- und spezialpräventive Überlegungen ins Treffen geführt werden. Dass die Vermeidung der Schwarzarbeit zu den Schutzzwecken der GewO gehört, wurde oben bereits erörtert. Wie weit zivilrechtliche Ungültigkeit zur Reduktion der Schwarzarbeit beitragen kann, ist allerdings schwer auszumachen. Angesichts der enormen Höhe der dem Staat entgehenden Einnahmen[34]) kann wohl seriöserweise nicht damit argumentiert werden, dass allein mit verwaltungsstrafrechtlichen Sanktionen gemäß §§ 366 ff GewO das Auslangen gefunden werden kann. Gerade das Gegenteil ist der Fall.

---

[33]) „Der Partner eines Nichtberechtigten soll sich auf das Verbot jedenfalls dann nicht berufen können, wenn er den Mangel des anderen gekannt hat, weil er diesfalls nicht schützwürdig ist" (RV 744 BlgNR 14. GP 45).

[34]) Genaue Zahlen liegen nicht vor. Nach einer aktuellen Schätzung betrug die Wirtschaftsleistung der so genannten „Schattenwirtschaft" in Österreich zuletzt rund 20 Milliarden Euro (Quelle: Zwischen Schwarzarbeit und Steuerkeule, Wirtschaftsblatt vom 6. 3. 2012; abgefragt über www.wirtschaftsblatt.at am 24. 7. 2012).

Auf Grund der Schädigungsabsicht beider Parteien des Pfuschervertrages, die zu Lasten der Mehrheit der korrekten Steuerzahler geht, kann dem Pfuschertum auch eine Komponente der Sittenwidrigkeit (§ 879) beigemessen werden.

Insbesondere kann die Vertragsgültigkeit nicht mit dem Argument begründet werden, das Verbot sei bloß an eine Partei gerichtet, obwohl beide Parteien in Übertretungsabsicht handeln. Bereits *Gschnitzer*[35]) hat im Zusammenhang mit dem Begründungsansatz des einseitigen Verbots kritisch angemerkt, dass dieser insofern nicht korrekt sei, als dem Partner meist bewusst ist, dass damit gegen ein gesetzliches Verbot verstoßen wird, und dieser am Verstoß teilnimmt. Warum *Gschnitzer* in diesen Fällen dennoch von der Gültigkeit des Vertrags ausgeht, erscheint nicht nachvollziehbar; dies insbesondere dann, wenn man – wie bereits erwähnt – bedenkt, dass auch der Besteller der Schwarzarbeit der Strafbarkeit nach der GewO unterliegt. Bereits aus diesem Grunde ist der Begründungsansatz des bloß „einseitigen Verbots“ in den Fällen der beiderseitig bewussten Schwarzarbeit verfehlt.

Vorgebracht wird schließlich, dass der Schwarzarbeiter bei Vertragsnichtigkeit durch den Ausschluss vertraglicher Erfüllungsansprüche gegenüber anderen Unternehmern in unangemessener Weise privilegiert sei. Dem gilt es zweierlei einzuwenden: Zum einen ist die Situation auch bei Annahme einer Vertragsgültigkeit ähnlich: Erfüllungsansprüche sind gegenüber dem Schwarzarbeiter nicht durchsetzbar. Zum anderen bestehen bei Vertragsnichtigkeit eben auch keine primären Erfüllungsansprüche. Wurde bereits geleistet, muss vollständig rückabgewickelt werden, da sich bei Vertragsnichtigkeit wegen Verbotsgesetzverletzung auch die Möglichkeit einer Rückabwicklung am Schutzzweck des Gesetzes zu orientieren hat[36]). Eine Privilegierung des Schwarzarbeiters ergibt sich daher bei Vertragsnichtigkeit nicht.

Gegen die Nichtigkeit wird weiters eingewandt, dass diese im Gewährleistungsfall zu Unzuträglichkeiten führen würde[37]). Dem ist – wie schon oben erwähnt[38]) – entgegenzuhalten, dass es einen Gewährleistungsfall gar nicht geben kann. Wer sich bewusst außerhalb der Rechtsordnung bewegt, soll entsprechend dem Zweck des Verbotes von der Rechtsordnung keinen vertraglichen Schutz (ua Gewährleistung) verlangen können.

d) Rechtsvergleichende Argumente

Eine vergleichbare Diskussion wie die soeben geschilderte wird auch in Deutschland geführt. § 134 BGB lautet: „Ein Rechtsgeschäft, das gegen ein gesetzliches Verbot verstößt, ist nichtig, wenn sich nicht aus dem Gesetz etwas

[35]) In *Klang*² IV/1, 180.
[36]) *Rummel*, Kondiktion bei verbotenen und sittenwidrigen Rechtsgeschäften, ÖJZ 1978, 258.
[37]) *Westphal*, Zivilrechtliche Vertragsnichtigkeit 143.
[38]) Siehe S 86 f.

anderes ergibt."[39]) Auch nach deutscher Lehre und Rspr zu § 134 BGB entscheidet über die Frage nach der Gültigkeit des Vertrags – falls die Nichtigkeit nicht ausdrücklich im Verbotsgesetz angeordnet wird – der Sinn der Norm[40]). Ein Unterschied zur österreichischen Rechtslage ergibt sich jedoch daraus, dass in Deutschland ein besonderes Schwarzarbeitsbekämpfungsgesetz[41]) besteht. Gemäß § 1 SchwarzArbG leistet Schwarzarbeit, wer als Arbeitgeber, Unternehmer oder versicherungspflichtiger Selbstständiger als Erbringer von Dienst- oder Werkleistungen seine sozialversicherungsrechtlichen Melde-, Beitrags- oder Aufzeichnungspflichten nicht erfüllt, wer als Steuerpflichtiger seine sich auf Grund von Dienst- und Werkleistungen ergebenden steuerlichen Pflichten oder als Empfänger von Sozialleistungen seine sich auf Grund von Dienst- und Werkleistungen ergebenden Mitteilungspflichten gegenüber dem Sozialversicherungsträger nicht erfüllt. Ferner liegt Schwarzarbeit vor, wenn jemand als Erbringer von Dienst- oder Werkleistungen sein stehendes Gewerbe nicht angemeldet oder die erforderliche Reisegewerbekarte nicht erworben hat oder als Handwerker nicht in die Handwerksrolle eingetragen ist. Die Verletzung dieser Pflichten kann, wenn die Dienst- und Werkleistungen in erheblichem Umfang erbracht werden, eine Ordnungswidrigkeit darstellen (näher § 8 Abs 1 Z 1 SchwarzArbG). Der Auftraggeber handelt gleichfalls ordnungswidrig, wenn er Dienst- und Werkleistungen in erheblichem Umfang ausführen lässt, indem er eine oder mehrere Personen beauftragt, die diese Leistungen unter vorsätzlichem Verstoß gegen § 8 Abs 1 Z 1 SchwarzArbG erbringen (§ 8 Abs 1 Z 2 SchwarzArbG). Der Begriff des erheblichen Umfangs ist im Gesetz nicht definiert. Vor allem bei Werkleistungen soll es auf den Umfang und den Wert der erbrachten Leistungen ankommen[42]). Wenn man freilich bedenkt, dass das ver-

---

[39]) Auf die in Deutschland herrschenden Auffassungsunterschiede, ob dadurch die Nichtigkeitssanktion als im Zweifel – mangels anderweitiger Bestimmbarkeit – eintretende Rechtsfolge normiert ist (so *Canaris,* Gesetzliches Verbot und Rechtsgeschäft [1983] 14 ff; *Westphal,* Zivilrechtliche Vertragsnichtigkeit 76 f mwN) oder aber ein solches Regel-Ausnahme-Verhältnis nicht vorliegt, vielmehr in der Bestimmung ein Verweis auf die (sich va aus dem Verbotszweck ergebenden) Rechtsfolgen der Verbotsgesetze selbst zu sehen ist (so *Flume,* AT^4, Das Rechtsgeschäft [1992] 341 ff), soll nicht näher eingegangen werden.

[40]) MünchKommBGB^6/*Armbrüster,* § 134 Rz 103; ähnlich Staudinger/*Sack/Seibl* (2011) § 134 Rz 57 ff und Palandt^{71}/*Ellenberger,* § 134 Rz 6 ff; (Nichtigkeitsfolge als „Auslegungsregel"); *Flume,* Rechtsgeschäft 340.

[41]) Gesetz zur Bekämpfung der Schwarzarbeit und illegalen Beschäftigung (Schwarzarbeitsbekämpfungsgesetz – SchwarzArbG), dBGBl I 2004, 1841 idgF; es ersetzte das ursprünglich aus dem Jahr 1957 stammende Gesetz zur Bekämpfung der Schwarzarbeit (dBGBl I 1957, 315), das zuletzt 1995 in einer Neufassung bekannt gemacht worden war (dBGBl I 1995, 165).

[42]) *Fricke,* Zivilrechtliche Folgen 30; vgl auch BGHZ 111, 308 (309 f) und BayOLG, NZA-RR 1996, 21 (beide freilich zum Tatbestandsmerkmal der wirtschaftliche[n] Vorteile in erheblichem Umfang gemäß § 1 Abs 1 SchwarzArbG idF dBGBl I 1982, 109; geändert durch dBGBl I 1994, 1792).

einbarte Entgelt Euro 7.000,– beträgt und Wifzack derartige Arbeiten in seiner Freizeit laut Sachverhalt des Öfteren durchführt, so spricht viel dafür, dass die Schwelle des erheblichen Umfangs überschritten ist. Diese These wird dadurch unterstützt, dass bei der Prüfung der Erheblichkeit besonders auf den Anteil der Lohnkosten an der Wertschöpfung abzustellen ist[43]), der bei Malerarbeiten im Verhältnis zum eingesetzten Material verhältnismäßig hoch ist. Sowohl Wifzack als auch Romantikus würden also bei Geltung deutschen Rechts mit hoher Wahrscheinlichkeit die Tatbestandsmerkmale des SchwarzArbG erfüllen.

Das Gesetz stellt ein Verbotsgesetz iSd § 134 BGB dar[44]). Mangels ausdrücklicher Anordnung zivilrechtlicher Nichtigkeit von Schwarzarbeiterverträgen im SchwarzArbG selbst, ist – ebenso wie in Österreich – die Gültigkeit von Schwarzarbeiterverträgen nach Maßgabe des Verbotszwecks zu untersuchen[45]).

Durch das Verbot der Schwarzarbeit soll die erhöhte Arbeitslosigkeit in vielen Berufszweigen bekämpft, eine Gefährdung gewerblicher, insbesondere handwerklicher Betriebe durch Lohn- und Preisunterbietungen vermieden und der durch minderwertige Leistungen und unsachgemäße Verwendung von Rohmaterialien geschädigte Auftraggeber geschützt werden. Daneben will das Gesetz eine Minderung des Steueraufkommens und eine Beeinträchtigung des Beitragsaufkommens der Sozial- und Arbeitslosenversicherung verhindern[46]).

Welche Rechtsfolgen Verstöße gegen das SchwarzArbG haben sollen, ist, wie gesagt, streitig: Während die einen grundsätzlich zur zivilrechtlichen Gültigkeit des Vertrags gelangen[47]), unterscheidet die wohl überwiegende Meinung – je nach Kenntnis bzw Unkenntnis – zwischen beiderseitigen und einseitigen Verstößen[48]). Eine Minderheitsmeinung vertritt aus generalpräventiven Überlegungen heraus sogar die Nichtigkeit des Schwarzarbeitervertrags in allen Fallkonstellationen[49]).

Für die Gültigkeit von Schwarzarbeiterverträgen wird ins Treffen geführt, Schutzzweck des SchwarzArbG seien primär Rechtsgüter der Allgemeinheit, dagegen seien Vermögensinteressen der einzelnen Vertragspartei lediglich als

---

[43]) *Fricke*, Zivilrechtliche Folgen 31.

[44]) MünchKommBGB[6]/*Armbrüster*, § 134 Rz 77; Staudinger/*Sack/Seibl* (2011) § 134 Rz 276; Palandt[71]/*Ellenberger*, § 134 Rz 22; zur alten Rechtslage BGHZ 85, 39 ff.

[45]) Vgl *Kern*, Die zivilrechtliche Beurteilung von Schwarzarbeiterverträgen, FS Gernhuber (1993) 193 f; *Sonnenschein*, Schwarzarbeit, JZ 1976, 497 (499).

[46]) *Köhler*, Schwarzarbeitsverträge: Wirksamkeit, Vergütung und Schadenersatz, JZ 1990, 466; *Westphal*, Zivilrechtliche Vertragsnichtigkeit 140; *Kern* aaO 195; Staudinger/*Sack/Seibl* (2011) § 134 Rz 275.

[47]) *Westphal*, Zivilrechtliche Vertragsnichtigkeit 141 f.

[48]) MünchKommBGB[6]/*Armbrüster*, § 134 Rz 77; Staudinger/*Sack/Seibl* (2011) § 134 Rz 281; Palandt[71]/*Ellenberger*, § 134 Rz 22; *Fricke*, Zivilrechtliche Folgen 45 ff, 171 ff; zur alten Rechtslage ebenso *Sonnenschein*, JZ 1976, 499; *Köhler*, JZ 1990, 466.

[49]) *Kern*, aaO 198.

nachrangig zu betrachten. Der erwünschte Effekt der Vermeidung von Schwarzarbeit sei auf zivilrechtlichem Wege nicht zu erreichen: Nur im Ausnahmefall würden Parteien, die sich bewusst verbotswidrig verhalten haben, einen Prozess anstrengen und sich als Schwarzarbeiter deklarieren. Der drohenden Nichtigkeitssanktion käme bei den wenigen Prozessen in der Praxis keine Präventivwirkung zu. Weiters wäre eine sachgerechte Auseinandersetzung im Gewährleistungsfall ein Grund für die Gültigkeit des Vertrages[50]).

Die gegenteilige Meinung, die in allen Fällen Vertragsnichtigkeit annimmt, argumentiert wie folgt[51]): Das SchwarzArbG verfolge einen dreifach abgestuften Schutzzweck. An erster Stelle stehe die Durchsetzung arbeitsmarktpolitischer Grundsätze, zweitens werde der Vertragspartner vor bestimmten Schäden geschützt, drittens solle eine Minderung des Steuer- und Beitragsaufkommens verhindert werden. Sämtlichen dieser Schutzzwecke entspräche aber die zivilrechtliche Nichtigkeit besser als die Vertragsgültigkeit. *Kern* bejaht daher die Nichtigkeit eines Vertrages, der dem SchwarzArbG als wirtschaftslenkendem Gesetz widerspricht, in allen Fallkonstellationen, da das Bewusstsein, dass es für den gesetzwidrig Handelnden keinerlei Rechtsschutz für die Durchsetzung seiner wirtschaftlichen Belange gibt, die generalpräventive Wirkung des Bußgeldes jedenfalls unterstütze[52]).

Demgegenüber unterscheidet die ganz überwiegende Meinung in Deutschland zwischen einseitigem und beiderseitigem Verstoß gegen das SchwarzArbG[53]): Verstoßen beide Parteien objektiv und subjektiv gegen das SchwarzArbG, so sei der Vertrag nichtig. Das Gleiche gelte, wenn nur eine Partei dem Gesetz zuwiderhandelt, die andere aber den Verstoß kennt und doch durch Abschluss des Vertrages bewusst mitwirkt. Diesfalls könne der einvernehmliche Parteiwille ein gesetzliches Verbot nicht überwinden, da die Interessen der Allgemeinheit jedenfalls nicht zur Disposition der Parteien stünden. Sind die Leistungen schon voll erbracht, so könne der Auftraggeber entsprechend dem Zweck des Verbots von der Rechtsordnung keinen vertraglichen Schutz hinsichtlich der Gewährleistung erwarten, wenn er sich mit seinem Handeln selbst bewusst außerhalb der rechtlich anerkannten Vertragsordnung bewege.

Sofern jedoch eine Partei vom Verstoß der anderen keine Kenntnis hat, sei der Vertrag wirksam, da der öffentliche Zweck, nämlich Schutz des Handwerkerstandes, nicht ohne schwerwiegende Gründe zu Lasten einer Partei gehen dürfe, die mangels Kenntnis der Sach- und Rechtslage nicht im Stande war, durch Unterlassen des Vertragsschlusses selbst für ihren Schutz zu sorgen. Der Schutz des Konsumenten, der vor minderwertigen Leistungen bewahrt werden soll, gehe dann vor.

[50]) *Westphal*, Zivilrechtliche Vertragsnichtigkeit 140 ff.
[51]) *Kern*, aaO 195 ff.
[52]) *Kern*, aaO 206.
[53]) Oben FN 48.

Hinsichtlich der allenfalls bestehenden Gewährleistungsansprüche wird vertreten[54]), dass der Schwarzarbeiter, falls keine höchstpersönliche Leistung vereinbart ist, einen Unternehmer zu beauftragen habe. Persönliche Leistung könne der Auftraggeber nämlich nicht verlangen, weil der Auftragnehmer dadurch gegen das Gesetz verstieße: Niemand könne aber zu einer gesetzwidrigen Leistung gezwungen werden. Dagegen vermöge auch der Umstand, dass der Auftragnehmer durch Einschaltung eines eingetragenen Handwerkers den Vertrag ordnungsgemäß erfüllen könne, nicht zur Bejahung eines wirksamen Vertragsschlusses im Falle des beiderseitigen Verstoßes führen, da sich der Auftraggeber wissentlich und willentlich des Schutzes vor minderwertigen Materialien und Arbeitsleistungen begebe, wenn er weiß, dass er mit einem Schwarzarbeiter zu tun hat.

Der BGH folgt dem differenzierenden Ansatz, sodass er bei beiderseitigen Verstößen zur Nichtigkeit[55]), bei einseitigen jedoch zur Vertragsgültigkeit[56]) gelangt.

e) Ergebnis

Entgegen der überwiegenden Lehre in Österreich und stRspr des OGH ist – aus den oben dargelegten Gründen und unter Heranziehung der im Wege des Rechtsvergleichs gewonnenen Argumente – mit *Iro* davon auszugehen, dass „Schwarzarbeiterverträge“ bei Kenntnis beider Parteien von den entsprechenden Tatsachen nichtig sind.

Laut Sachverhalt weiß Romantikus, dass Wifzack keine entsprechende Gewerbeberechtigung besitzt. Der zwischen Wifzack und Romantikus abgeschlossene Vertrag ist daher nichtig. Romantikus kann daher keinerlei vertragliche Ansprüche geltend machen. Seine auf Gewährleistung gestützten Rechte gemäß §§ 922 ff iVm 1167 auf Verbesserung, in eventu auf Preisminderung bzw Rückzahlung des gesamten Entgelts, bestehen daher nicht.

B. Variante

I. Anspruch des Romantikus gegen Wifzack auf Verbesserung gemäß § 932 Abs 2 iVm § 1167

Wie bereits oben erörtert, setzen Gewährleistungsansprüche einen gültig zustandegekommenen Werkvertrag voraus. Laut Sachverhalt weiß Romantikus in der Variante nichts von der fehlenden Gewerbeberechtigung des Wifzack. Unter den oben erörterten Gesichtspunkten ist in den Fällen, in denen dem

---

[54]) *Köhler,* JZ 1990, 467 f; *Fricke,* Zivilrechtliche Folgen 219 f; vgl auch Staudinger/*Sack*/*Seibl* (2011) § 134 Rz 279, 281.

[55]) BGHZ 85, 39 = NJW 1983, 109; BGHZ 111, 308; noch etwas weitergehend BGH NJW 1985, 2403.

[56]) BGHZ 89, 369 = NJW 1984, 1175; NJW-RR 2002, 557.

Besteller die mangelnde Gewerbeberechtigung des Unternehmers nicht bekannt ist, der allgemeinen Meinung in Österreich[57]) und der überwiegenden Ansicht in Deutschland[58]) zu folgen: Der Vertrag ist gültig. Der zwischen Wifzack und Romantikus geschlossene Werkvertrag ist somit wirksam zustande gekommen, und Romantikus kann sich daher grundsätzlich bei Abbröckeln des Putzes auf Gewährleistung stützen, sofern deren Voraussetzungen erfüllt sind.

1. Allgemeine Voraussetzungen des Gewährleistungsanspruchs

Unter Gewährleistung wird das Einstehenmüssen des Schuldners für Sach- und Rechtsmängel, die die Leistung im Zeitpunkt ihrer Erbringung aufweist, verstanden[59]). Gem § 1167 gelten die allgemeinen Gewährleistungsregeln der §§ 922–933b auch für Werkmängel. Da hier der Mangel innerhalb von sechs Monaten nach Übernahme („Übergabe") des Werkes durch den Besteller hervorgekommen ist, wird gem § 924 vermutet, dass die Mangelhaftigkeit bereits im Zeitpunkt der Übergabe vorhanden war.

a) Art des Mangels

Gemäß § 922 liegt ein Sachmangel vor, wenn die Sache nicht vertragsgemäß ist, also nicht die ausdrücklich bedungenen oder die im Verkehr gewöhnlich vorausgesetzten Eigenschaften aufweist. Der Übergeber haftet auch dafür, dass die Sache seiner Beschreibung, einer Probe oder einem Muster entspricht und dass sie der Natur des Geschäftes oder der getroffenen Vereinbarung gemäß verwendet werden kann[60]). Das trifft hier zu, weil im Verkehr vorausgesetzt wird, dass nach Maurer- und Malerrenovierungsarbeiten nicht alsbald der Putz abbröckelt.

b) Rechtsfolgen

Gemäß § 932 Abs 2 besteht zunächst das Recht auf Verbesserung oder auf Austausch. Ein Austausch ist hier unmöglich. Sind sowohl die Verbesserung als auch der Austausch unmöglich oder für den Übergeber mit einem unverhältnismäßig hohen Aufwand verbunden, so hat der Übernehmer das Recht auf Preisminderung oder – sofern es sich nicht um einen geringfügigen Mangel handelt – das Recht auf Wandlung. Mit unverhältnismäßig hohem Aufwand sind die primären Gewährleistungsbehelfe dann verbunden, wenn sie mit wirtschaftlich vernünftigen Mitteln nicht bewerkstelligt werden können. Dies ist dann der Fall, wenn der durch die Mangelbeseitigung gewährte Vorteil für den Übernehmer in keinem Verhältnis zu dem mit der Verbesse-

[57]) Siehe oben S 83ff.
[58]) Siehe oben S 90f.
[59]) Siehe *Koziol/Welser* (Bearb *Welser*) II[13] 64.
[60]) Vgl dazu näher *Dullinger*, BR II, Schuldrecht AT[4], Rz 3/72f.

rung verbundenen Aufwand steht[61]). Weiters stehen dem Übernehmer die sekundären Gewährleistungsbehelfe (Preisminderung und eventuell Wandlung) bei Verweigerung der Verbesserung (des Austausches), Verbesserungsverzug oder erheblichen Unannehmlichkeiten bzw Unzumutbarkeit für den Übernehmer zu.

Romantikus steht somit zumindest grundsätzlich das Recht auf Verbesserung, unter bestimmten, noch zu untersuchenden Voraussetzungen auf Preisminderung oder auch auf Wandlung zu.

2. Recht auf Verbesserung

Durch die Verbesserung soll der noch offen gebliebene Anspruch erfüllt werden. In unserem Fall sollen die Wände so hergerichtet werden, dass der Putz und die Farbe nicht mehr abbröckeln. Es stellt sich allerdings die Frage, wer diese Verbesserung durchzuführen hat. Grundsätzlich ist die Verbesserung vom Vertragspartner auszuführen, in unserem Fall von Wifzack. Hier würde Wifzack allerdings wieder gegen die gewerberechtlichen Vorschriften verstoßen. Er würde durch ein entsprechendes Urteil zu einem rechtswidrigen Verhalten verpflichtet werden. Wifzack hat ja nach wie vor keine Gewerbeberechtigung. Es widerspricht daher dem Schutzzweck der Norm, hier Verbesserung durch den „Schwarzarbeiter" zuzulassen[62]). Es wird daher im Anschluss an die in Deutschland herrschende Rspr[63]) und überwiegende Lehre[64]) vertreten, dass der Unternehmer zur Behebung der Mängel einen befugten Gewerbetreibenden heranziehen muss, sofern nicht höchstpersönliche Leistung vereinbart wurde[65]). Dem ist zu folgen. Der Schwarzarbeiter hat daher im Ergebnis die Kosten der Mängelbehebung durch den befugten Gewerbsmann im Rahmen der vereinbarten Leistung zu tragen.

Der Anspruch des Romantikus gegen Wifzack auf Verbesserung gemäß § 932 Abs 2 besteht daher zu Recht. Wifzack kann allerdings die Verbesserung nicht selbst durchführen, sondern hat sie durch einen dazu Befugten vornehmen zu lassen. Da der Mangel der Gewerbeberechtigung allein seiner Sphäre zuzurechnen ist, wird sich Wifzack auch nicht darauf berufen können, dass die Verbesserung durch einen Dritten für ihn mit unverhältnismäßig hohen Kosten verbunden ist.

---

[61]) OGH JBl 2007, 519 mit Anm *W. Faber;* JBl 2008, 786; dazu auch *Zöchling-Jud* in *Kletečka/Schauer,* ABGB-ON § 932 Rz 48; *Dullinger,* BR II SchRAT[4] Rz 3/99.

[62]) *Iro,* JBl 1987, 9.

[63]) BGHZ 89, 369ff.

[64]) Staudinger/*Sack/Seibl* (2011) BGB § 134 Rz 279, 281; *Köhler,* JZ 1990, 467; *Fricke,* Zivilrechtliche Folgen 219f; dagegen *Kern* aaO 198, mit der Begründung, dass die „Uminterpretation" eines Werkvertrags in einen Werkverschaffungsvertrag regelmäßig nicht dem Parteiwillen entspreche.

[65]) *Iro,* JBl 1987, 9; *Warto,* Zak 2008/564, 325.

II. Anspruch des Romantikus gegen Wifzack auf Rückzahlung eines Teils des Entgelts gemäß § 1435 nach erfolgter Preisminderung gemäß § 932 Abs 4

Unter bestimmten Voraussetzungen gewährt § 932 Abs 4 auch bei einem behebbaren Mangel das Recht auf Preisminderung. Das wäre hier dann der Fall, wenn Wifzack von vornherein die Verbesserung ablehnt oder nicht in angemessener Frist vornimmt. Anhaltspunkte für erhebliche Unannehmlichkeiten oder für Unzumutbarkeit der Verbesserung für den Romantikus sind nicht gegeben, weil ohnehin ein befugter Gewerbetreibender die Verbesserung durchzuführen hat.

Ein Preisminderungsrecht besteht für Romantikus also nur, wenn Wifzack die Verbesserung (vgl dazu oben) verweigert oder nicht in angemessener Frist durchführt. Die Preisminderung hat nach der relativen Berechnungsmethode zu erfolgen[66]). Bezüglich der dafür maßgebenden Werte gibt der Sachverhalt allerdings keine genauen Angaben.

III. Anspruch des Romantikus gegen Wifzack auf Rückzahlung von Euro 7.000,– gemäß § 1435 nach erfolgter Wandlung gemäß § 932 Abs 4

Sofern es sich nicht um einen „geringfügigen" Mangel handelt, kann der Übernehmer unter den gerade zur Preisminderung erörterten Voraussetzungen (vgl II.) den Vertrag auch wandeln (Wahlrecht zwischen Preisminderung und Handlung). Für die Geringfügigkeit kommt es darauf an, ob die Vertragsaufhebung bei einer Abwägung der Interessen zwischen dem Übergeber und dem Übernehmer unverhältnismäßig wäre[67]). Bedenkt man, dass die Qualität der Hauptleistung offenbar in gravierender Weise beeinträchtigt ist – immerhin - bröckelt der Putz an mehreren Stellen – und dass in Hinblick auf die Verbesserungskosten offenbar eine erhebliche Entwertung vorliegt, so liegt eine beträchtliche Beeinträchtigung der Interessen des Übernehmers (Romantikus) vor. Überwiegende Interessen des Übergebers, die einer Wandlung und Rückabwicklung entgegenstehen könnten, sind nicht ersichtlich. Deshalb ist anzunehmen, dass die Geringfügigkeitsschwelle des Mangels überschritten ist, so dass Romantikus bei Verweigerung oder Verzug mit der Verbesserung den Werkvertrag auch wandeln kann. Nach erfolgter Wandlung kann er gem § 1435 den gesamten von ihm entrichteten Werklohn zurückfordern.

---

[66]) Vgl dazu *Welser/B. Jud,* Die neue Gewährleistung (2001) § 932 Rz 39; *Koziol/Welser* (Bearb *Welser*) II[13] 77; *Dullinger,* BR II, SchRAT[4] Rz 3/109; *Ofner* in *Schwimann*[3], § 932 Rz 65; *Zöchling-Jud* in *Kletečka/Schauer,* ABGB-ON § 932 Rz 36 f.

[67]) OGH EvBl 2005/181 mit Anm *Rabl;* RdW 2006, 744/816; ZVR 2006/91; vgl auch *Dullinger,* BR II, SchRAT[4], Rz 3/105; *Koziol/Welser* (Bearb *Welser*) II[13] 75 f; *Ofner* in *Schwimann*[3], § 932 Rz 80 ff; anders *Zöchling-Jud* in *Kletečka/Schauer,* ABGB-ON § 932 Rz 66, wonach es darauf ankommen soll, ob der Übernehmer den Vertrag auch bei Kenntnis des Mangels geschlossen hätte (wenn auch zu anderen Konditionen).

IV. Anspruch des Romantikus auf Rückzahlung von Euro 7.000,– gemäß § 877

Ein solcher Anspruch setzt voraus, dass Romantikus rechtsgrundlos Euro 7.000,– an Wifzack gezahlt hat. Zwar liegt zwischen Wifzack und Romantikus ein gültiger Werkvertrag vor; rechtsgrundlos wird die Leistung dann, wenn Romantikus den Vertrag mit Ex-tunc-Wirkung beseitigen kann. In Betracht kommt eine Vertragsanfechtung wegen Irrtums und List. Nach hA besteht zwischen Gewährleistungs- und Irrtumsbehelfen volle Konkurrenz[68]).

1. Anfechtung wegen Irrtums

Romantikus unterliegt einem Irrtum über das Vorliegen der gewerbebehördlichen Befugnis des Wifzack. Gemäß § 873 Satz 2 ist ein Irrtum über das Vorhandensein einer erforderlichen verwaltungsrechtlichen Befugnis stets ein beachtlicher Geschäftsirrtum.

Der Irrtum war kausal für den Vertragsschluss, da Romantikus bei Kenntnis von der fehlenden Berechtigung des Wifzack den Vertrag nicht abgeschlossen hätte. Laut Sachverhalt wollte er nämlich die Arbeiten nur durch einen dazu befugten Unternehmer ausführen lassen.

Das Vertrauen des Wifzack auf die Erklärung des Romantikus ist nicht schutzwürdig (§ 871), wenn er den Irrtum veranlasst hat, ihm der Irrtum offenbar auffallen musste oder der Irrtum noch rechtzeitig aufgeklärt wurde. Veranlasst werden kann ein Irrtum entweder durch Tun oder durch Unterlassen der nötigen Aufklärung. Da sich Wifzack auf die Annonce des Romantikus meldet, läge insofern ein aktives Tun vor. Dennoch liegt der Schwerpunkt der Irrtumsveranlassung durch Wifzack wohl im Unterlassen der Aufklärung über die fehlende gewerbebehördliche Befugnis zur Durchführung dieser Arbeiten. Durch ein Unterlassen wird jedoch ein Irrtum iSd § 871 nur dann veranlasst, wenn für den Unterlassenden eine Aufklärungspflicht auf Grund Gesetzes oder der Übung des redlichen Verkehrs bestanden hat[69]). Über das Fehlen einer gewerbebehördlichen Befugnis muss nach der Übung des redlichen Verkehrs der Unternehmer jedenfalls aufklären[70]): Werkbesteller können ein massives Interesse an der Information über diesen Umstand haben. Zum einen kann dem Werkbesteller aus fachlichen Gründen daran liegen, dass nur ein befugter Gewerbsmann das Werk ausführt, zum anderen beste-

---

[68]) *Rummel* in *Rummel*³, § 871 Rz 22; *Zöchling-Jud* in *Kletečka/Schauer,* ABGB-ON Vor §§ 922–933b Rz 11f; *Koziol/Welser* (Bearb *Welser*) II¹³ 85f; *Dullinger,* BR II, SchRAT⁴, Rz 3/146.

[69]) *Rummel* in *Rummel*³, § 871 Rz 15 iVm § 870 Rz 4; differenzierend *Pletzer* in *Kletečka/Schauer,* ABGB-ON § 871 Rz 22.

[70]) So auch *Apathy/Riedler* in *Schwimann*³, § 873 Rz 3.

hen – wie oben gezeigt wurde – Gewährleistungsrechte nur mit der geschilderten Besonderheit. Im vorliegenden Fall hätte sich daher für Wifzack eine Aufklärungspflicht aus der Übung des redlichen Verkehrs ergeben. Die mangelnde Aufklärung war jedenfalls adäquat ursächlich, den Irrtum des Romantikus herbeizuführen[71]).

Wie sich aus dem Sachverhalt ergibt, war der Irrtum für Romantikus jedenfalls wesentlich, da er den Werkvertrag mit Wifzack überhaupt nicht abgeschlossen hätte, wenn er um dessen fehlende Gewerbeberechtigung gewusst hätte.

Romantikus kann daher den Vertrag wegen Irrtums anfechten.

2. Anfechtung wegen List

Zum Vorliegen eines Irrtums kann auf das oben Ausgeführte verwiesen werden. Auch die Kausalität des Irrtums für den Vertragsschluss wurde bereits erörtert. Die Irreführung resultiert – wie erwähnt – aus einem Unterlassen. Dieses Unterlassen war rechtswidrig, da sich aus der Übung des redlichen Verkehrs eine Aufklärungspflicht für Wifzack ergibt.

List ist nur rechtswidrige, vorsätzliche Täuschung, grobe Fahrlässigkeit reicht nicht aus[72]). Ob Wifzack den Romantikus vorsätzlich über das Fehlen der Gewerbeberechtigung in Irrtum geführt hat, ist nach dem Sachverhalt nicht eindeutig. Er könnte plausiblerweise davon ausgegangen sein, dass Romantikus ohnehin wissen müsste, dass Arbeiten dieser Art sehr oft von Pfuschern ausgeführt werden. Da Vorsatz bei Fehlen eindeutiger Anhaltspunkte im Sachverhalt nicht unterstellt werden darf[73]), ist Täuschung nicht anzunehmen. Ein Anfechtungsrecht des Romantikus wegen List besteht daher nicht.

3. Ergebnis

Wenn Romantikus sein Anfechtungsrecht wegen Irrtums ausübt, fällt der Werkvertrag mit Wifzack mit Ex-tunc-Wirkung dahin. Die Leistung des

---

[71]) Ob der Irrtum dem Wifzack auch auffallen musste (ihm also bei verkehrsüblicher Sorgfalt erkennbar gewesen wäre, er also den Irrtum fahrlässig nicht entdeckt hat) bzw der Irrtum ihm tatsächlich aufgefallen ist, kann aus dem Sachverhalt nicht beurteilt werden.
An einer rechtzeitigen Irrtumsaufklärung iSd Res-integra-Lehre fehlt es jedenfalls, da Wifzack im Vertrauen auf die Gültigkeit des Schwarzarbeitervertrags mit Romantikus diesen bereits vollständig erfüllt hat, sodass eine „res integra“ keinesfalls mehr vorliegt.

[72]) *Rummel* in *Rummel*[3], § 870 Rz 2 mwN; *Apathy/Riedler* in *Schwimann*[3], § 870 Rz 3 f; *Pletzer* in *Kletečka/Schauer*, ABGB-ON § 870 Rz 7.

[73]) Zur diesbezüglichen Beweislast *Rummel* in *Rummel*[3], § 870 Rz 2; *Apathy/Riedler* in *Schwimann*[3], § 870 Rz 5.

Romantikus von Euro 7.000,– erfolgte dann rechtsgrundlos. Sein Anspruch auf Rückzahlung besteht daher grundsätzlich[74]) zu Recht.

V. Anspruch des Romantikus gegen Wifzack auf Schadenersatz gemäß § 933 a

Da Wifzack mit Romantikus einen Werkvertrag, in dem er sich zu ordnungsgemäßen Renovierungsarbeiten verpflichtete, geschlossen, diese vertragliche Pflicht jedoch nicht erfüllt hat, könnte sich für Romantikus auch ein (vertraglicher) Schadenersatzanspruch ergeben.

§ 933 a Abs 1 legt fest, dass der Übernehmer auch Schadenersatz fordern kann, wenn der Übergeber den Mangel verschuldet hat. Aus der Bestimmung ergibt sich, dass zwischen Schadenersatzansprüchen und Gewährleistungsrechten volle Konkurrenz auch bei dem Schaden besteht, der in der Mangelhaftigkeit der Sache selbst liegt[75]). Wifzack kann zwischen diesen Rechtsbehelfen wählen. Die Mängel des Werks stellen zweifellos einen Vermögensschaden für Romantikus dar. Die wegen der Putzablösung nötigen Verbesserungsarbeiten erfordern nach dem Sachverhalt einen Aufwand in Höhe von Euro 5.400,–.

Die Rechtswidrigkeit des Verhaltens des Wifzack ergibt sich aus der Verletzung vertraglicher Pflichten. Wifzack hat sich zur Durchführung mangelfreier Renovierungsarbeiten verpflichtet. Auch im Schwarzarbeitervertrag ist nach dem Parteiwillen eine mangelfreie Leistung geschuldet. Wenn Wifzack die Arbeit ohne Vorbehalt übernommen hat – Romantikus hat laut Annonce einen gelernten Maurer und Maler gesucht –, so ist die von ihm geschuldete Sorgfalt am Maßstab des § 1299 zu messen.

Wifzack müsste nach § 1298 fehlendes Verschulden beweisen. Das wird ihm – mangels entsprechender Anhaltspunkte im Sachverhalt – jedoch nicht gelingen.

Da hier ein Mangelschaden vorliegt, kann Romantikus gem § 933 a auch als Schadenersatz zunächst nur Verbesserung verlangen. Anspruch auf Geldersatz (Euro 5.400,–) steht nur unter denselben Voraussetzungen zu, die ihn zu Preisminderung bzw zur Wandlung des Vertrages berechtigen[76]).

---

[74]) Da auch die Rückabwicklung Zug um Zug erfolgt, muss Romantikus grundsätzlich bereit sein, die möglicherweise für Wifzack bestehenden Aufwandersatzansprüche zu begleichen.

[75]) *Dullinger*, BR II, SchRAT^{4}, Rz 3/149; *Koziol/Welser* (Bearb *Welser*) II^{13} 88 ff; *Ofner* in *Schwimann*^{3}, § 933 a Rz 1; vgl auch *Zöchling-Jud* in *Kletečka/Schauer*, ABGB-ON § 933 a Rz 8; *Kerschner/P. Bydlinski*, Bürgerliches Recht für Fortgeschrittene – Fälle und Lösungen^{5} (2008) 206.

[76]) Dazu oben II. und III.

7. Fall

Das undichte Dachfenster (Hausarbeit)

Sachverhalt

E, Eigentümer eines unmittelbar an das Nachbargebäude des N angrenzenden Einfamilienhauses, hat mit Z, dem Inhaber eines Zimmereibetriebes, einen Vertrag über die Holzverkleidung eines Mansardenzimmers geschlossen. Während der Arbeiten klagt E dem G, einem der bei der Montage tätigen Mitarbeiter des Z, dass es durch den Mansardenausbau im übrigen Teil des Dachbodens sehr dunkel geworden sei. Daraufhin preist G dem E ein Dachfenster an, das bei seinem Chef auf Lager liege und als „Auslaufmodell" mit Euro 145,– besonders billig sei. Es müsse freilich bar bezahlt werden.

In Wahrheit handelt es sich um ein älteres Dachfenster, das bereits etwas brüchig und auf Grund der vom Herstellerwerk gewählten Konstruktion auch kaum so zu montieren ist, dass es wirklich dicht abschließt. Z hat dem G einmal erklärt, wenn er für das Fenster einen Abnehmer mit entsprechender Verwendungsmöglichkeit finde, bei der nichts passieren könne (Schuppen oä), bekomme G es zum halben Preis und könne es weiterverkaufen.

Da E mit dem Vorschlag des G einverstanden ist, bringt dieser das Fenster, das er sich im Betrieb unter Berufung auf die Absprache mit Z hat geben lassen, am nächsten Tag mit, montiert es nach Anweisung des E in unmittelbarer Nähe zum angrenzenden Nachbargebäude und nimmt den Kaufpreis von Euro 145,– in Empfang.

Im Betrieb liefert G davon den seinerzeit mit Z vereinbarten Betrag von Euro 110,– ohne weitere Erklärung bei der Buchhaltung ab, wo er ihm für das zum „Personalpreis" verrechnete Fenster gutgeschrieben wird.

Nach einer längeren Regenperiode treten sowohl in der Wohnung des E als auch im angrenzenden Nachbargebäude des N erhebliche Feuchtigkeitsschäden auf. Regenwasser ist durch das undichte Dachfenster eingedrungen.

E und N begehren Ersatz ihrer Feuchtigkeitsschäden von Z und G; außerdem will E, dass Z das Fenster repariert oder in eventu den Kaufpreis gegen Rückstellung des Fensters zurückgibt.

Mit Recht?

Erforderliche Kenntnisse: Stellvertretungsrecht; Grundzüge von Schadenersatz- und Bereicherungsrecht; dazu zB *Koziol/Welser* (Bearb *Kletečka*) I[13] 198–221; *Koziol/Welser* (Bearb *Welser*) II[13] 272–391; *P. Bydlinski*, BR I, AT[5], Rz 9/1 ff; *Apathy/Riedler*, BR III, Schuldrecht BT[4], Rz 3/1 ff und Rz 15/1 ff.

Ziel: Grobstrukturen des Falllösungsschemas im Stellvertretungs- und Schadenersatzrecht; *Schwerpunkt:* Behandlung mehrpersonaler Rechtsverhältnisse.

I. Vorüberlegungen

1. Zum Sachverhalt

Der vorliegende Sachverhalt nennt eine Mehrzahl von beteiligten Personen (E, Z, N, G). Daher ist es wieder hilfreich, eine Skizze anzufertigen, um einen Überblick zu gewinnen. Sie verhindert vor allem, dass man Personen miteinander verwechselt.

Dabei ist es auch denkbar, die nachbarlichen Gegebenheiten aufzuzeichnen, um den Sachverhalt besser zu erfassen. Da eine größere Zahl von Ansprüchen (sechs!) zu prüfen sein wird, sollten diese nicht schon in der Skizze angedeutet werden, um die Übersichtlichkeit nicht zu stören.

Sinnvoll wird es bei mehrpersonalen Beziehungen meist sein, **ein** Rechtsverhältnis als Ausgangspunkt zu wählen. Dabei sollte man diejenige Beziehung wählen, die die meisten Vorfragen für die Übrigen enthält. **Hier** bietet sich die Beziehung zwischen E und Z an, die man schon auf den ersten Blick als möglicherweise vertragliche erkennt.

Die gewählten Personenbezeichnungen lassen oft – wie auch hier – Rückschlüsse auf rechtliche und/oder faktische Verhältnisse der betreffenden Person zu. So steht hier

Z für den Zimmereiunternehmer
N für den Nachbarn
G für den Mitarbeiter (Gehilfen?)
E für den Eigentümer

Wie immer (siehe 2. Fall, oben S 12) ist vor Veränderungen des Sachverhalts zu warnen. Eine unzulässige Sachverhaltsverdrehung wäre es hier, wenn man unterstellen würde, E wüsste von der internen Vereinbarung zwischen Z und G. Nur auf der Basis, dass E davon keine Kenntnis hat, kann man den Vorgang zwischen E, Z und G richtig einordnen.

2. Zur Frage

Wäre nach der Rechtslage gefragt, müsste vermutlich wegen der Zahl der Personen eine Fülle von Ansprüchen überprüft werden. Die Fallverfasser haben die Aufgabe daher beschränkt.

Zunächst sind Ersatzansprüche des E und des N wegen der Feuchtigkeitsschäden jeweils gegen Z und G zu untersuchen. Das ergibt schon vier Begehren.

1. Schadenersatz E von G
2. Schadenersatz E von Z
3. Schadenersatz N von G
4. Schadenersatz N von Z

Darüber hinaus will E primär Reparatur des Dachfensters, in eventu (also dann, wenn er mit seinem ersten Begehren nicht durchdringt) Rückzahlung des Kaufpreises. Beide Ansprüche richtet E gegen Z. Daher sind als weitere Ansprüche zu untersuchen:

5. Reparatur des Dachfensters E von Z
6. Eventualbegehren: Rückgabe des Kaufpreises gegen Rückgabe des Dachfensters E von Z

Wer – wie es immer wieder vorkommt – über die Fragestellung hinaus weitere denkbare Ansprüche (wie etwa Regressansprüche des Z gegen G bzw umgekehrt; Rückgabe des Kaufpreises E von G; Ansprüche gegen den Produzenten des Dachfensters oä) prüft, mag dabei mit seinen juristischen Kenntnissen glänzen, wird deswegen aber nicht besser bewertet werden. Er verschwendet also uU kostbare Zeit. Diese Anleitung, sich auf die Fragestellung zu beschränken, verfolgt aber zugleich ein für die künftige Praxis durchaus wichtiges Ziel: Auch der Richter darf nur das zusprechen, was der Kläger begehrt hat; vgl § 405 ZPO.

3. Ansprüchsgrundlagen; Besonderheiten bei mehrpersonalen Beziehungen; Prüfungsschema

a) Besonderheiten bei mehrpersonalen Beziehungen

Rechtsbeziehungen verkomplizieren sich idR wesentlich, wenn dritte, vierte oder gar noch mehr Personen beteiligt sind[1]). Dabei nimmt nicht nur die Anzahl der möglichen Ansprüche zu. Diese können vielmehr miteinander konkurrieren, einander aber auch ausschließen[2]). Insbesondere Anfänger ziehen mögliche Anspruchsgrundlagen (aber auch Einwendungsnormen ua) gar nicht in Betracht, weil der (unmittelbare) Anspruchsgegner evidentermaßen jedenfalls selbst die Tatbestandsmerkmale nicht erfüllt. Das Gesetz rechnet aber vielfach Verhalten, Kenntnisse und andere rechtlich bedeutsame Umstände der einen Person einer anderen zu. Untechnisch, aber anschaulich ausgedrückt: Das Handeln des einen (Gehilfe; Vertreter) gilt (auch) als Handeln des anderen (Geschäftsführer).

1) Vgl schon oben zu den sich daraus ergebenden möglichen Ansprüchen S 30 f.
2) Zum Verhältnis der Ansprüche gegenüber mehreren Personen vgl unten bb).

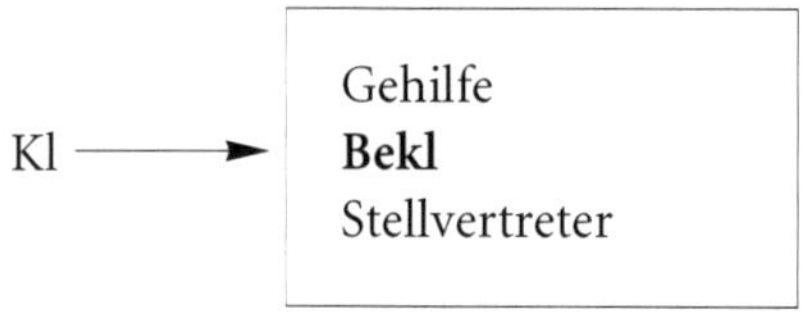

aa) Zurechnung dritter Personen

Ob jemand für das Verhalten einer anderen Person einzustehen hat, wird idR vom Gesetzgeber besonders angeordnet. Das schadenersatzrechtliche Prinzip des § 1313 (lesen!) beispielsweise ist vielfach durchbrochen. Auch in anderen Rechtsgebieten finden sich Regeln über die Zurechnung „Dritter“. Dass man allgemein von der Zurechnung **dritter** Personen spricht, ist darin begründet, dass es hinsichtlich eines bestimmten Anspruchs ja um die Beziehung von nur zwei Personen geht (Kläger/Beklagter).

Dritte werden vor allem im **Schadenersatzrecht** häufig als **Gehilfen** einer Person zugerechnet; vgl §§ 1313 a, 1315. Ähnliche Phänomene finden sich aber auch im rechtsgeschäftlichen Bereich: Jemand wird vertraglich berechtigt oder verpflichtet, obwohl er selbst mit dem Vertragspartner gar nicht verhandelt hat. Die Erklärungen des **Stellvertreters** binden den Geschäftsherrn. Im Recht der Willensmängel können Fragen der Zurechnung Dritter (vgl § 875) ebenso auftreten wie im Bereicherungsrecht (zB Dritter als bloße Zahlstelle: A nimmt für B eine Leistung entgegen[3])) und Sachenrecht (zB Besitzmittler; Besitzdiener[4])).

Für den Anfänger (und oft wohl nicht nur für diesen) ist es nicht nur schwierig, solche Zurechnungsmöglichkeiten überhaupt zu erkennen, sondern auch die verschiedenen, nämlich auf verschiedene Rechtsbeziehungen zugeschnittenen Zurechnungsnormen korrekt anzuwenden. Diese unterscheiden sich nämlich vielfach gravierend in den Tatbestandsvoraussetzungen. Immer wieder werden etwa die Gehilfenhaftungsregeln des Schadenersatzrechts unbesehen auch in anderen Sachgebieten angewendet[5]).

Umgekehrt wird manchmal von der Zurechenbarkeit im rechtsgeschäftlichen Bereich (etwa der eines Stellvertreters) zu voreilig auf eine solche im Schadenersatzzusammenhang geschlossen. So ist zB keinesfalls jeder Stellvertreter auch Erfüllungsgehilfe. Dass manches sehr oft parallel läuft, darf über die Unterschiede nicht hinwegtäuschen, kann also die Prüfung der Tatbestandsmerkmale bei der einzelnen Zurechnungsfrage nicht ersparen.

---

[3]) Vgl dazu *Apathy/Riedler*, BR III, SchRBT[4] Rz 15/41.

[4]) Vgl dazu *Iro*, BR IV, SachenR[4], Rz 2/47.

[5]) Eine **analoge** Anwendung einzelner Zurechnungsregeln oder die Gewinnung eines allgemeinen Prinzips für **ungeregelte** Zurechnungsfragen aus einer Mehrheit solcher Normen ist natürlich nicht ausgeschlossen; vgl etwa *Iro*, Zurechnung von Gehilfen im Recht der Willensmängel, JBl 1982, 470 ff und 510 ff.

Im **konkreten Fall** stellen sich in mehreren Zusammenhängen solche Zurechnungsfragen: Da man ohne großes Nachdenken erkennen wird, dass zweifelhaft ist, wer bezüglich des Dachfensters Vertragspartner des E wurde, hat man zunächst zu prüfen, ob die Erklärungen des G bezüglich des Dachfensters mit Wirkung für den Z abgegeben worden sind (Stellvertretung). Weiters ist eine schadenersatzrechtliche Zurechnung des G an Z möglich. Schließlich bleibt zu fragen, ob die Entgegennahme des Kaufpreises durch G auch zu Lasten des Z wirkt.

Unten zu b) werden die wichtigsten Zurechnungsvoraussetzungen für den Bereich der Stellvertretung und der Gehilfenhaftung schematisch dargestellt.

bb) Verhältnis mehrerer Ansprüche zueinander

Folgende Situationen sind denkbar:

I. Bei Bejahung eines Anspruchs gegen A entfällt der Anspruch gegen B[6]). Danach hat sich daher auch die Reihenfolge der Prüfung zu richten. Ein Schadenersatzanspruch gegen B kann ausgeschlossen sein, wenn gegen A ein Eigentumsherausgabe- oder Bereicherungsanspruch besteht.

II. **Kumulative Konkurrenz:** Mehrere Ansprüche führen zu verschiedenen wirtschaftlichen oder rechtlichen Ergebnissen und können daher nebeneinander bestehen.
Beispiel im konkreten Fall:
E verlangt von Z Reparatur des Dachfensters, von G (und/oder Z) Ersatz der Feuchtigkeitsschäden.

III. **Alternative Konkurrenz:** Ein Anspruch kann gegen mehrere Personen geltend gemacht, aber nur einmal durchgesetzt werden. Die Anspruchsgegner haften **solidarisch.** Dabei ist es möglich, dass die Haftung dem gleichen Rechtsgrund entstammt (zB Schadenersatz gemäß § 1302; vertragliche Solidarhaftung; siehe § 891) oder verschiedene Grundlagen aufweist; zB Leistungskondiktion gegen A, Verwendungsanspruch gegen B; Wahlrecht zwischen Anspruch nach § 1042 und Leistungskondiktion[7]).

Hat ein Beteiligter geleistet, sind – soweit gefragt – auch Regressansprüche zu untersuchen; mögliche Anspruchsgrundlagen: § 896; § 1358; § 1313; §§ 3f DHG ua.

Im **konkreten** Fall könnten etwa folgende Konkurrenzverhältnisse gegeben sein:

Im Verhältnis zwischen **E und Z** würde ein gültiger, durch G als Vertreter des Z geschlossener Kaufvertrag über das Dachfenster, soweit man ihn nicht

---

[6]) Dazu schon oben S 62f.

[7]) Vgl dazu *Rummel* in *Rummel*[3], § 1431 Rz 7; *Auckenthaler*, Irrtümliche Zahlung fremder Schulden (1980) passim.

rückgängig machen könnte, Rückforderungsansprüche bezüglich des Kaufpreises, aber auch umgekehrt bezüglich des Dachfensters ausschließen. Gegenüber G kämen dann natürlich auch keine Schadenersatzansprüche wegen Vertretung ohne Vertretungsmacht in Betracht. Läge hingegen ein Kaufvertrag zwischen **E und G** vor, wäre dadurch ein Anspruch auf Rückzahlung des Gezahlten gegen den Z (zumindest nach hA) ausgeschlossen.

Solidarisch könnten Z und G dem E auf Schadenersatz haften. Auch allfällige Bereicherungsansprüche des E gegen den Z und den G könnten möglicherweise miteinander konkurrieren[8]). Aus wohlerwogenen Gründen ist hier aber nur nach Rückabwicklungsansprüchen gegen Z gefragt. Das schwierige und dementsprechend umstrittene Konkurrenzproblem bezüglich mehrerer Bereicherungsansprüche gegen verschiedene Personen stellt sich wegen dieser eingeschränkten Fragestellung nicht.

b) Prüfungsschema für Schadenersatz- und Stellvertretungsfälle

Voraussetzungen wirksamer Stellvertretung

Zurechnung im rechtsgeschäftlichen Bereich erfolgt nach **Stellvertretungsregeln;** vgl §§ 1002 ff. Lesen Sie zur Einführung zB *Koziol/Welser* (Bearb *Kletečka*) I^{13} 198 ff; *P. Bydlinski,* BR I, AT^{5}, Rz 9/1 ff.

Folgende Prüfungsreihenfolge wird idR empfehlenswert sein:

I. **Offenlegung:** Handeln im Namen des Geschäftsherrn; durch Auslegung zu ermitteln; im Zweifel Eigengeschäft des Handelnden; Verzicht auf Offenlegung bei Geschäften „für den, den es angeht“[9]);

II. (mindestens) beschränkte **Geschäftsfähigkeit** des Stellvertreters (nur bei gegenteiligen Anhaltspunkten im Sachverhalt zu prüfen);

III. (ausreichende) **Vertretungsmacht** des Handelnden durch
- Gesetz (zB Eltern)
- Richterspruch (zB Kurator oder Sachwalter)
- Bestellung (zB Organe einer juristischen Person)
- rechtsgeschäftliche Bevollmächtigung

  / \
  ausdrücklich konkludent
- **bei fehlender tatsächlicher Bevollmächtigung** allenfalls Anscheins- oder Duldungsvollmacht bei Vertrauen des Dritten auf Willens- oder Wissenserklärung des „Vertretenen“ oder gesetzliche Vollmachtsvermutungen (§§ 1029 ff).

---

[8]) Vgl allgemein *Rummel* in *Rummel*^{3}, Vor § 1431 Rz 8 ff; *Lurger* in *Kletečka/Schauer,* ABGB-ON Vor §§ 1431 – 1437 Rz 5 ff.

[9]) Dazu etwa *Koziol/Welser* (Bearb *Kletečka*) I^{13} 217 f; *P. Bydlinski,* BR I, AT^{5}, Rz 9/58.

- Fehlende Vertretungsmacht kann durch (nachträgliche) **Genehmigung** oder **Vorteilszuwendung** des Geschäftsherrn ersetzt werden (§ 1016).

Bei unwirksamer Stellvertretung sind – soweit gefragt – Ansprüche des Dritten gegen den Scheinvertreter (Schadenersatz) zu untersuchen. Nach Leistungsaustausch bestehen Rückforderungsansprüche (ungerechtfertigte Bereicherung).

Grundstruktur des Fallprüfungsschemas im Schadenersatzrecht[10])

I. Schaden
II. Rechtswidrigkeit und Rechtswidrigkeitszusammenhang
III. Kausalität des rechtswidrigen Verhaltens
IV. Verschulden

Die **schadenersatzrechtliche Zurechnung des Verhaltens Dritter** regeln vor allem §§ 1313 a, 1315 (Gehilfenhaftung). Liegt zwischen Geschädigtem und Geschäftsherrn eine Sonderverbindung (insbesondere ein Vertragsverhältnis) vor, ist grundsätzlich jedes Gehilfenverschulden bei der Erfüllung der daraus entstandenen Pflichten dem Geschäftsherrn gemäß § 1313 a zurechenbar. Im (rein) deliktischen Bereich, bei dem der Geschäftsherr und der Geschädigte also vor der Schädigung in keiner besonderen Rechtsbeziehung zueinander standen, tritt Haftung des Geschäftsherrn nach § 1315 nur bei „Gefährlichkeit" des Gehilfen (und diesbezüglicher Kenntnis des Geschäftsherrn) oder bei habitueller „Untüchtigkeit" des Gehilfen ein.

c) Anspruchs- und Zurechnungsnormen im konkreten Fall

1.–4. Begehren: §§ 1293 ff (im Verhältnis E–G allenfalls auch § 874)

2. und 4. Begehren: § 1313 a, § 1315

5. Begehren: Gewährleistung gemäß § 932 (Verbesserung); Vertrag zwischen E und Z vorausgesetzt; G als Stellvertreter; §§ 1002 ff

6. Begehren: Leistungskondiktion gemäß § 1431 oder Verwendungsanspruch gemäß § 1041

---

[10]) Wegen des Umfangs der Materie ist es ausgeschlossen, hier ein detailliertes Prüfungsschema für schwierige Fälle zum Schadenersatz vorzulegen. Für Einzelheiten ist daher auf *Kerschner/P. Bydlinski,* Bürgerliches Recht für Fortgeschrittene – Fälle und Lösungen[5] (2008) 180 ff zu verweisen. Dort auch Näheres zu der verbreiteten (und zweifellos vertretbaren) Methode, nach dem Schaden zunächst die Ursächlichkeit der (potenziell rechtswidrigen) Handlung oder Unterlassung und erst dann Rechtswidrigkeit und Rechtswidrigkeitszusammenhang zu prüfen.

d) Reihenfolge der Anspruchsprüfung

Entgegen der Reihenfolge in der Frage wird – weil man damit Vorfragen für alle übrigen Ansprüche klärt – zunächst der **vertragliche** Anspruch zu prüfen sein[11]). Das Eventualbegehren wird anschließen.

Bei den Schadenersatzansprüchen prüft man oft, so auch hier, den Anspruch gegen den Gehilfen vorrangig, um damit die „Grundlage" für die Haftung des Geschäftsherrn zu schaffen.

4. Erkennen der Fallprobleme

Als Fallprobleme, die einer näheren Erörterung bedürfen, kommen vor allem in Betracht:

- Offenlegung der Vertretung durch G
- Anscheinsvollmacht des G
- Vorteilszuwendung durch Z
- Leistungsempfänger bei unwirksamer Stellvertretung
- Schädigung des E durch G bei oder gelegentlich der Erfüllung des Werkvertrages

Didaktischer Schwerpunkt **dieses** Falles ist die Behandlung mehrpersonaler Rechtsverhältnisse und nicht – wie im 6. Fall – die Auswertung einschlägiger Judikatur und Lehre. Wir haben in der folgenden Lösung (Gutachten) daher die eine oder andere (umstrittene) Frage in Hinblick auf Rspr und Literatur bewusst nicht so vertieft behandelt, wie es in einer Hausarbeit eigentlich der Fall sein sollte, zumal eine derartige Vertiefung allenfalls in einer Fortgeschrittenenübung erwartet werden könnte. Damit wird es einerseits auch dem Anfänger möglich sein, den Überblick zu bewahren; andererseits soll auf diese Weise ein Ausufern des Gutachtens vermieden werden. Auch die Nachweise in den Fußnoten sind dementsprechend knapp gehalten.

II. Literaturverzeichnis

F. Bydlinski, Vertragliche Sorgfaltspflichten zugunsten Dritter, JBl 1960, 359 ff.

ders, Mißbräuchliche Verfügungen über Bankkonten und Verwendungsansprüche des Kontoberechtigten, QuHGZ 1981, H 3, 51 ff.

Kletečka/Schauer (Hrsg), ABGB-ON (2010).

Kerschner/P. Bydlinski, Bürgerliches Recht für Fortgeschrittene – Fälle und Lösungen[5] (2008).

Koziol/Welser, (Bearb *Kletečka*) Bürgerliches Recht I[13] (2006).

Koziol, Österreichisches Haftpflichtrecht[2], II (1984).

---

[11]) Vgl dazu oben S 62 ff.

Rummel (Hrsg), Kommentar zum ABGB, I³ (2000) und II³ (2004).
Schmaranzer, Der Vertrag mit Schutzwirkung zugunsten Dritter (2006).
Schwimann (Hrsg), Praxiskommentar zum ABGB, V³ (2006).
Welser, Vertretung ohne Vollmacht (1970).
ders, Drei Fragen des Stellvertretungsrechts, JBl 1972, 337ff.
ders, Äußerer Tatbestand, Duldung und Anschein im Vollmachtsrecht, JBl 1979, 1ff.

III. Gliederung

A. Anspruch des E gegen Z auf Reparatur des Dachfensters
  1. Anspruchsgrundlage
  2. G als Stellvertreter
    a) Offenlegung
    b) Vollmacht
  3. Vorteilszuwendung iSd § 1016

B. Anspruch des E gegen Z auf Rückzahlung des Kaufpreises
  1. Leistungskondiktion (§ 1431)
  2. Verwendungsanspruch (§ 1041)

C. Schadenersatzansprüche des E
  1. Anspruch des E gegen G auf Ersatz der Feuchtigkeitsschäden
  2. Anspruch des E gegen Z auf Ersatz der Feuchtigkeitsschäden

D. Schadenersatzansprüche des N
  1. Anspruch des N gegen G auf Ersatz der Feuchtigkeitsschäden
  2. Anspruch des N gegen Z auf Ersatz der Feuchtigkeitsschäden

IV. Gutachten

A. Anspruch des E gegen Z auf Reparatur des Dachfensters

1. Anspruchsgrundlage

Dem E könnte gegen Z ein Gewährleistungsanspruch auf Verbesserung des mangelhaften Dachfensters gemäß § 932 Abs 2 zustehen. Das setzt einen wirksamen Vertrag zwischen E und Z voraus; zusätzlich müsste die Leistung einen behebbaren Mangel aufweisen.

2. G als Stellvertreter

Da nicht Z selbst, sondern G mit E verhandelt hat, müsste G für E den Vertrag als Stellvertreter abgeschlossen haben. Nicht völlig eindeutig ist, ob G das Dachfenster dem E im eigenen Namen oder im Namen des Z verkauft hat. Im Zweifel liegt ein Eigengeschäft des Handelnden vor[1]).

[1]) Vgl zB *Koziol/Welser* (Bearb *Kletečka*) I¹³ 201.

Ausdrücklich hat G eine Vertretung für Z jedenfalls nicht offen gelegt. Aus mehreren Umständen durfte E aber schließen, dass G mit Wirkung für seinen Dienstgeber rechtsgeschäftlich tätig werden wollte. G fertigt die Holzverkleidung des Mansardenzimmers für seinen Chef an; er berichtet dem E von einem Dachfenster, „das bei seinem Chef auf Lager liege und als ‚Auslaufmodell' mit Euro 145,– besonders billig sei". Von der internen Vereinbarung zwischen Z und G konnte E nichts wissen. Da die Montage eines Dachfensters nicht von vornherein vereinbart war, erscheint es – auch wegen des Sonderpreises – nicht als unüblich, dass diese Leistung getrennt und sofort bezahlt werden sollte. Auch die Tatsache, dass G das Fenster in seiner Dienstzeit, also offenbar auf Rechnung des Z montieren wollte, lässt den Verkauf selbst als Geschäft des Z erscheinen. Berücksichtigt man sämtliche Umstände, so durfte E davon ausgehen, dass G für seinen Dienstgeber, also in dessen Namen handle.

Es ist daher zu prüfen, ob G insoweit auch Vertretungsmacht hatte. Ausdrücklich bevollmächtigt hat Z den G zum Verkauf des Dachfensters nicht. Im Gegenteil war vereinbart worden, dass G das Fenster (gemeint offenkundig: auf eigene Rechnung und im eigenen Namen) „weiterverkaufen" könne. Auch die Voraussetzungen einer Verwaltervollmacht gemäß § 1029 oder einer Ladenvollmacht gemäß § 1030 oder § 56 UGB liegen nicht vor.

Zu prüfen ist, ob E allenfalls auf den Schein einer Vollmacht vertrauen durfte, also auf Umstände, die den Schluss zulassen, dass Z dem G aktuell Vollmacht erteile bzw früher schon erteilt habe[2]).

Allein auf Grund der Umstände, die für ein Handeln des G im Namen des Z ins Treffen geführt worden sind, darf noch nicht auf eine Anscheinsvollmacht geschlossen werden. Es genügt also nicht, dass der „Vertreter" dem Partner gegenüber so auftritt, als habe er Vertretungsmacht. Vielmehr ist zusätzlich erforderlich, dass der Geschäftsherr ein Verhalten gesetzt hat, das ihm zurechenbar ist und das beim Dritten den Eindruck der Bevollmächtigung erweckt. Für diese Zurechnung reicht nicht aus, dass das Verhalten des Geschäftsherrn für den Anschein bloß ursächlich war; vielmehr muss man ihm vorhalten können, dass er sich im rechtsgeschäftlichen Verkehr insofern nachlässig verhalten habe[3]).

Z hat zwar den G zwecks Erfüllung des Werkvertrages zu E geschickt, doch kann daraus allein noch kein Schluss auf Verkaufsvollmachten des G gezogen werden, die über den Rahmen des mit Z vereinbarten Geschäfts deutlich hinausgehen. G ist von Z bloß als ein Monteur unter mehreren und nicht

---

[2]) Zur Anscheins- bzw Duldungsvollmacht vgl *Welser,* Äußerer Tatbestand, Duldung und Anschein im Vollmachtsrecht, JBl 1979, 1ff; vgl auch *P. Bydlinski,* BR I, AT[5], Rz 9/25ff.

[3]) *Strasser* in *Rummel*[3], § 1002 Rz 49; ähnlich *Perner* in *Kletečka/Schauer,* ABGB-ON § 1029 Rz 9.

irgendwie kaufmännisch eingesetzt. Dass Z dem G selbst das Fenster zum Kauf angeboten hat, ist zwar eine Ursache für den später von G erweckten Anschein, aber dem Z nicht als sorgfaltswidrig anzulasten, weil er laut Sachverhalt dem G nur einen Weiterverkauf im eigenen Namen erlaubt hat und mit einem weisungswidrigen Handeln des G nicht rechnen musste.

Da sich das Vertrauen des E somit nicht auf ein sorgfaltswidriges Verhalten des Z gründen konnte, das den Schluss auf eine Bevollmächtigung des G zuließ, ist durch das vollmachtslose Handeln des G kein wirksamer Kaufvertrag zwischen E und Z zustandegekommen.

3. Vorteilszuwendung iSd § 1016

Eine nachträgliche „Heilung" der unwirksamen Stellvertretung durch G könnte dadurch erfolgt sein, dass Z jedenfalls einen Teil des von E bezahlten Kaufpreises entgegengenommen hat. Darin könnte eine „Vorteilszuwendung" iSd § 1016, 2. Alternative zu sehen sein. Der Geldbetrag wurde aber von der Buchhaltung des Z als Leistung des G entgegengenommen. Von dem Geschäft mit E hatten Z bzw die ihm zurechenbaren Personen keine Kenntnis. Eine Heilung gemäß § 1016 setzt als bloße Willensbetätigung aber das Bewusstsein voraus, sich die Vorteile aus einem mangels Vollmacht unwirksamen Geschäft zuzuwenden[4]).

B. Anspruch des E gegen den Z auf Rückzahlung des Kaufpreises

1. Leistungskondiktion (§ 1431)

Da ein Verbesserungsanspruch des E gegen Z nicht besteht, ist das Eventualbegehren auf Rückzahlung des Kaufpreises zu prüfen. Dem E stünde gegenüber dem Z eine Leistungskondiktion gemäß § 1431 in der Höhe von Euro 145,– zu, wenn E diesen Betrag irrtümlich und rechtsgrundlos an Z geleistet hätte.

Tatsächlicher Empfänger der Geldsumme war G, der nur einen Teil, nämlich den „Personalpreis" von Euro 110,– an Z weitergegeben hat. Z (bzw seine für ihn tätige und ihm als Vertreter gemäß § 1029 unmittelbar zuzurechnende „Buchhaltung") hat diesen Betrag aus seiner Sicht als Leistung des G, nämlich als Erfüllung eines Kaufvertrages zwischen Z und G, entgegengenommen. E wollte hingegen an Z leisten, weil er glaubte, mit Z einen Vertrag über das Fenster zu haben. Es ist daher fraglich, wer an wen im Sinne des § 1431 geleistet hat. Im Allgemeinen soll es für diese Frage auf die Sicht des Leistungsempfängers ankommen[5]). Da Z den Betrag als Leistung des G entgegengenommen hat,

---

[4]) *Welser*, Drei Fragen des Stellvertretungsrechts, JBl 1972, 338 ff; *Strasser* in *Rummel*[3], §§ 1016 f Rz 14; *Apathy* in *Schwimann*[3], § 1016 Rz 6; *Perner* in *Kletečka/Schauer*, ABGB-ON § 1017 Rz 4; OGH RdW 1989, 360; EvBl 2006/64.

[5]) Vgl *Rummel* in *Rummel*[3], Vor § 1431 Rz 12.

würde danach eine Leistungskondiktion des E gegen Z ausscheiden. Eine Ausnahme soll dann gelten, wenn der Scheinvertreter (G) die Leistung in fremdem Namen in Empfang genommen hat und wenigstens zu dieser Empfangnahme vom Geschäftsherrn (Z) bevollmächtigt war[6]). Dass G von Z zum Inkasso irgendwelcher Geldbeträge im Allgemeinen oder für das konkrete Geschäft im Besonderen bevollmächtigt war, kann dem Sachverhalt nicht entnommen werden. Auch seine Eigenschaft als bloßer Monteur begründet keinen entsprechenden Anschein. Daher scheidet eine Leistungskondiktion gegen Z aus.

2. Verwendungsanspruch (§ 1041)

Denkbar wäre noch, dass dem E gegen Z ein Verwendungsanspruch gemäß § 1041 bezüglich der von G an Z weitergeleiteten Summe von Euro 110,– zusteht. Z müsste also Eigentum des E zum eigenen Nutzen ungerechtfertigt verwendet haben; etwa indem er das noch dem E gehörige Geld mit dem seinen vermengt hätte (§ 371). Das würde zunächst voraussetzen, dass G diesen Teil des Kaufpreises an Z abgeführt hat, ohne selbst vorher Eigentümer des Geldes zu werden, was möglicherweise zutrifft. Z nahm dieses Geld jedoch auf seinen Kaufvertrag mit G entgegen und erwarb daher jedenfalls – weil redlich – Eigentum gemäß § 371. Damit ist ein Verwendungsanspruch gegen ihn ausgeschlossen[7]).

C. Schadenersatzansprüche des E

1. Anspruch auf Ersatz der Feuchtigkeitsschäden gegen G

Dem E sind in seinem Haus Feuchtigkeitsschäden in nicht näher genanntem Ausmaß entstanden. G hat diese Schäden dadurch verursacht, dass er dem E ein mangelhaftes Dachfenster angeboten und montiert hat. Dabei war für G nach dem Sachverhalt vorhersehbar, dass durch eindringendes Regenwasser das Eigentum des E beeinträchtigt werden könnte. G hat daher objektiv sorgfaltswidrig gegenüber dem Eigentum, also einem absolut geschützten Rechtsgut des E gehandelt. Eine Entlastung (§ 1297), dass dem G auf Grund persönlicher Fähigkeiten die Einhaltung der objektiv gebotenen Sorgfalt nicht möglich war, scheidet schon deshalb aus, weil G als Handwerker gemäß § 1299 verantwortlich ist. Beim „Sachverständigen" wird die subjektive Vorwerfbarkeit – was Kenntnisse und Fähigkeiten angeht – unwiderleglich vermutet[8]). G ist daher dem E wegen schuldhafter Eigentumsverletzung zum Ersatz der Feuchtigkeitsschäden verpflichtet.

---

[6]) *Lurger* in *Kletečka/Schauer*, ABGB-ON Vor §§ 1431 – 1437 Rz 6.

[7]) Vgl *Bydlinski*, QuHGZ 1981 (H 3) 51; *Rummel* in *Rummel*[3], § 1041 Rz 4; *Apathy* in *Schwimann*[3], § 1041 Rz 16; *Lurger* in *Kletečka/Schauer*, ABGB-ON § 1041 Rz 12; OGH SZ 61/158 = ÖBA 1989, 428 mit Anm *Kerschner*.

[8]) Vgl *Reischauer* in *Rummel*[3], § 1299 Rz 5; *Kodek* in *Kletečka/Schauer*, ABGB-ON § 1299 Rz 3.

E könnte seinen Schadenersatzanspruch auch auf § 874 stützen. Obwohl G wusste, dass das Fenster für die Verwendung bei E ungeeignet war, hat er es im Namen des Z angeboten und dabei schlüssig Tauglichkeit vorgetäuscht. G hat dadurch zwar (mangels Vollmacht, siehe oben) keinen Vertrag „bewirkt". Allein deshalb kann aber die Rechtsposition des E gegenüber dem täuschenden G nicht schwächer sein als bei gültigem, aber später angefochtenem Vertrag. G haftet dem E daher auch in – mindestens analoger – Anwendung des § 874.

Als weitere Anspruchsgrundlage kommt auch § 1019 in Betracht. Der nicht ausreichend vertretungsbefugte Gewalthaber hat demnach den Vertrauensschaden zu ersetzen. Die Haftung ist der Höhe nach ausdrücklich auf das Erfüllungsinteresse begrenzt. Hätte E nicht auf die Vertretungsmacht des G vertraut, hätte er wohl den Vertrag nicht abgeschlossen und in der Folge auch nicht den Feuchtigkeitsschaden erlitten.

2. Anspruch auf Ersatz der Feuchtigkeitsschäden gegen Z

Ein Eigenverschulden des Z ist nicht erkennbar. Dass Z dem G die Möglichkeit eröffnet hat, ein mangelhaftes Dachfenster zu kaufen und weiterzuverkaufen, bedeutet noch keine objektive Sorgfaltswidrigkeit gegenüber jedem potenziellen Käufer des Dachfensters. Z hat seiner allgemeinen deliktischen Sorgfaltspflicht dadurch entsprochen, dass er den G auf die bloß eingeschränkte Verwendungsmöglichkeit des Dachfensters hingewiesen hat.

Zu prüfen bleibt, ob Z für das Verschulden seines Gehilfen G gemäß § 1313 a einzustehen hat. Z hat sich des G zur Erfüllung des Werkvertrages über die Errichtung einer Holzverkleidung bedient. Insofern ist G sicherlich Erfüllungsgehilfe des Z. Anders als bei der Frage, ob G für Z einen zusätzlichen Vertrag über das Dachfenster abgeschlossen hat, ist hier also der Werkvertrag zwischen Z und E über die Holzverkleidung im Mansardenzimmer Ansatz und Grundlage einer möglichen Haftung des Z.

Fraglich ist allerdings, ob die Schädigung durch den Fenstereinbau, der ja selbst nicht zur Vertragserfüllung gehört, **bei** oder nur **gelegentlich** der Erfüllung des Vertrages über die Holzverkleidung erfolgte. Nach § 1313 a wird nur für Personen gehaftet, die bei Erfüllung des Vertrages schädigen. Zur Abgrenzung von Schädigungen, die mit der Vertragserfüllung nichts zu tun haben, sondern nur „gelegentlich" bzw „anlässlich" der Erfüllung vorfallen, wird mit *Reischauer*[9]) ein sachlicher Zusammenhang der schädigenden Handlung mit der Interessenverfolgung des Geschäftsherrn zu fordern sein. Da die Dunkelheit des Dachbodens durch den Mansardenausbau bedingt ist, ist ein insofern ausreichender Konnex zu bejahen: Dass bei der Holzverkleidung eines Mansardenzimmers an den sachverständigen Zimmermann die Frage nach einem (zusätz-

[9]) In *Rummel*[3], § 1313 a Rz 2; vgl auch *Koziol*, Haftpflichtrecht[2], II 343 ff und *Kerschner/ P. Bydlinski*, Bürgerliches Recht für Fortgeschrittene – Fälle und Lösungen[5] 190.

lichen) Dachfenster herangetragen wird, ist keineswegs ausgeschlossen, ja im Gegenteil durchaus nahe liegend. Zumindest die entsprechende Beratungstätigkeit wird noch zum vertraglichen Pflichtenkreis des Geschäftsherrn Z im Rahmen des Werkvertrages gehören. Das den E schädigende Verhalten des G ist daher dem Z gemäß § 1313a zurechenbar, sodass auch dieser dem E zum Ersatz der Feuchtigkeitsschäden verpflichtet ist.

D. Schadenersatzansprüche des N

1. Anspruch auf Ersatz der Feuchtigkeitsschäden gegen G

Auch N, der Nachbar des E, ist durch die Feuchtigkeitsschäden an seinem Eigentum beeinträchtigt worden. G hat auch gegenüber N rechtswidrig gehandelt, weil für einen Sachverständigen wie G erkennbar sein musste, dass durch den Einbau eines mangelhaften Dachfensters in unmittelbarer Nähe des Nachbargebäudes auch dieses gefährdet ist. Subjektive Entlastungsgründe sind wiederum nicht erkennbar.

G hat daher dem N die Feuchtigkeitsschäden in seinem Haus zu ersetzen.

2. Anspruch auf Ersatz der Feuchtigkeitsschäden gegen Z

Wie gegenüber E ist auch gegenüber N kein eigenes sorgfaltswidriges Verhalten des Z zu erkennen. Zu prüfen ist daher, ob Z für das Verschulden seines Gehilfen G auch im Verhältnis zu N einzustehen hat. Eine unmittelbare vertragliche Beziehung zwischen Z und N besteht nicht. Denkbar wäre allenfalls, dass der Werkvertrag zwischen Z und E ein Vertrag mit Schutzwirkung zu Gunsten des N ist. Obwohl die Rspr in ähnlichen Fällen[10]) zur Annahme eines Vertrages mit Schutzwirkung zu Gunsten Dritter neigt, wird hier ein solcher jedenfalls zu verneinen sein. Selbst wenn man annimmt, dass der E seinem Nachbarn N zu besonderer Sorgfalt verpflichtet ist, scheint es rein fiktiv zu behaupten, dass nach dem tatsächlichen oder hypothetischen Parteiwillen von Z und E der N gerade im Zusammenhang des Werkvertrags mitgeschützt sein soll[11]). Mangels Sonderverbindlichkeit zwischen N und Z hat Z für G daher nur gemäß § 1315 einzustehen. Diese Besorgungsgehilfenhaftung setzt Untüchtigkeit oder Gefährlichkeit des Gehilfen voraus. Dafür fehlen aber im Sachverhalt jegliche Anhaltspunkte. Somit scheidet eine Besorgungsgehilfenhaftung des Z gemäß § 1315 ebenfalls aus.

Z ist dem N nicht zum Ersatz seiner Feuchtigkeitsschäden verpflichtet.

---

[10]) Vgl OGH SZ 50/34; SZ 50/102; SZ 54/65 = JBl 1982, 601.

[11]) Zum Problem vgl *F. Bydlinski*, JBl 1960, 359 ff; *Reischauer* in *Rummel*³, § 1295 Rz 30–34 e; *Schmaranzer*, Der Vertrag mit Schutzwirkung zugunsten Dritter (2006).

Anhang I

Zusammenfassung der wichtigsten Grundsätze für die Lösung von Fällen

Die folgenden Hinweise geben – für Zwecke der Wiederholung – in komprimierter Form nur den wesentlichsten Inhalt der behandelten Regeln für die Begutachtung von Fällen wieder; sie können eine gründliche Durcharbeitung der konkreten Lösungsanleitungen keinesfalls ersetzen. Auf die ausführliche Erörterung wird jeweils verwiesen.

1. Folgende **Arbeitsschritte** sind bei jeder Falllösung zu beachten (vgl S 2 ff):
   a) Erfassen des *Sachverhalts* (vgl S 10 ff und unten 2. und 3.)
   b) Beachten bzw Erarbeiten der konkreten *Fallfrage(n)* (vgl S 30 ff und unten 4.)
   c) Finden der möglichen *Anspruchs- bzw Einwendungsnormen* (vgl S 34 ff, 45 ff, 60 f, 77, 101 ff; unten 5.)
   d) *Subsumtion* des Sachverhalts unter die Anspruchs- bzw Einwendungsnormen (vgl S 5 und unten 6.).

2. Die Begutachtung setzt zunächst das vollständige **Erfassen des Sachverhalts** durch mehrmaliges Durchlesen voraus. Bei komplizierten Sachverhalten ist die Anfertigung eines „Merkzettels", einer Strichzeichnung mit den beteiligten Personen und denkbaren Ansprüchen, eventuell die stichwortartige historische Darstellung des Geschehensablaufs zu empfehlen, damit man einen Überblick gewinnt.

3. Der bekannt gegebene Sachverhalt darf nicht verändert, es darf also nichts weggelassen oder hinzugefügt werden. **Sachverhaltsergänzungen** sind nur auf Grund allgemeiner Erfahrungssätze und gesetzlicher Vermutungen (zB § 328) zulässig. Fehlen im Sachverhalt Hinweise für eine Ausnahmesituation, ist bezüglich rechtserheblicher Tatsachen vom Normalfall auszugehen. Bleibt trotz der danach zulässigen Ergänzung der Sachverhalt ausnahmsweise in einem entscheidungserheblichen Teil offen, ist jede Sachverhaltsvariante gesondert rechtlich zu beurteilen.

Zum Sachverhalt näher insbesondere Fall 2, S 9 ff.

4. Gefragt wird idR nach Ansprüchen. Unter **Anspruch** versteht man das Recht einer Person, von einer anderen eine Leistung (Tun, Unterlassen) zu verlangen. Ist allgemein die Frage nach der Rechtslage gestellt, so hat der Bearbeiter umfassend alle auf Grund des Sachverhalts möglichen Ansprüche zwischen den Beteiligten zu prüfen. Zur Erarbeitung der konkreten Begehren hilft die Lösung der Grundfrage: Wer will was von wem? Wenn die Fragestellung auf einzelne Aspekte eingeschränkt ist, so sind nur diese zu prüfen! Mögliche Arten von Fragen sind also zunächst:

a) Konkretes Begehren; zB: Kann A von B die Herausgabe des PKW verlangen?
b) Wie ist die Rechtslage?

In beiden Fällen sind jeweils Ansprüche zu prüfen. Daneben kommen in Betracht:

c) Frage nach Gestaltungsrechten; zB: Kann A den Vertrag anfechten?
d) Frage nach Bestehen eines Rechtsverhältnisses; zB: Ist A Mitglied des Vereins B? Ist X Eigentümer geworden?

Zur Fragestellung insbesondere Fall 3, S 29 ff.

5. Für jeden Anspruch (jedes behauptete Rechtsverhältnis oder in Frage stehende Gestaltungsrecht) ist eine mögliche Grundlage, dh eine Stütze im Gesetz, allgemeiner in einer Norm (auch Vertrag!) zu suchen (**Anspruchsgrundlage**; „aus welchem Rechtsgrund?"). Die Subsumtion der Elemente des Sachverhalts unter die in Erwägung gezogene Norm ergibt, ob der Anspruch (das Rechtsverhältnis, Gestaltungsrecht) besteht oder nicht. Im Folgenden wird aus Gründen der Vereinfachung nur noch über die Behandlung von Ansprüchen gesprochen. Das Gesagte gilt aber für andere Fragen entsprechend. Anspruchsgrundlagen werden insbesondere in vertragliche (zB Kaufvertrag) und gesetzliche (zB Schadenersatz) gegliedert; vgl die Beispiele für häufige Anspruchsgrundlagen anhand des Anspruchsschemas (S 60 f). Im Gutachten sind nur jene Anspruchsnormen zu erörtern, bei denen eine „Vorprüfung" (in Ihrem Kopf!) ergeben hat, dass Anhaltspunkte im Sachverhalt ihre Verwirklichung einigermaßen wahrscheinlich machen. Zur Anspruchsgrundlage Fall 1, S 4 f, Fall 2, S 14 f, Fall 5, S 60 ff und Fall 7, S 101 ff, insb 105.

6. Der Sachverhalt ist vom Verfasser des Falles meist so gestaltet, dass die Subsumtion in mehreren Punkten „problematisch" ist, also näherer Begründung bedarf. Nach **Erkennen dieser Fallprobleme** und Erörterung möglicher Standpunkte dazu hat sich der Gutachter für eine Lösung zu entscheiden **(rechtliche Alternativlösung ist nicht erlaubt!).** Die Entscheidung für eine bestimmte Lösung ist immer zu begründen. Eine eigenständige, durchdachte Begründung mit „falschem" Ergebnis wird vom Prüfer meist besser bewertet als ein „richtiges" Ergebnis ohne zureichende Begründung.

7. Da die verschiedenen Ansprüche einander in ihren Voraussetzungen beeinflussen können und die Prüfung möglichst unbelastet von Vorfragen erfolgen soll, empfiehlt sich in der Regel (!) folgende **Rangordnung:**

a) Vertragliche Ansprüche
b) Ansprüche aus Geschäftsführung ohne Auftrag
c) Dingliche Ansprüche
d) Schadenersatz- und/oder Bereicherungsansprüche.

Konkurrierende Ansprüche sind sämtlich zu erörtern. Ausführlich dazu Fall 5, S 62 ff.

8. Bei **mehrpersonalen Rechtsverhältnissen** stellen sich oft besondere Zurechnungsfragen: Das Verhalten der einen Person wirkt für oder gegen

andere, sei es beim Rechtsgeschäft (vgl zB §§ 875, 1002 ff), sei es bei Schädigungen (vgl zB §§ 1313a, 1315, 337). Im Einzelnen dazu Fall 7, S 101 ff. Mögliche Ansprüche gegen mehrere Personen können einander auch wechselseitig beeinflussen; auch dazu Fall 7, S 103 f.

9. Gegen den behaupteten Anspruch können dem Gegner **Einwendungen** zustehen. Das sind Verteidigungsmittel, die zur Nichtentstehung oder Vernichtung des Anspruches führen oder zumindest dessen Durchsetzung (zeitweilig oder dauernd) verhindern. Auch solche möglichen Einwendungen sind natürlich nur dann zu prüfen, wenn dafür Anhaltspunkte im Sachverhalt vorhanden sind. Nach der Wirkung unterscheidet man:

a) **Rechtshindernde Einwendungen;** der Anspruch entsteht von vornherein nicht. Das Fehlen derartiger Einwendungen gehört daher zu den Anspruchsvoraussetzungen.

Beispiele: Beim Anspruch aus Rechtsgeschäft die Einwendung der Geschäftsunfähigkeit (§ 865) oder der Gesetz- oder Sittenwidrigkeit (§ 879).

b) **Rechtsvernichtende Einwendungen;** bei Verwirklichung dieser Einwendungsnormen tritt als Rechtsfolge der Untergang eines bereits entstandenen Anspruchs ein.

Beispiele: Erfüllung (§ 1412); Verzicht (§ 1444).

c) **Gestaltungsrechte** führen ebenfalls unter Umständen zur Vernichtung eines entstandenen Anspruchs; dazu ist aber die Abgabe einer Gestaltungserklärung oder eine richterliche Gestaltung auf Grund einer entsprechenden Klage oder Einrede nötig.

Beispiele: Anfechtung eines Vertrages wegen Irrtums (§§ 871 ff); Rücktritt wegen Verzuges (§§ 918 ff).

d) **Rechtshemmende Einwendungen** (Einreden) lassen den entstandenen Anspruch dem Grunde nach unberührt, hindern aber seine Geltendmachung zeitweilig (dilatorisch) oder dauernd (peremtorisch).

Beispiele: Einrede des nichterfüllten Vertrages (§ 1052 Satz 1; dilatorisch); Verjährungseinrede (§ 1451; peremtorisch).

Zu den Einwendungsnormen Fall 4, S 45 ff.

Anhang II

Formale Hinweise für Klausuren und Hausarbeiten

Die konkreten formalen Anforderungen in Klausuren und Hausarbeiten werden vom jeweiligen Prüfer (Übungsleiter) festgesetzt. Die folgenden Hinweise verstehen sich daher nur als Hilfe, soweit im Einzelfall nichts anderes bestimmt wird.

1. Zur Klausur

Als **Hilfsmittel** darf idR nur der Gesetzestext verwendet werden. Die bezogenen **Gesetzesstellen** sind nicht wörtlich wiederzugeben; im Allgemeinen reicht ein Hinweis auf die Nummer des angesprochenen Paragrafen. Es muss aber jederzeit klar sein, unter welchen Teil (Begriff) eines gesetzlichen Tatbestandes der Bearbeiter welche Sachverhaltselemente gerade zu subsumieren sucht. Eine Wiederholung des **Sachverhalts** ist überflüssig. Rechtsprechungs- und Lehrmeinungszitate sind in Klausuren nicht üblich, wenngleich auch nicht völlig ausgeschlossen, wenn der Bearbeiter seiner Sache insofern ganz sicher ist. Vor allem Verweise auf eine ständige Judikatur des OGH bzw auf bekannte Lehrmeinungen sind denkbar. Genaue Belegstellen werden freilich mangels Kenntnis nicht angeführt werden können. **Fußnoten** (Anmerkungen unter dem Strich) sollten daher in Klausuren allgemein unterbleiben.

Die Arbeit ist mit dem **Vor- und Familiennamen** sowie **Matrikelnummer** des Verfassers und der **Semesterangabe** zu versehen. Die beschriebenen Seiten (DIN-A4) sollten **fortlaufend nummeriert** und zusammengeheftet sein. Meist wird vom Prüfer ein ausreichender **Korrekturrand** (ca $^1/_3$ der Seite) verlangt. **Leserliche Schrift** erleichtert die Arbeit des Korrektors.

Bei komplizierten Fällen kann auch in der Klausur die Anfertigung einer Lösungsgliederung vorteilhaft sein, sofern für die Ausarbeitung des Gutachtens genügend Zeit bleibt; dazu Fall 2, S 17 f; Fall 3, S 36 f.

2. Zur Hausarbeit

a) Formales

Die Hausarbeit soll – womöglich – in **Maschinenschrift** (auf PC) auf einseitig beschriebenen DIN-A4-Blättern (ebenfalls mit **Korrekturrand**) abgefasst werden. Ob die Hausarbeit elektronisch übermittelt oder auf Papier eingereicht werden soll, hängt vom jeweiligen Prüfer (Übungsleiter) ab.

Bestandteile einer Hausarbeit:

1. Deckblatt (vgl S 68)
2. Sachverhalt
3. Literaturverzeichnis

4. Gliederung (Inhaltsverzeichnis)

5. Gutachten

b) Allgemeines zur Verwertung fremder Meinungen

Im Gegensatz zur Klausur hat der Verfasser einer Hausarbeit auch die einschlägige **Fachliteratur** und **Rechtsprechung** heranzuziehen und in das Gutachten einzuarbeiten. Das bereitet gerade dem Anfänger manche Schwierigkeiten. In der Regel wird er selbst nur ein Lehrbuch über ein bestimmtes Gebiet besitzen, was für eine Hausarbeit normalerweise nicht ausreicht. Grundvoraussetzung für ein vertieftes Arbeiten ist, dass man sich in einer Bibliothek zurechtfinden kann. Bibliothekskurse und Einführungen in Fachbibliotheken erleichtern den Zugang[1]).

Nach Erkennen der Fallprobleme (vgl Fall 5, S 66 f) eignen sich als **Einstieg in weiterführende Literatur** und Rechtsprechung neben Rechtsdatenbanken (RIS, RDB, LexisNexis Online, RIDA) Lehrbücher und Kommentare (vgl Anhang IV, zu 3.) sowie mit Rechtsprechungshinweisen versehene Gesetzesausgaben. Wenn man ganz gründlich sein will, blättert man auch noch die Register des letzten Jahrgangs sowie die neuesten Hefte der wichtigsten Zeitschriften durch. Wie schon angedeutet wird auch die Suche in einer Rechtsdatenbank meist hilfreich sein[2]), weil dort in der Regel mit der größten Aktualität gerechnet werden kann.

Bei **umstrittenen Fragen** hat sich der Bearbeiter für eine der angebotenen Lösungen – oder eine neue, selbst gefundene – zu entscheiden (**Entscheidungszwang**) und seine Entscheidung zu **begründen.** Es genügt also nicht das bloße Zitat einer fremden Meinung. Auch wenn man einer „herrschenden Ansicht" folgt, darf die Begründung nicht fehlen. Je vereinzelter eine Meinung (sei es eine eigene, sei es eine fremde) ist, umso ausführlicher wird man begründen müssen, warum man ihr folgt. Ob eine Meinung „einhellig", „herrschend", „überwiegend" oder nur „vereinzelt" vertreten wird, ist manchmal schwierig festzustellen. Solche Einstufungen sind also mit Vorsicht zu handhaben; eine Begründung ersetzen sie allenfalls dann, wenn mangels denkbarer vernünftiger Alternativen Einhelligkeit vorliegt. Selbstverständlich kann bei zureichender Begründung auch eine eigenständige Lösung geboten werden. Es ist nicht etwa verboten, die Auffassung der Rechtsprechung oder noch so angesehener Autoren einer Kritik zu unterziehen; wenn es in sachlicher Form, also ohne Diffamierung als „abwegig", „absurd" oder „völlig unhaltbar" erfolgt, gehört es sogar zu den Aufgaben jeder juristischen Debatte, die vorgetragenen Argumente stets aufs Neue zu prüfen. Der Gebrauch allzu „starker"

---

1) Vgl zum Einstieg *Kerschner,* Wissenschaftliche Arbeitstechnik und Methodenlehre für Juristen[5] (2006) 168 ff.

2) Zur Benutzung von Datenbanken *Kerschner* (FN 1) 151 ff.

Formulierungen erweckt im Leser (und insbesondere im Kritisierten) hingegen oft den Eindruck mangelnder sachlicher Argumente und selten die Bereitschaft, sich überzeugen zu lassen. Gerade Anfänger sollten also darauf verzichten. Auch „Begründungen" wie „zweifellos", „selbstverständlich" sollten nur bei extrem eindeutigen Fragen verwendet, im Allgemeinen also besser weggelassen werden.

In der Regel, insbesondere wenn eine zeitliche Entwicklung zu einer bestimmten Frage zu beobachten ist, sind jüngere Entscheidungen wichtiger als etwa solche aus der Zeit des 19. oder frühen 20. Jahrhunderts. Gerade unter wissenschaftlichen Aspekten sind aber auch ältere und älteste Entscheidungen manchmal von großer Bedeutung, und für in der Literatur geäußerte Meinungen gibt es, falls sich nicht die Rechtslage geändert hat, wohl überhaupt keinen zeitlichen „Vorrang". Wie weit man eine Frage „zurückverfolgt", hängt vom subjektiven Fleiß, aber auch von einem objektiven Kriterium ab: Die Gründlichkeit des Studiums der Judikatur und auch der Literatur richtet sich auch nach der Aufgabenstellung. Wer eine Anfängerhausarbeit schreibt, kann sich eher Lücken leisten als ein Dissertant. **Nie** darf man sich aber allgemein **mit dem bloßen Abschreiben** von „Leitsätzen", also den der Entscheidungsveröffentlichung vorangestellten Zusammenfassungen **zufrieden geben.** Jede verwertete, dh zitierte Entscheidung muss man im vollen publizierten Text lesen. Die – von privaten Herausgebern verfassten – Leitsätze können nämlich falsch oder irreführend sein; sei es, dass sie mit dem Inhalt der Entscheidung nicht (genau) übereinstimmen, sei es, dass sie nur auf den ganz speziellen, der Entscheidung zugrunde liegenden Sachverhalt zugeschnitten sind. Bloße, **ungeprüfte Übernahme von Zitaten aus der Literatur** („Subzitat") birgt ebenfalls ein hohes Fehlerrisiko, ist daher **streng verpönt.**

c) Anleitung für richtiges Zitieren

Die Fundstellen sind in Fußnoten zu zitieren. Dabei sollen die üblichen Abkürzungs- und Zitierregeln beachtet werden; man richtet sich jetzt zumeist nach *Friedl/Loebenstein,* Abkürzungs- und Zitierregeln der österreichischen Rechtssprache[6] (2008, „AZR"); vgl auch *Kerschner,* Wissenschaftliche Arbeitstechnik und Methodenlehre[5] (2006) 229 ff.

aa) Rechtsprechungsnachweise

Entscheidungen der Gerichte werden mit dem (abgekürzten) Fundort, Jahrgang bzw Band und Nummer bzw Seite angegeben. Soweit Zweifel entstehen können, wird auch das entscheidende Gericht genannt. Ist eine Entscheidung in gedruckter Form unveröffentlicht, was vor allem bei ganz neuen Entscheidungen möglich ist, die erst elektronisch zugänglich sind, dann sollten die Aktenzahl und nach Möglichkeit auch das Datum der Entscheidung angegeben werden.

Beispiele:

SZ 40/49 (= Entscheidungen des österreichischen Obersten Gerichtshofes in Zivilsachen, Amtliche Sammlung, Band 40, Nummer 49).

EvBl 1980/13 (= Evidenzblatt der Rechtsmittelentscheidungen, in der Österreichischen Juristen-Zeitung, Jahrgang 1980, dort Entscheidung Nummer 13).

JBl 1967, 259 (= Juristische Blätter, Jahrgang 1967, Seite 259).

LGZ Wien EFSlg 15.564 (= Ehe- und familienrechtliche Entscheidungen, Nummer 15.654).

bb) Literaturnachweise

Da jede Hausarbeit ein Literaturverzeichnis zu enthalten hat (vgl S 68f und 79f), reicht es **im Gutachten** im Allgemeinen aus, in der Fußnote den Namen des Verfassers, einen (eindeutigen) Kurztitel des gemeinten Werkes und die genaue Seite oder Randziffer, auf der sich die verwiesene Stelle befindet, anzuführen; zB *F. Bydlinski* in *Klang*² IV/2, 403; *Kodek* in *Fenyves/Kerschner/Vonkilch,* Klang³, § 366 Rz 10; *Reischauer* in *Rummel*³, Vor § 918 Rz 14; *Jabornegg,* JBl 1976, 184. Bei Zitaten aus Kommentaren ist also vorweg der Name des Bearbeiters der betreffenden Stelle (steht meist auf jeder Seite oben), dann der des Herausgebers (in Deutschland ist die umgekehrte Reihenfolge üblich, zB Staudinger/*Honsell* § 492 Rz 4), dann Band und genaue Fundstelle (Seite, Randnummer oä) anzugeben. Wenn, wie neuerdings öfter, das Werk einen „Zitiervorschlag" enthält (auf einer der ersten Seiten des Buches), spricht manches dafür, sich daran zu halten (so zB *Kathrein* in KBB³, § 6 KSchG Rz 23; vgl in diesem Kommentar³) auf der Seite nach dem Titelblatt; oder *Wagner* in *Kletečka/Schauer,* ABGB-ON § 43 Rz 1). Bei Aufsätzen kann der Titel in der Fußnote weggelassen werden.

Für ein vollständiges Zitat **im Literaturverzeichnis** sind je nach Publikationsart folgende Angaben zu machen:

1. **Selbständig veröffentlichte Arbeiten** (zB Monografie, Lehrbuch etc): Verfasser, Buchtitel, Erscheinungsjahr, allenfalls Band und Auflage; zB *Reischauer,* Der Entlastungsbeweis des Schuldners (§ 1298 ABGB) (1975); *Koziol/Welser* (Bearb *Kletečka*), Bürgerliches Recht I¹³ (2006); *Rummel,* Kommentar zum Allgemeinen Bürgerlichen Gesetzbuch³ (2000–2007). Bei der Bezeichnung des Verfassers genügt in der Regel die Angabe des Familiennamens, Vornamen sind nur dann anzugeben, wenn es mehrere Autoren mit gleichen Familiennamen gibt und eine nähere Angabe zur Vermeidung von Verwechslungen sinnvoll erscheint; es genügt dann meist zur Unterscheidung der Anfangsbuch-

³) Gemeint ist *Koziol/Bydlinski/Bollenberger* (Hrsg), Kurzkommentar zum ABGB³ (2010).

stabe des Vornamens (zB *P. Bydlinski*, Die Übertragung von Gestaltungsrechten [1986]; *M. Bydlinski* in *Rummel*[3], § 1502 Rz 2). Hat eine Arbeit mehrere Autoren, so ist zwischen die Namen ein Schrägstrich zu setzen (zB *Apathy/Riedler*, BR II, SchRBT[4] [2010]). Den Erscheinungsort des Werkes anzugeben ist für große Arbeiten, insbesondere mit Verwertung ausländischer Literatur, praktisch, wenn auch nicht mehr sehr üblich, bei Hausarbeiten aber nicht unbedingt nötig. Die im Gutachten (in Fußnote) zitierten Seiten werden im Literaturverzeichnis nicht genannt.

2. **Aufsätze** (in Zeitschriften oder Sammelwerken): Verfasser, Titel des Aufsatzes, Name, Jahrgang (oder Band) der Zeitschrift (bzw Erscheinungsjahr des Sammelwerkes), Seite. ZB *Spielbüchler*, Übereignung durch mittelbare Leistung, JBl 1971, 589 ff; *Welser*, Haftungsprobleme der Wintersportausübung, in *Sprung/König* (Hrsg), Das österreichische Schirecht (1977) 385 ff.

Fundstellen einzelner Entscheidungen und bloße Gesetzesausgaben gehören nicht in das Literaturverzeichnis.

Werden Arbeiten verwertet, die nur über das Internet zugänglich sind, so gelten bezüglich des Namens des Autors und des Titels der Arbeit dieselben Regeln. Es sind aber zusätzlich die Internetadresse, über die die Abfrage erfolgt ist, sowie das Datum anzugeben, an dem die Abfrage durchgeführt wurde.

Anhang III

Stilistische Hinweise

Die Ansichten über den „richtigen“ Stil divergieren derart, dass allgemein gültige Aussagen kaum möglich sind. Was der eine als völlig verwerflich bezeichnet, wird von anderen durchaus gebilligt. Deshalb beschränkt sich das Folgende auf wenige Hinweise.

Einigkeit besteht darin, dass die juristische Ausdrucksweise möglichst kurz und prägnant sein soll. Schachtelsätze sind – soweit möglich – zu vermeiden. Durch die Straffung des Textes darf freilich die Verständlichkeit nicht leiden. Dass die Regeln der Grammatik und der Interpunktion auch für den Juristen gelten, versteht sich von selbst. Ein anwaltlicher Schriftsatz oder eine Urteilsausfertigung voller formaler Fehler würde auf die Parteien einen verheerenden Eindruck machen. Deshalb sollten auch in studentischen Arbeiten sorgfältige Formulierung, Rechtschreibung und Interpunktion schon der Übung halber nicht vernachlässigt werden. Nicht wenige Prüfer achten – und sei es bloß unbewusst – auf diese Dinge. Auch dass das Gutachten in Absätze zu gliedern ist, die die Übersicht fördern und den Leser auf den Beginn neuer Gedankengänge hinweisen, sollte vom Deutschunterricht her bekannt sein.

Mathematische Zeichen und stenografische Kürzel (in Klausuren leider häufig!) haben in einem Gutachten nichts verloren. Auch der aus Zeitgründen beliebte „Telegrammstil“ sollte vermieden werden; schreiben Sie vollständige, in der Gedankenführung aufeinander aufbauende Sätze.

Beliebt sind subjektive Formulierungen („ich meine“ oä). Das Gutachten soll aber möglichst objektiv und sachlich sein und auch so wirken. Daher sind auch überhebliche Ausdrücke (zB „die Ansicht von X ist absurd“; „geht in die Irre“) schon aus Gründen wissenschaftlicher Fairness ebenso fehl am Platz wie falsche Bescheidenheit („meiner bescheidenen Meinung nach“).

Zu warnen ist weiters vor übertriebener Substantivsucht und der Verwendung von Superlativen.

Beispiele: „Die Anwendbarkeit des § . . . ist davon abhängig, dass . . .“ statt: „§ . . . ist nur anzuwenden, wenn . . .“; „es wäre höchst ungerecht“ . . ., oä.

Lehn- bzw Fremdwörter sollen dort vermieden werden, wo es einen passenden deutschen Ausdruck gibt (zB Übergabe statt Tradition). Für viele juristische Fachausdrücke (termini technici) findet sich aber keine Entsprechung im Deutschen. Die deutsche Umschreibung kann auch schwerfällig wirken.

Beispiele: abstrakte bzw konkrete Schadensberechnung; Grundpfandrecht statt Hypothek.

Vor allem manche lateinische Ausdrücke haben in der Juristensprache eine eigenständige technische Bedeutung erlangt, sodass man auf sie kaum völlig verzichten wird können[1]).

Beispiele: clausula rebus sic stantibus (Umstands- bzw Derzeitklausel); condictio causa data causa non secuta (Bereicherungsanspruch wegen Verfehlung des Leistungszwecks).

Das leitet über zum letzten Hinweis. An der richtigen Verwendung juristischer Fachausdrücke erkennt der Prüfer den Wissens- bzw Ausbildungsstand des Gutachters. Manche Begriffe etwa, die im Alltagsdeutsch teilweise synonym verwendet werden, hat der Jurist scharf zu unterscheiden.

Beispiele: Innehabung – Besitz – Eigentum; Leihe – Miete („Leihwagen"!).

Eine geschlossene Einheitssprache für Juristen gibt es aber Gott sei Dank nicht. Für einen persönlichen, individuellen Stil soll und wird immer Raum bleiben. Erhebliche Stilunterschiede auch zwischen anerkannten Rechtswissenschaftern belegen deutlich, dass der Jurist seine Persönlichkeit in der Sprache nicht verleugnen muss.

---

[1]) Vgl *Filip/Fröschl/Mader,* Latein in der Rechtssprache[3] (1999); *Benke/Meissel,* Juristenlatein[3] (2009).

Anhang IV

Verzeichnis ausgewählter Literatur zur Falllösung, zur Einführung in das Privatrecht und für die Hausarbeit in der Anfängerübung

1. Falllösung

Eine allgemeine Erörterung des „Falles“ findet sich bei *Mayer-Maly*, Rechtswissenschaft[5] (1991) 20 ff.

Für schon weiter vorgerückte Studenten ist *Kerschner/P. Bydlinski*, Bürgerliches Recht für Fortgeschrittene – Fälle und Lösungen[5] (2008) bestimmt; ebenso *Apathy/P. Bydlinski/Dullinger/Eccher/Iro/Kerschner/Posch/Riedler*, Bürgerliches Recht VIII, Prüfungstraining – Fallrepetitorium mit Lösungen[3] (2010); *Zankl*, Casebook Bürgerliches Recht[7] (2011); *Harrer/Honsell/Mader*, Prüfungsfälle zum bürgerlichen Recht[5] (2007) sowie *Binder*, Sachenrecht, Fälle und Lösungen (1990). Weitere Bände für andere Rechtsgebiete erscheinen in der gleichen Reihe wie der vorliegende.

Ein großes Handbuch der juristischen Methodenlehre hat *F. Bydlinski* vorgelegt: *Bydlinski*, Juristische Methodenlehre und Rechtsbegriff[2] (1991); speziell auf Ausbildungszwecke zugeschnitten ist *F. Bydlinski* (Bearb *P. Bydlinski*), Grundzüge der juristischen Methodenlehre[2] (2012).

Eine ausführliche Darstellung wissenschaftlicher Arbeitstechnik des Juristen im Allgemeinen mit einem ausführlichen Abschnitt zur Methodenlehre bietet *Kerschner*, Wissenschaftliche Arbeitstechnik und Methodenlehre für Juristen[5] (2006).

Seit 1990 erscheint die für die Juristenausbildung bestimmte Zeitschrift JAP (Juristische Ausbildung und Praxisvorbereitung), die auch zivilrechtliche Prüfungsfälle mit Musterlösungen enthält.

2. Einführung in das Privatrecht

P. Bydlinski, Grundzüge des Privatrechts[8] (2010);

Holzhammer/Roth, Bürgerliches Recht mit Internationalem Privatrecht[6] (2004);

Krejci, Privatrecht[8] (2010);

Mayer-Maly, Rechtswissenschaft[5] (1991) 142 ff.

3. Standardwerke für die Hausarbeit in der Anfängerübung

a) Kommentare[1])

Fenyves/Kerschner/Vonkilch, Klang[3], Kommentar zum Allgemeinen Bürgerlichen Gesetzbuch, seit 2006, bisher elf Bände; *Klang*, Kommentar zum ABGB[2], herausgegeben von *Klang* und *Gschnitzer* (1951 – 1978);

---

[1]) Die meisten der hier angeführten Kommentarwerke sind auch über einen oder mehrere der großen Datenbankanbieter (oben S 78, FN 2 und S 117) online zugänglich.

Rummel (Hrsg), Kommentar zum ABGB I³ (2000), Band II³ (2002–2007);

Schwimann (Hrsg), Praxiskommentar zum ABGB³ in sieben Bänden (2005–2006) mit einem Ergänzungsband (2007); von der 4. Auflage, hrsg von *Schwimann/Kodek,* sind bisher zwei Bände (2011/2012) erschienen;

Kletecka/Schauer (Hrsg), ABGB-ON (2010)[2]);

Koziol/P. Bydlinski/Bollenberger, Kurzkommentar zum ABGB³ (2010);

als Beispiele für die Kommentierung von **Nebengesetzen:**

Apathy, Kommentar zum EKHG (1992);

Kerschner, Dienstnehmerhaftpflichtgesetz² (2004);

Hausmann/Vonkilch, Österreichisches Wohnrecht, 2 Bände, Kommentar zum MRG und WEG (2007);

Jabornegg/Artmann (Hrsg), Kommentar zum UGB I² (2010);

Straube (Hrsg), Kommentar zum Unternehmensgesetzbuch I⁴ (2010 ff).

b) Lehrbücher

Apathy (Hrsg), Bürgerliches Recht. Band I: *P. Bydlinski,* Allgemeiner Teil⁵ (2010); Band II: *Dullinger,* Schuldrecht Allgemeiner Teil⁴ (2010); Band III: *Apathy/Riedler,* Schuldrecht Besonderer Teil⁴ (2010); Band IV: *Iro,* Sachenrecht⁴ (2010); Band V: *Kerschner,* Familienrecht⁴ (2010); Band VI: *Eccher,* Erbrecht⁴ (2010); Band VII: *Posch,* Internationales Privatrecht⁵ (2010);

Koziol/Welser, Bürgerliches Recht I¹³: Allgemeiner Teil, Sachenrecht, Familienrecht (2006), bearbeitet von *Kletečka;* II¹³: Schuldrecht Allgemeiner Teil, Schuldrecht Besonderer Teil, Erbrecht (2007), bearbeitet von *Welser;*

Perner/Spitzer/Kodek, Bürgerliches Recht³ (2012, in Druck);

Riedler (Hrsg), Studienkonzept Zivilrecht I–VIII (2010).

c) Gesetzesausgabe mit Rechtsprechungsnachweisen

Tades/Hopf/Kathrein/Stabentheiner, Das Allgemeine Bürgerliche Gesetzbuch – ABGB³⁷ (2009).

[2]) Die über www.rdb.at zugängliche Online-Version wird regelmäßig aktualisiert.